U0089436

古代歷史文化研究輯刊

二六編

王 明 蓀 主編

第2冊

狄宛第一期以降瓬疇曆圖與流變體釋
——狄宛聖賢功業祖述之三（第二冊）

周 興 生 著

國家圖書館出版品預行編目資料

狄宛第一期以降旐疇曆圖與流變體釋——狄宛聖賢功業祖述之三（第二冊）／周興生 著 -- 初版 -- 新北市：花木蘭文化事業有限公司，2021〔民 110〕

目 4+222 面；19×26 公分

（古代歷史文化研究輯刊 二六編；第 2 冊）

ISBN 978-986-518-585-5（精裝）

1. 天文學 2. 中國

618 110011815

ISBN-978-986-518-585-5

古代歷史文化研究輯刊

二六編 第 二 冊 ISBN：978-986-518-585-5

狄宛第一期以降旐疇曆圖與流變體釋

——狄宛聖賢功業祖述之三（第二冊）

作 者 周興生

主 編 王明蓀

總 編 輯 杜潔祥

副總編輯 楊嘉樂

編 輯 許郁翎、張雅淋、潘玟靜 美術編輯 陳逸婷

出 版 花木蘭文化事業有限公司

發 行 人 高小娟

聯絡地址 235 新北市中和區中安街七二號十三樓

電話：02-2923-1455 ／傳真：02-2923-1452

網 址 http://www.huamulan.tw 信箱 service@huamulans.com

印 刷 普羅文化出版廣告事業

初 版 2021 年 9 月

全書字數 673187 字

定 價 二六編 32 冊（精裝） 台幣 88,000 元

狄宛第一期以降瓬疇曆圖與流變體釋

——狄宛聖賢功業祖述之三（第二冊）

周興生 著

目次

第二冊

二、上世紀五十年代已來檢者器殘紋省見與磋見

（一）七十年代前器殘紋省見與磋見

1. 五十年代器殘紋省見與磋見

1）仰韶文化中原甘青兩域說與「半坡人面魚紋」水蟲說

（1）紋飾辨識致仰韶文化廣域說

安志敏先生曾言，仰韶文化遺址主要分布在黃河上游與中游。中原地區包括河南、山西與陝西三省遺址，屬於「典型的仰韶文化」。仰韶文化在這一帶曾有較長時期發展。其彩陶器形有圜底缽、平底碗、大口深腹罐等。紋樣式用黑色與紅色畫成，有寬帶方格紋、弧線粗條紋、弧線三角紋、平行條紋與圓點紋等。也見畫彩前加塗白陶衣。

西北地區仰韶文化遺址包括甘肅、青海一帶遺址。甘肅仰韶文化別為早晚兩期。早期以臨洮馬家窯居住遺址與寧定縣半山墓地遺址為代表，統稱「半山期」。晚期以青海樂都縣馬廠沿的葬地為代表，稱為「馬廠期」，它來自半山期發展。半山期、馬廠期瓦器有平底碗與盆、平底小口高頸罐、大口有耳罐。其裝飾圖案比較複雜。半山期瓦器圖案用紅、黑色料畫成。構圖複雜，有垂帳紋、平行條紋、葫蘆形方格紋、方格紋、螺旋紋、弧線三角紋圓點紋、鋸齒紋等。馬廠期圖案以黑色為主，很少用紅色，有加塗紅色陶衣之例。圖案有簡化傾向。圖案有大圓圈紋、人形紋、貝形紋、並行線內夾大三角紋、交叉並行線紋、平行波浪紋、雷紋等。辛店文化稍遲，彼時已有銅器。今撮錄中原地區仰韶文化彩陶於後〔註 78〕。

圖一六九　陝縣西謝橋與長安馬王村及五樓遺址彩紋

（2）人面魚紋本識之磋見與詰解

本識謂石先生等察見此紋樣為人面紋。1956 年，老武先生讀西安半坡遺址發掘報告，關於人面形彩陶花紋，各報告描寫，「人面形的花紋很逼真，眼、

〔註 78〕安志敏：《仰韶文化的彩陶》，《彩陶》，朝花美術出版社，1955 年，第 1 頁～第 3 頁。

口、鼻皆全，頭上有交叉的尖狀紋飾，可能它就代表當時人頭上的一種裝飾（《新石器時代村落遺址的發現——西安半坡》），又以為：「在象生性的動物花紋中，也只有人頭和魚的花紋最多而優美」，作者依此推論：這一點似意味著，當時的人和魚有著相當密切的關係（《西安半坡遺址第二次發掘的主要收穫》，《考古通訊》1956 年第 2 期）。

老武認為，所謂人面形花紋，不是人臉的圖案，而是水蟲形象的圖案化。他仔細觀察了報告內彩陶花紋，這種水蟲很像是龍虱或漁娘一類東西。華坡出土的平唇淺腹盆內壁的花紋恐怕就是魚和龍虱的紋樣，畫得真是生態逼真，意匠巧妙。老武出故曰：用三個不同方面的三角形來描寫頭胸部，把前足和觸角畫成左右對稱的交叉形，後足也畫成交叉形來加強尾部的裝飾，更有的校樣把中足變化成身體左右對稱的兩條小魚，但仍不失中足原形的特點，鞘翅用塗黑表示，但對於鞘翅的形狀特徵也非常皓似，譬如說，在胸腹部的中央用一條直線做中縫，用兩點橫直線和弧線表示了翅上的結構和斑紋。我們從畫面上看這種水蟲的描寫，好像現在黑自對比的「黑白畫」一樣，給人以明快、生動、樸實的感覺。而且，老武繪圖顯其說〔註 79〕。

同年，石興邦先生撰文敵解老武說。石氏言，第一，他覺得要判斷一種紋飾究竟是什麼，首先要認真地從花紋本身的形象觀察做起。從這一點著眼，他認為半坡淺腹盆中的花紋的確有一點和水蟲相似，但是，和人面此較起來，又更接近於人面，因為人的頭面部分的基本特徵它是具有的：如近似圓形的輪廓，具有一定相關位置的眼、鼻、口等器官的形象，但看不出和水蟲如龍虱等相似之處。

石先生又云，他覺得應該特別強調一點，他們盡可以根據他們自己的觀察和見解來說明圖像所代表的意義，但首先必須尊重客觀事實，也就是要嚴肅地對待原始的科學資料。可是，老武同志在這一方未遵守這一原則。在他引用的人面形彩陶花紋圖案中，把原來頭兩旁伸出的人形直線，改成彎曲的水蟲的足，而且，這條線上原來是光的，他又加添了許多有刺的「足毛」。這樣，連資料的科學性都失去了，怎麼坯能來研究呢〔註 80〕？

〔註 79〕老武：《關於西安半坡人面形彩陶花紋形象的商榷》，《考古通訊》1956 年第 6 期。

〔註 80〕石興邦：《〈關於西安半坡人面形彩陶花紋形象的商榷〉讀後》，《考古通訊》1956 年第 6 期。

(3) 劉敦願人面魚紋紋身說

1957 年，劉敦願詰難老武水蟲說；附屬人面諸奇怪紋樣，如三角形線條及其上芒刺之類「東西」，都係當時人們頭部裝飾（雖然僅根據此二圖像很難判斷諸頭飾使用材料與安置方法）。原始頭飾模樣、材料與方法複雜多樣，詭變無常，但可憑近代若干落後部落調查報告佐證。人面額部與頷部塗繪紋樣，被老武視為水蟲甲殼及其反光。老武如此解釋使古人創作被「現代化」。其實，此等塗如北京「黑鍋底」風箏之紋樣，不過是一種文身習俗之表現。文身之俗起源甚早。依考古學與民族學資料，遠在舊石器時代晚期已有文身，後延續甚久〔註 81〕。

2）廟底溝半坡類型先後之鑒與檢途宜聯社會狀況改良進言

(1) 安志敏猜測仰韶文化廟底溝類型早於半坡類型

1959 年，安志敏先生以為，仰韶文化中有彩陶，「彩陶文化」的名稱被人們習用，甚至於比「仰韶文化」更普通，並且兩者時常並用。因為彩陶文化的概念不夠清楚，也就容易使人聯想到凡有彩陶的遺址都屬於「彩陶文化」，並把許多與「仰韶文化」無關的新石器時代或青銅器時代的彩陶也收入「彩陶文化」。因此「彩陶文化」一詞在定義上比校含混。

我們的意見還是應當採用「仰韶文化」。這樣不僅可以表現出整個文化的具休內容；同時也符合了考古學上的命名通例。

仰韶文化是以河南為中心，而分布於河北、山西、陝西以及甘肅的渭河上游。山東境內雖然也發現另星的彩陶，但是還未見明確的仰韶文化遺存。甘肅的洮河流域以及青海的湟水流域僅有少數遺址。仰韶文化在黃河中下游是一種主要的新石器文化，文化面貌雖然由於地理分布及時代不同而有所差異，但其基本性質一致。

據目前的資料，仰韶文化大體上有兩種類型：一種是以西安半坡為代表；另外一種是以河南廟底溝為代表。其主要區別是，前者彩陶數量較少，花紋比較筒單，圜底陶缽十分普遍；後一種彩陶數量多，花紋複雜，不見圜底缽。但深腹曲壁碗普遍。這兩種類型往往交錯存在，說明決不是由於地方性的區別，而可能代表著時間上的早晚，可惜還沒有發現明確的地層徵據。據他們「不成熟的意見」，後一種類型較原始，可能代表的時代稍早〔註 82〕。

〔註 81〕劉敦願：《再論半坡人面形彩陶花紋》，《考古通訊》1957 年第 5 期。
〔註 82〕安志敏：《試論黃河流域新石器時代文化》，《考古》1959 年第 10 期。

如此判別合乎《廟底溝與三里橋》「結語」錄納安氏述廟底溝彩陶圖案。安氏云，廟底溝彩陶圖案比較複雜而富於變化，基本上是用條紋、渦紋、三角渦紋、圓點紋及方格紋等組成。但在結構上缺乏固定規律。花紋單元很少固定不變，互有增減，難於分析出固定的母題〔註 83〕。

（2）廟底溝與半坡仰韶文化先後之鑒宜聯檢社會狀況說

1959 年，基於中國多民族邦國歷史上以黃河流域為核心，石興邦先生進言澄清黃河流域考古學問題，以便解決其他地區歷史問題。

他以為，黃河流域考古學研究宜設定數問題：第一，舊石器時代末期向新石器時代過渡的問題。亦即中石器時代文化的面貌和性質問題。基於社會發展階段論，此階段係原始氏族公社制度確立的時代。考古界缺乏此時期考古資料。可以設想：中國有豐富的舊石器時代文化遺存，也有繁榮的新石器時代文化遺存，可推測中間一階段存在，但需確證。或由於遺跡少，而未曾確證。或存在此類遺跡，尚未認真探討其文化性質與特點，導致遺漏。

他講，中石器期，人們的社會經濟生活，大體似狩獵捕魚為主。氏族制度雖然確立，但人們過著小的遊動的集團生活，雖有相對的定居，但為時很短。生產水平低，大量使用打製石器，骨器也較多地使用，某些地區使用細石器，陶器可能還未出現，因此不能有較大村落遺址。可依此推測研究「沙苑文化」。倘根據其特點與自然條件相拮合，深入進行調查發掘，相信可補足此缺。

第二，新石器期社會問題別系列問題。其一，母系氏族制度發展繁榮與崩潰過程。其二，各地區母系氏族公社的特徵及形成因素。其三，母系向父系氏族制過渡。其四，父系氏族制度形成和各地區的特徵。其五，原始氏族公社的崩潰，及其向階極社會過渡的社會經濟特徵。其六，原始手工業技術。其七，文化與種族的關係。

早期新石器時代文化還不清楚，氏族公社前期具休情況也無法得知。但可以設想，此時期人類已有控制食物來源的能力，即已有原始的農業和牧畜，開始使用陶器和磨製石器；有更大更長久的住址。遺址分布和堆積與發達的新石器時代遺址有近似的特徵。如果根據發達的新石器時代文化中某些原始性特徵探索，可覓得此階段遺跡。

〔註 83〕安志敏：《廟底溝與三里橋文化性質及年代》，《中國新石器時代論集》，文物出版社，1982 年，第 132 頁。

仰韶文化被認為相當於繁榮的母系氏族公社時期。它分布廣、內容複雜，在不同自然區域有不同特點，在同地區不同聚落存在差異。目前，較多認識的遺址：西安半坡、寶雞北首嶺、華縣泉護村、陝縣廟底溝與鄭州林山砦等。這些遺址「代表」的文化特徵，可別兩類：一類以半坡為代表，另一類以廟底溝為代表。其本質是一個系統。可以概括黃河中下游所有「仰韶文化」系統的遺跡。

欲澄清何者早、何者晚，宜找出地層重疊之證，宜分析、比較大量可靠的材料。基於比較，欲論遺址早晚，宜先分析各遺址文化本身的特點。分析時，不僅注意到各自獨特之點，更應當注意內在的規律性的發展。在文化的共相中，各個文化因素相互之間的變化和特點，對斷定二者關係有很大作用。譬如彩陶紋飾的母題，表現形式與風格。廟底溝、半坡主要彩陶紋飾，判然有別。依研究得知，廟底溝、半坡兩遺址以主要紋飾參差而屬不同系列發展之果。其故複雜，不可據花紋繁簡或差異，定其早晚。其後，宜澄清各遺址分布上的「關係」。重視當地自然條件或依此估計到的物質生產活動特徵。由此發現差異。加工技術水準的比較係一要點。生產方式不同，譬如農業、狩獵、畜牧、捕魚占比重參差也表現聞文化差異。

依前各準繩，我們觀察並比較陝西境內仰韶文化相關資料，在半坡遺址存在可靠的層位關係，證明半坡類型的遺物最早。由此推測，仰韶文化早期發達的地區可能在渭水流域，漸次擴大到其他地區。初步認為它是母系氏族社會時期的遺跡。我們的眼界尚未到達當時氏族與氏族，部落與部落間社會組織形式。每個遺址的性質與它在全社會組織內地位，氏族部落的分布、部落的形成與地區劃分等，俱係檢題〔註84〕。

2. 六十年代器殘紋省見與磋見

1）楊建芳紋飾母題11等與石興邦花紋圖騰說

（1）碗鉢紋飾11類「母題」

60年代初以降，考古界檢「紋飾」略別諸等如後：其一，謀別文化期而檢「彩陶紋飾」。譬如，楊建芳先生檢討廟底溝遺址曆闕起出碗鉢器「紋飾」，以11類紋樣納眾器母題：第一，垂幛紋與弧形三角紋結合；第二，垂幛紋與圓點結合；第三，並行線（或單一橫線）與圓點結合；第四，圓點紋；第五，

〔註84〕石興邦：《黃河流域原始社會考古研究上的若干問題》，《考古》1959年第10期。

鉤葉、弧形三角及圓點等結合；第六，垂幛紋、弧形三角、圓點及弧線等結合；第七，眼形紋；第八，上下倒立相對弧形三角紋；第九，網紋；第十，繁縟弧形三角與圓點結合紋；第十一，層迭弧形紋與圓點結合。

第一、二、三、六、七、九及十一等見於碗、缽，第四、五、八、十等「多用於盆、罐」「上作裝飾」。這些母題不止一次出現，說明它們是當時人們模擬的紋飾。楊先生嘗試給紋樣母題分組，甲乙兩組，譬如第一、二、三「母題」以 H12、H15 而「共存」，被視為甲組，第六、七、八、九、十一「母題」以 H322、H10、H43、H46「共存」，被視為乙組。甲組「母題」除了與四、五兩「母題（盆、罐類）」「共存」，不與其他「母題」共存。藉其見紋飾母題「先後」之別，楊先生欲為「廟底溝類型」與「半坡類型」先後須別之題奠基〔註 85〕。

謀求給考古「文化」分期，楊先生引入「類型」。他講，「本文所用『類型』一詞，其含義相當於『文化相』（Facies），並不一定具有時間早晚的意思，因考慮到後者並不通俗，少見於考古刊物，故以『類型』一術語代替〔註 86〕」。

（2）石興邦花紋圖騰說

石興邦先生考究馬家窯文化、仰韶文化關係。他講，馬家窯文化彩陶紋飾有兩類，動物圖像與幾何圖案花紋。這些紋飾在不同程度上受了仰韶文化廟底溝類型的影響。其鳥紋多飾於罐類器腹肩部。蛙紋多飾於盆內壁或外肩。其鳥紋形態異於廟底溝類型，如長嘴帶冠一種似啄木鳥之類。常見紋飾不過十幾種，多見傾斜並行線紋、羽支狀線紋、S 形紋、方格紋、C 形弧線紋、平行直立弓形紋、平行相交彎鉤紋、螺旋紋、波浪紋、垂帳紋、圓或橢圓同心圓及圓點等。

石先生察覺，陶器紋飾非獨係裝飾藝術，而且是族的共同體在物質文化上的一種表現。他又以為，「主要的幾何形圖案花紋可能是由動物圖案演化而來的。有代表性的幾何紋飾可分成兩類：螺旋形紋飾是由鳥紋變化而來的，波浪形的曲線紋和垂幛紋是由蛙紋演變而來的」。

「半坡彩陶的幾何形花紋是由魚紋變化而來的。廟底溝彩陶的幾何形花紋則是由鳥紋演變而來的。所以前者是單純的直線，後者是起伏的曲線」。「如果彩繪花紋確是氏族的圖騰標誌，……」，「半坡類型是代表以魚為圖騰的氏族部落、廟底溝類型是代表以鳥為圖騰的氏族部落，而這是仰韶文化時代部

〔註 85〕楊建芳：《廟底溝仰韶遺址彩陶紋飾的分析》，《考古》1961 年第 5 期。
〔註 86〕楊建芳：《略論仰韶文化和馬家窯文化的分期》，《考古學報》1962 年第 1 期。第 50 頁注 1。

落聯盟（？）下的兩個分支，或者是同一部落的兩個胞族組織。它們可能在同一時期存在於不同地區，也可能存在於同一地區。很可能廟底溝第二期文化就是第一期文化的直接繼續，同樣三里橋也可能是半坡類型的前後兩期」。

馬家窯文化同仰韶文化的廟底溝類型早期有密切關係，比半坡類型同廟底溝類型的關係還密切。在生產水平與社會「意識形態」方面，兩者大體一致。馬家窯文化的典型器物如卷唇曲壁盆、斂口缽、小口長頸瓶，與廟底溝同類器相同或相似，彩陶紋飾與作風有相同之處，母題及演變規律相同。馬家窯文化屬於以鳥和蛙為圖騰的兩個氏族部落。今拓取華縣泉護村遺址與山西西王村遺址圖樣如後。

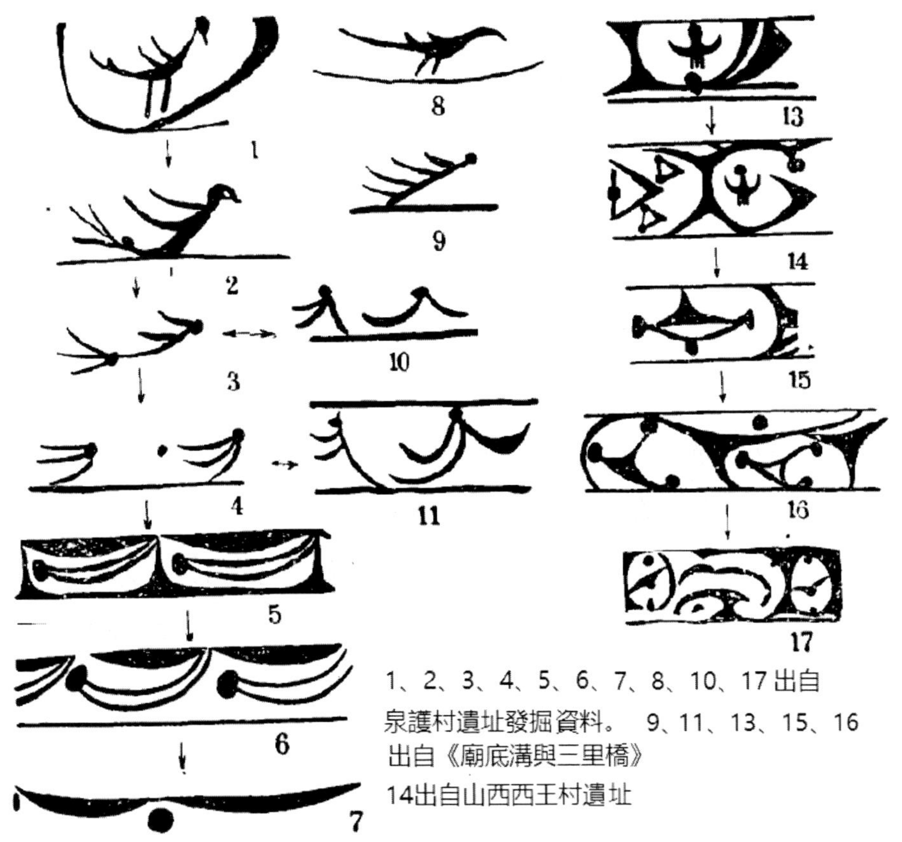

圖一七〇　石興邦說廟底溝類型主要彩陶紋飾演變局部

涉及古農業文化間關係，石先生言：須重視陝甘黃土高原，西至中亞略成一連續狀大草原。古代沙漠區域小，利於古人遷徙〔註 87〕。

〔註 87〕石興邦：《有關馬家窯文化的一些問題》，《考古》1962 年第 6 期。

2）蘇秉琦廟底溝文化花紋與鳥紋說

（1）泉護村菊科薔薇科陰陽紋說

蘇先生云：泉護村遺址文化層覆於廟底溝遺址文化層上。北首嶺、元君廟下層文化遺存須別於半坡類型。廟底溝文化被視為近似泉護村遺址文化面貌。此類文化遺存器物有植物花紋圖案瓦盆、鳥形花紋瓦盆等。

植物花紋構圖複雜，序列完全者有兩種：第一，類似由薔薇科複瓦狀花冠、蕾、葉、莖蔓結構成圖。第二種，類似由菊科合瓣花冠構成之盤狀花序。前者構圖變化大。

兩種圖案在泉護村遺存一般各自成圖。序列完整。在廟底溝遺存，兩種花冠有時結合成圖。泉護村遺存還包括第一種複合植物圖案出現前某種單個圖案。這種圖案發生發展中心大概在這一帶地方。續此，蘇先生以花紋、鳥紋為綱，展示其類別。後圖甲組紋飾所在器器樣：I.H1046、II.H101、III.H1078、IV.H14、V.H224、VI.H1083；乙組紋飾所在器器樣：I.H1053、II.H1047、III.H14、IV.H205、V.H1103、VI.H1026。

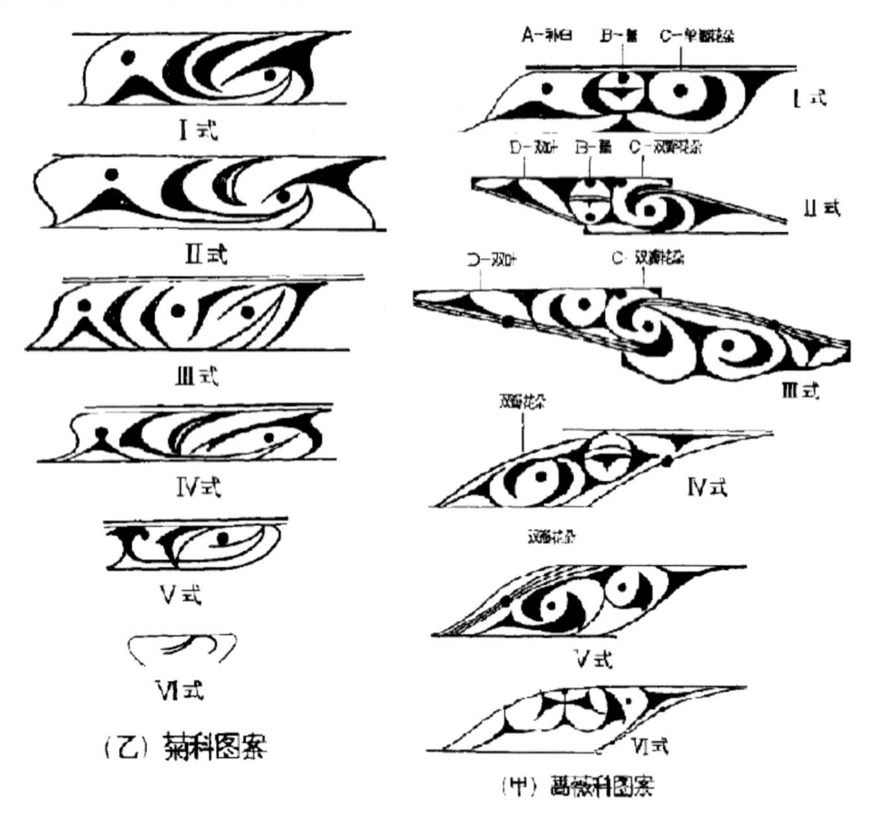

圖一七一　蘇秉琦說泉護村器紋薔薇科菊科紋飾

蘇先生釋：甲組 I──III 式，三者俱係從二方連續全器圖案分割開來之完整單元。三者與見部是 B、C、D。B、C 部係陰陽紋結合。D 部係陰紋。B、D 部同現代工藝美術輒用陰紋與陰陽紋結合表現葉和蕾之技法相似。C 部同現代工藝美術圖案慣用陰陽紋結合表現薔薇科之復瓦狀花冠技法相似。A 部係無關母題之補白。單元間斜曲線有界格與表現莖蔓之雙重作用。似近代工藝美術圖案。

第二種，依其使用陽紋、間用雙鉤，似現代工藝美術團描繪菊科合瓣花冠技法。「我們揣想它」「表現的是菊科花卉」。

第一種，「我們稱它做薔薇圖案的彩陶盆，在構圖、用筆、風格等方面的變化同器形的變化之間具有平行的發展序列關係」（後圖，中間一行）。易於分辨者係其彩繪圖案之花冠部結構變化。試別六式。I 式：單瓣，陽紋瓣根部連接花蕾；II 式：雙瓣，右側陽紋瓣根部連花蕾，左側陽紋瓣根部連莖蔓；III：雙瓣，兩側陽紋瓣根部均連莖蔓。IV 式：雙瓣，右側陽紋瓣根部依附莖蔓；V 式：雙瓣，右側陽紋瓣根部連莖蔓上結節；VI 式：花瓣分解。兩組 VI 式出現時段係此類遺存末期。I 式出現時段非其最初階段。

（2）鳥紋五式說

鳥紋圖案，依發展序列，別五式。今依蘇氏述，改言為表，鳥紋特徵如後。

表一　蘇秉琦說鳥紋狀兆

式　列	界　框	頭	身
I	圓框、內加圓點	圓頭、有眼、喙	短
II	圓框	長頭、有眼、喙	短
III	無	長頭、有眼喙	長
IV	無	圓點形頭	長
V	無	圓點形頭	鳥形兆多喪

五式鳥紋與 III、IV、VI 式花紋對照圖如後，圖見泉護村遺址盆器樣：III.H1078、IV.H14、VI.H1026；鳥紋，泉護村遺址，器樣：I.H165、II.H245、III.H14、IV.H1060、V.H1052。

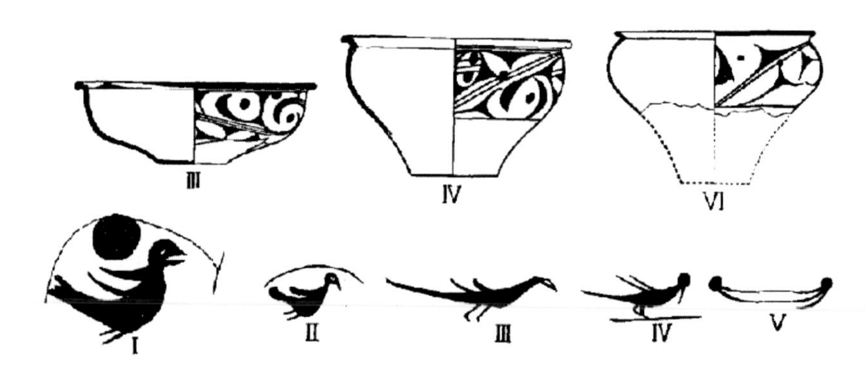

圖一七二　蘇秉琦花紋鳥紋對照

蘇先生檢半坡遺址魚紋曰：寫實魚，畫在盆裏壁；簡化寫實魚形，鱗紋簡化，畫在盆裏壁。圖案化魚形，魚鰭小時上下對稱，繪在盆腹部外壁。發展的圖案魚形，各部分解為幾何圖案紋（不摘圖樣，詳《西安半坡》第 183 頁～第 185 頁，魚紋演化推測圖）。

蘇秉琦曾覺察，太平莊遺址葬闕 M701 起出物非同尋常，此葬闕附近無它葬闕，這更說明死者在氏族有特殊地位。

鑒照中原地區仰韶文化後期、魯南蘇北青蓮崗及大汶口諸文化與江漢間屈家嶺文化關係，蘇氏識見前期以關中晉南豫西地帶為核心，仰韶文化向周圍擴大為主。後期以東南諸原始文化集中其影響於中原地區仰韶文化為主。仰韶文化大約同傳說神農氏時代相當，河南龍山文化早期大約同傳說黃帝堯舜時代相當。廟底溝類型遺址分布中心在華山附近，此類型可能是形成華族核心的人們的遺存。其特徵之一，花卉圖案可能是華族得命的由來。華山可能由華族最初居住地得名〔註 88〕。

3. 七十年代器殘紋省見與磋見檢評

1）廟底溝與豫西兩等仰韶文化彩陶說及紋飾母題之別

（1）廟底溝彩陶期別不宜說

1973 年，吳力附議《廟底溝與三里橋》作者關於廟底溝遺址文化屬性檢討。敵解楊建芳以《廟底溝仰韶遺址彩陶紋飾的分析》，給廟底溝仰韶文化分期嘗試。楊氏別廟底溝文化為早晚期，括廟底溝「彩陶」母題以 11 種，使 11 種紋飾母題屬甲、乙兩組。遠在 1963 年，方殷曾詬病楊建芳期別廟底溝彩陶說〔註 89〕。

〔註 88〕蘇秉琦：《關於仰韶文化的若干問題》，《考古學報》1965 年第 1 年。

〔註 89〕方殷：《從廟底溝彩陶的分析談仰韶文化的分期問題》，《考古》1963 年第 3 期。

吳氏察覺，楊氏分期嘗試基於「與屬」之類謬誤：楊氏使垂幛紋既屬於甲組紋飾母題，又屬於乙組母題。甲、乙兩組紋飾寄器起自所等同，乃同一曆闕。基於此而別組，無可靠基礎〔註 90〕。

（2）谷聞起居環境便俯視側視口沿下彩繪說

姜寨仰韶文化遺址起出類似西安半坡遺址彩陶盆，盆裏飾以魚、魚網、口銜雙魚人面形等。另一件陶盆內壁見四隻墨黑小鹿，構圖甚略，但線條鮮明傳神。這些古樸而生動的圖案花紋分布位置，看來有一定規律，俱在盆裏壁，分布在近盆口上半部，盆底無紋。而且，盆裏壁光滑，盆外壁粗糙。可見，彼時造器者匠心集於內壁上側裝飾花紋帶。

不同器皿裝飾花紋帶分布部位變動。例如姜寨瓦器蛙紋，出現於廟底溝仰韶文化一件彩陶罐殘片上，蛙紋裝飾在肩部。動物形象圖案，寡見於仰韶文化彩陶。頻見者乃花卉圖案和幾何形圖案。幾何形圖案含義，迄今仍不能理解。

仰韶文化外，馬家窯文化（半山類型、馬廠類型）、大汶口文化等遺址也起出各種面施精美花紋之瓦器。諸裝飾圖案以時代、地域差異而異，但圖案花紋裝飾部位俱於器高二分之一處，器高五分之一處以下無紋樣。譬如，碩大陶壺花紋帶集於肩、上腹，頻見於器高二分之一以上部，頸部、口部見輔助花紋。敞口曲腹深盆類，花紋帶位於曲腹之上、口唇以下，頻見位於器高三分之一以上處；上壁近直淺腹盆類，花紋帶主要分布於口唇以下、布於近直上壁，布於器高二分之一以上部；僅器腹呈球狀的罐類，花紋帶可以伸延到器高五分之一以下，近於底部。但淺腹圜或小平底的盆，在外壁沒有花紋帶，圖案花紋只出現在口唇上和裏壁。

谷氏發問，為何彼時如此布置器皿上裝飾花紋帶？而且，不同地域考古文化與行此途？谷氏自答云：由於居住條件限制，人們於室內或戶外，俱席地起居。主要日用器皿置於地上使用。如此，不論這些器皿多高，俱處於席地蹲或坐者視平線下。而於站者，則能俯視。器物上裝飾圖案，是實用美術，不在平時視線看不到的地方，例如器物的下部向內收縮的部分，花費精力去施加花紋。應用陶器飲食或盛物時，人們常處於坐、蹲姿態，這導致主要花紋帶布置者選取蹲、坐時人們視線集中部位。如此，形成了前述各類器皿花

〔註 90〕吳力：《略論廟底溝仰韶文化彩陶紋飾的分析與分期》，《考古》1973 年第 5 期。

紋帶位置規則〔註91〕。

2）甘肅彩陶源自關中與簡化魚紋抽象技法及人面紋致魚入網說

（1）嚴文明甘肅彩陶源自關中說

1978年，嚴文明先生檢甘肅、青海「彩陶紋飾」。他察覺，當時已知甘肅最早的彩陶屬「仰韶文化半坡類型」，其出土地點：天水劉家上磨、柴家坪，平涼蘇家臺、石柏闕，禮縣寨子里和石嘴村等地。散佈於隴東。這些彩陶全部為磚紅色，黑彩，有魚紋、變體魚紋和寬帶紋等，同西安半坡與寶雞北首嶺等「半坡類型典型遺址出土」的彩陶。

在甘肅，廟底溝類型遺址有一百五、六十處，遍布隴東、隴西、隴南。比較重要或已試掘遺址：天水馬跑泉、羅家溝，渭源寺坪，武山石嶺下，隴西暖泉山，禮縣寨子里和臨洮馬家窯等地。此外，青海民和也曾發現幾處。

甘肅廟底溝類型彩陶的器形主要是卷緣曲腹盆、斂口盆和斂口缽等，也有小口平底瓶。陶質細膩，多呈磚紅色。施白色陶衣者不多。多數是黑彩，也有極少數用紅彩或黑紅兩色彩。頻見花紋母題是垂弧紋和迴旋鉤連紋，圓點、窄帶、豆莢、花瓣和網格等。

這些紋飾在陝西、山西和河南廟底溝類型遺址中是頻見紋飾。動物花紋僅見蝴蠍一種，這種彩紋雖未見於陝西、山西等地，但那裡不只一次地發現晰蠍形陶浮雕。由此得知，甘肅地區廟底溝類型彩陶，與陝西、山西和河南廟底溝類型彩陶屬同期。

根據華縣元君廟和寶雞北首嶺等處的地層關係，老官臺文化比半坡類型早；它的直口陶缽、寬邊彩帶和錐刺紋飾等不但存於半坡類型，而且更為發達。「很有可能，半坡類型就是在老官臺文化的基礎上發展起來的」。「老官臺文化的某些缽或缽形三足器的口外有紅色寬帶，可以視為彩陶的萌芽」。甘肅地區的彩陶起源於關中，那種把甘肅作為通道，用以證明仰韶文化彩陶是從西方徑甘肅而來之論，與實際情況完全相反〔註92〕。

（2）張力華簡化魚紋之抽象畫技說

1979年，張力華云：狄宛「半球形的圜底器和有三足的圜底器等簡單造型的器物，其彩飾紋樣同樣的簡單……」。「飾在口沿部位紅色的寬帶紋平視如帶、俯視如環，折射出先民們古樸而智慧的哲學思辨」。張氏述「魚紋」多

〔註91〕谷聞：《漫談新石器時代彩陶圖案花紋帶裝飾部位》，《文物》1977年第6期。
〔註92〕嚴文明：《甘肅彩陶的源流》，《文物》1978年第10期。

從《西安半坡》說，重述寫實魚紋向抽象寫意轉變。「……抽象到後來魚紋簡化成了三角形、菱形與直線賦有規律和動感的圖案組合。魚紋變得詭異而充滿了靈性。多種奇特的表現手法令人想到了印象派大師畢加索，更令現代追求此道的藝術家們望塵莫及〔註93〕」。

（3）肖兵人面圖致魚入網說

肖兵認為，單純「圖騰說」和「豐收說」不能解釋魚紋和「人面」的本質聯繫。肖氏言，人面、魚紋、魚網並存提示：會不會是人面促魚入網呢？

肖氏察見，每圖可見人面有開口，《西安半坡》言「露地」，這似乎是靈魂的進出口。後援《西安半坡》言「甕棺」蓋盆或蓋缽底部鑽孔一眼，言此孔是靈魂出入的佐證。半坡人面的「露地」是有意給精靈的出入開個窗戶，以便「飛行頭顱」裏的精靈先期飛出去尋找獵物；有一種人面頭頂上的銳三角形恰好相當於被啟開的「露地」，似一個製作嚴密的蓋子或門扇一樣。

打開「天」頂之「蓋」「靈」於是飛出。用什麼飛呢？可以用一個翅膀飛，有些古畫、古文獻上的精怪就「以一翼飛」。那三個長著短齊的羽毛的「銳三角」可能就是翅膀的變形，而不是什麼「裝飾品」或「帽子」。又以《太平御覽》（卷790）援《博物志》落頭民「以耳為翼」為證。

頭飛出去或精靈飛出去尋找並驅趕更多的魚兒入網，以保證豐收。所以要把「飛頭」和魚網畫在一個陶盆裏。珥魚或銜魚則表示「飛頭」有本領控制魚類〔註94〕。

（二）八十年代器殘紋省見與磋見

1. 雚銜魚圖騰與編織紋致彩陶及殘片天文圖說

1）嚴文明雚銜魚圖騰與鄭傑祥雚為閻村族徽說

（1）雚魚石斧圖名源

河南臨汝閻村起出若干仰韶器，其一系彩陶缸。缸上畫雚銜一魚尾。旁豎一把有柄石斧〔註95〕。張紹文名此畫「雚魚石斧圖」〔註96〕。

〔註93〕張力華：《甘肅彩陶之路》，《甘肅彩陶》，文物出版社，1979年，第2頁～第3頁。

〔註94〕肖兵：《西安半坡魚紋人面畫新解》，《陝西師範大學學報》（哲社版）1979年第4期。

〔註95〕臨汝縣文化館：《臨汝閻村新石器時代遺址調查》，《中原文物》1981年第1期。

〔註96〕張紹文：《原始藝術的瑰寶——記仰韶文化彩陶上的〈雚魚石斧圖〉》，《中原文物》1981年第1期。

此雚係白鸛。細頸長喙，短尾高足，通身潔白。銜魚頭身尾眼、背腹鰭都清白可辨。全身塗白。但未畫鱗片。雚、魚眼都很大。嚴文明推測，此魚模樣係白鰱一類細鱗魚。雚的模樣「儼然」是征服者氣概。豎立在右邊的斧子，圓弧刃，中間有穿。貌似陝縣廟底溝一期的 6D 與 6E 式穿孔扁斧。斧、柄如何縛紮，看不清白。斧柄一面畫黑「×」，嚴先生將，此係特意標記的符號。嚴先生訓曰：此畫發人深省之處是，雚銜魚、石斧係不相干之事象，但被畫在一起。

為釋此疑，嚴先生討論了閻村缸屬伊川缸紋飾。他由此推導，閻村缸屬廟底溝類型。他舉證：閻村有一件伊川缸，其腹部畫帶形圖案，它由圓點與弧邊三角紋組成。「使地子」「成為葉形和花苞形」。伊洛—鄭州地區有伊川缸、尖底缸、特長「尖底瓶」等器。此地瓦器紋飾不發達。彩陶器少。「彩陶母題主要是」「迴旋鉤連文」、「窄帶文」、「垂虎紋和花瓣紋」，除這次發現的魚鳥圖外，基本上不見動物花紋。

嚴先生推測，每個區域人們自有文化傳統與風俗習慣。甚至有自己的語言與宗教信仰。考古實物遺存的類型或地方變體反映此狀況。依此，嚴先生設擬，伊洛—鄭州變體能代表的「人們共同體」的「規模」至少夠著一個部落聯盟。照顧伊洛—鄭州遺物變體環繞嵩山分布，閻村遺址在其中心區域。各地發現伊川缸皆樸素無彩，獨閻村遺址起出三件彩陶缸。倘若此地曾存在部落聯盟，繪《雚魚石斧圖》的陶缸應當是第一任酋長的甕棺。嚴先生依此推測，豎立石斧圖繪下的石斧決非普通勞動工具，它標誌酋長生前權力，也係其生前曾用石斧寫真。嚴先生又講，雚銜魚圖上兩種動物都應該是氏族的圖騰。白雚是死者本人所屬氏族的圖騰。鰱魚則是敵對聯盟中支配氏族的圖騰。此酋長生前勇武，曾高舉大石斧，率白雚氏族與鰱魚氏族作戰得勝。他死去後，給他燒製了最大最好的陶缸，又打破不在甕棺面上作畫之俗，以畫筆記錄其業績。

另外，1958 年，在寶雞北首嶺遺址起出一幅彩陶畫，即北首嶺遺址瓦器面圖，前圖二八，器樣 M52：(1)。他以為，此畫可命為《水鳥銜魚圖》〔註 97〕。

（2）鄭傑祥雚為閻村族徽說

鄭傑祥以為，「閻村地區曾生活著一個以鸛鳥為圖騰的古老民族，也稱之

〔註 97〕嚴文明：《鸛魚石斧圖》，《文物》1981 年第 12 期。

為鸛氏族，這個氏族可能就是我國文獻中記載的驩兜族（或驩頭族）」，此族系由於受到對抗，而後南遷。南方「驩頭國民」應源於中原，與嵩山一帶夏部族同源。臨汝仰韶墓地或許是古代驩頭族留下來的遺跡〔註98〕。

2）編織紋致彩陶紋飾說及大河村彩陶天文圖說

（1）彩陶紋樣源自編織紋說

吳山說彩陶紋樣源於「編織」，其證在於，瓦器底部存留編織紋印痕。吳山以為，半坡遺址起出瓦器席紋印痕係彩陶網紋的形式基礎。寶雞北首嶺起出所謂「船形壺」體外網紋係「漁網」的形式表現，網紋是編織紋的形式發展。他又以為，螺旋紋出自模仿螺蚌形紋路〔註99〕。

（2）李昌韜大河村彩陶片日珥紋說

依李昌韜檢，大河村陶片紋飾涉天文紋飾如後，太陽紋、月亮紋、星座紋、暈珥紋。後圖乃其一。

圖一七三　李昌韜說大河村暈珥紋

大河村這些圖案畫，多屬於第三期文化。同時起出殘瓦紋飾有同心圓紋、篦紋、舟形紋、菱形紋、方格紋、網紋等。這些陶片係泥質紅色，來自鼓腹缽。器表抹光，塗白衣，施加黑、紅或棕、紅兩彩〔註100〕。

2. 老官臺文化生成彩陶與魚鳥紋圖騰及簡化說與玫瑰花暨花龍尋根說

1）張朋川等彩陶源屬老官臺文化與魚鳥紋圖騰簡化而發達說

（1）彩陶萌芽於「老官臺」類型說

張鵬川、周廣濟等參與狄宛遺址發掘。他們使狄宛「文化」屬於「仰韶文化」。他們識見，彩陶占陶器比例小。能見彩陶有：在缽口沿外畫一圈紅色寬帶紋，也有少數缽內畫著簡單花紋。無複雜的花紋，繪上的紅色灰暗。這

〔註98〕鄭傑祥：《〈鸛魚石斧圖〉新論》，《中原文物》1982年第2期。
〔註99〕吳山：《中國新石器時代陶器裝飾藝術》，文物出版社，1982年，第8頁。
〔註100〕李昌韜：《大河村新石器時代彩陶上的天文圖像》，《文物》1983年第8期。

表明當時的彩陶處於萌芽階段。屬老官臺文化於仰韶文化〔註101〕。

（2）魚鳥紋圖騰及其簡化為彩陶發達說

張鵬川檢狄宛第一期彩陶即圜底缽，或三足圜底缽。其口沿外一圈抹光施赤色畫寬帶，器面有網狀繩紋。他又講：這種紋樣「是我們見到的彩陶上最早的紋樣，是一種非常簡單的紋樣。但要弄清當時人們是在什麼意識支配下畫出這種最初的彩陶紋樣，卻是非常複雜而難解的問題。這種紋樣雖然簡單，但很難認為是偶然的發明，它應該是脫胎於存在過的某一樣式，又在新的工藝製作條件下，延續這種樣式，再逐漸發展的」。

張鵬川猜測，赤色寬帶紋係造陶器時手指磨出鮮血之象，能致陶器顯得「堅固耐用」。他述魚紋樣變遷云：魚的單獨紋樣表現出由寫實到寫意的系列發展過程。後期寫意魚紋多用減形手法使魚紋簡化，只用魚有特徵的某部分，例如頭、身子、尾示意性地表現魚，這就導致了魚紋解體。分解了的魚紋各部，用特定造型概括成幾何花紋。或由魚的各部別而演繹成的幾何形花紋，再複合成新幾何形圖案。他檢廟底溝彩繪，以為鳥紋多變。他以畫作演示此變。在半坡類型晚期文化的彩陶中，有個別鳥噙魚的紋樣。但也有一些在魚頭中寓有鳥頭的紋樣而使人驚異。但現實生活中是沒有魚吃鳥，這類紋樣與漁獵生產毫無關係。

半坡類型彩陶上的魚頭紋和人面紋各自經過變形而成為同一種紋樣。以上例證充分說明了人即是魚、魚也即是人，魚和人寓合為一。半坡類型早期彩陶僅見魚和人面結合的圖案，而半坡類型晚期彩陶上出現了魚頭、人面和鳥頭三種紋樣相結合的紋樣。魚和人面相結合的花紋，已不是描繪自然界的魚，而是一種人格化的魚紋，是具有圖騰崇拜的意義，而魚類可能是此區域當時氏族的一種主要的圖騰。

以華山為中心而分布於陝、晉、豫三省鄰境地區的廟底溝類型文化，彩陶上的花紋以鳥類為主。有側面和正面的鳥紋，還有展翅的飛鳥紋，分別表現出由寫實到寫意、具象到意象的系列發展過程。到廟底溝類型晚期，還以變體的正面、側面鳥紋和展翅飛鳥紋綜合而成的不對稱的勾羽圜點紋，以旋風般的弧形律動展出變化多端的寫意畫。這種多角度的流動散點式構成的變體鳥紋，乃是高度意象化的表現。雖然看不出寫實的鳥的具體形象，但能意

〔註101〕張朋川、周廣濟：《試談大地灣一期和其他類型文化的關係》，《文物》1981年第4期。

會到鳥在空中迴旋飛翔的運動感和韻律節奏感，充滿了活潑的生機。

廟底溝類型早期彩陶有一種三足的正面鳥紋，值得注意。直到漢代圖案中的陽鳥紋依然有三足。

黃河、淮河下游地區的陶器則注意造型，大汶口文化和龍山文化的一些陶器的造型與鳥類有關。大汶口文化彩陶受大河村和廟底溝類型彩陶的影響，也有以變體的勾羽園點紋作圖案。在大汶口文化晚期陶尊上有十幾種象形符號，其中一種為山形上的正面鳥的形象，與廟底溝類型彩陶的同類花紋相似。如此看來，鳥類紋樣也是大汶口文化陶器上的一種主要紋樣。大汶口文化彩陶上還有以編織紋組成的圖案，如富有特色的連柵紋。而八角星紋是大汶口文化彩陶上具有標誌性的紋樣，其含意還不清楚。此外，張朋川舉若干圖樣，檢討圖樣時，不曾聯檢圖畫寄託面，以及寄器之別〔註 102〕。

2）蘇秉琦玫瑰花傳播與花龍尋根說

（1）蘇秉琦玫瑰花傳播說

1985 年，蘇秉琦講，「仰韶文化的主要特徵是兩種小口尖底瓶（壺罐口、雙唇口），兩種花卉圖案彩陶（玫瑰花、菊花），兩種動物圖案彩陶（魚、鳥），是兩種六類……。玫瑰花的完整圖案是包括花、蕾、葉俱全的『一枝花』，向東去，洛陽鄭州間仰韶文化中的玫瑰花是『一朵花』，而不是『一枝花』。向東北方向，經過山西省境，到達河北省西北部張家口地區蔚縣西河營一帶（屬仰韶文化傳佈範圍）的玫瑰花則是『一枝花』……。而『一朵玫瑰花』圖案彩陶更遠達遼寧朝陽、阜新地區大凌河流域紅山序列，始終保存著玫瑰花『覆瓦狀』花冠圖案基本特徵」〔註 103〕。

次年，他作《紀念仰韶村遺址發現六十五週年》，他照顧了「兩種花卉紋彩陶盆」，不贊許「圓點鉤葉弧邊三角紋」的表述。他講，「魚鳥圖像彩陶初見時間和魚紋開始圖案化時間，彩陶圖案常以底色（陶色）為主而不是著色為主的技法初現時間等都從北首嶺遺存得到證明」。玫瑰花圖案為「一枝花」或「一朵花」，一朵花的傳播力比前者大得多（註第 103，第 71 頁）。

（2）華人尋根於花龍說

1987 年，蘇先生以四念頭總其「尋根」之念，華（花）與龍的結合（距

〔註 102〕張鵬川：《彩陶藝術縱橫談》，《美術》1983 年第 8 期。

〔註 103〕蘇秉琦：《晉文化問題》，《華人、龍的傳人、中國人——考古尋根記》，遼寧大學出版社，1994 年，第 17 頁～第 71 頁。

今五六千年間）、轉折期距今五千年左右（青銅器傳播）、中國——觀念形態與政治實體的形成（距今四五千年間）、中華一統概念從理想到現實〔註 104〕。

3. 等分圓周與彩陶圖案母題三類說

1）錢志強等分圓周與定位說

（1）圖樣幾何學解析

錢志強依半坡「人面魚紋盆」紋樣述彩陶紋飾數學義。他云：睹者能見其紋飾布局依某種幾何分割。人面魚紋多在盆內壁。人面魚紋與魚紋或網紋兩相對，在圓盆內形成均布四點。此四點與陶盆口沿四點相對。人面魚紋盆口沿上一般有八個點。八個點均分口沿八等分。倘若將八個點經過陶盆圓心兩相連，即形成一個將盆內壁八等分之「米」字形骨架。此即「米」字分割。此乃六千多年前先民用圓直徑等分圓。

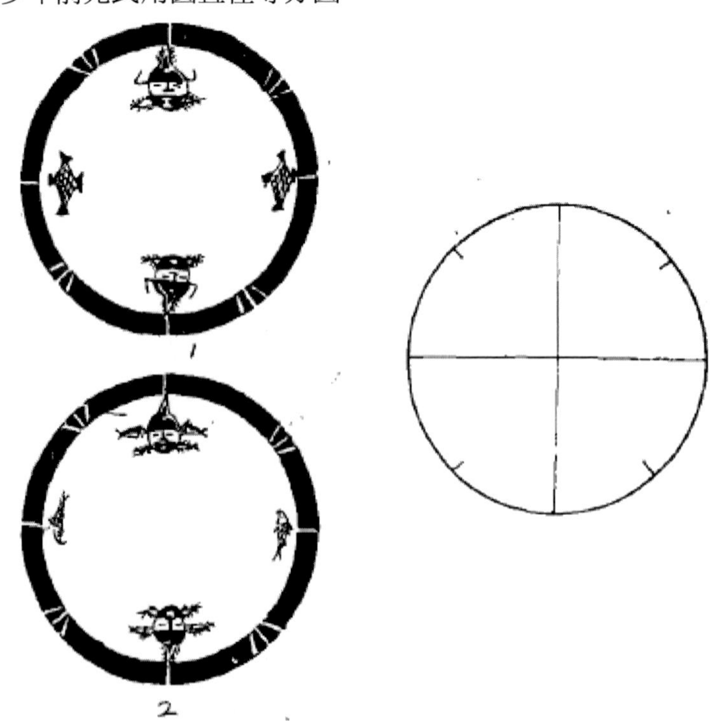

圖一七四　錢志強說人面魚紋盆米字定位

此係六千多年前先民用圓直徑等分圓之理於藝術創作之證。畫於瓦器外壁魚紋以等同算術分割瓦盆口沿。半坡期流行一種直線三角形寬帶紋盆也用

〔註 104〕蘇秉琦：《華人、龍的傳人、中國人——考古尋根記》，《今日中國》（中文版），1987 年第 9 期。

此「方法」作紋飾間架。山西省芮城東莊村出土一件彩陶盆外壁畫一周陰陽三角紋，總計 32 個。此 32 個陰陽三角紋恰是由四個米字形骨架構成。此等紋飾繪製大抵先將盆口沿以「米」字分割。後將盆外壁兩分為一組以米字分割。如此，盆外壁總計成四個米字形間架，每個米字形間架都分割出八個三角形。如果將每個米形間架四對對頂三角以黑色相間，易於作出直線三角形帶狀紋飾（後圖）。

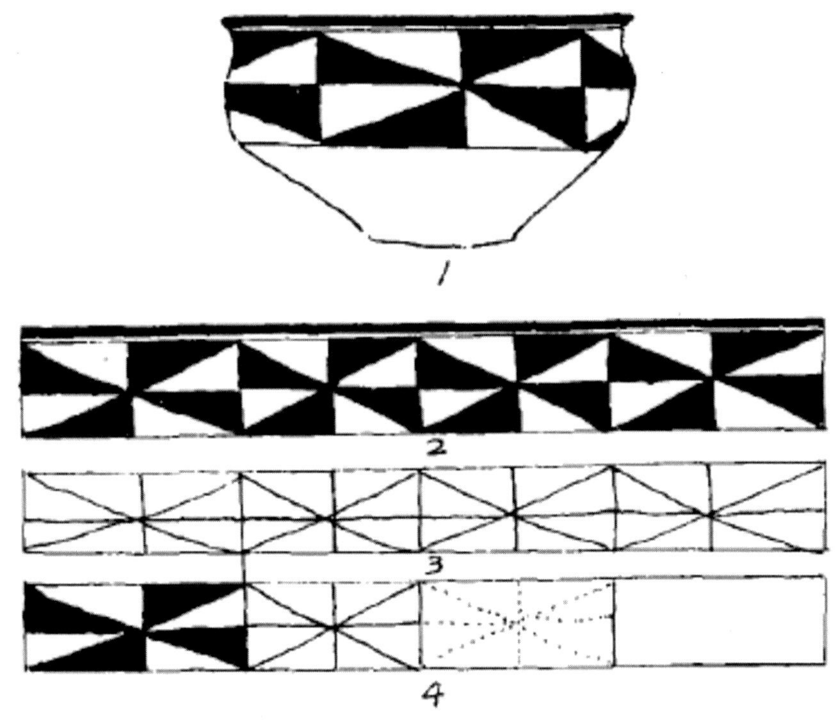

圖一七五　錢志強說直線三角紋製作

上圖之 2 放寫芮城東莊村瓦器外壁紋樣。此乃間架還原嘗試。上圖之 3 局部係依取自瓦器外壁畫作左段圖樣重構圖樣，此嘗試不得視為還原舊貌。

（2）選點與定位

錢氏另舉廟底溝遺址某種「花瓣紋」，以圖樣展示其見「選點法」。錢氏曰：廟底溝彩陶以數學與幾何學知識繪製彩陶，而且承襲半坡彩陶傳統，但有發展。廟底溝某種「花瓣紋」多繪製在陶盆外腹周圈。弧形三角實紋與花瓣形虛紋交映。使人感覺莊重多變。此紋樣含弧線三角與花瓣為雙關紋樣。紋樣頂端有突出黑點。展開諸紋樣，並縱橫連諸黑點，能見諸點恰構造一個縱橫交織之長方形方格網。

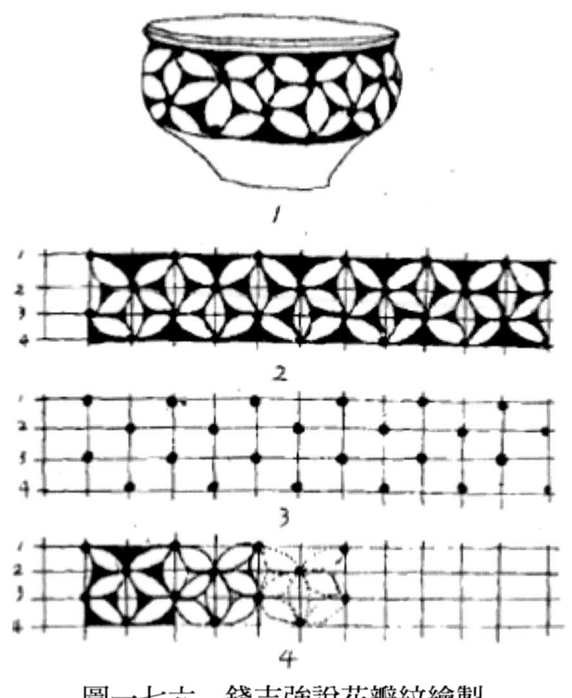

圖一七六　錢志強說花瓣紋繪製

諸方格網上能見規律變化狀態，即呈現奇數與偶數相間之「取點定位方法」。倘若以數表達，此數恒為 1：3、2：4 或 2：4、1：3 間隔選點法，前圖之 3。如此選點須用對稱內弧線連諸點，後將花瓣外空間塗以黑色，即形成統一而富於變化之「花瓣紋」。欲為此等紋樣，須先自口沿等分，以確定外壁紋飾單元數目。此外，錢氏錢氏說馬家窯同心圓瓦盆三點定位，及圓奇數等分，他援康樂遺址起出器為說。

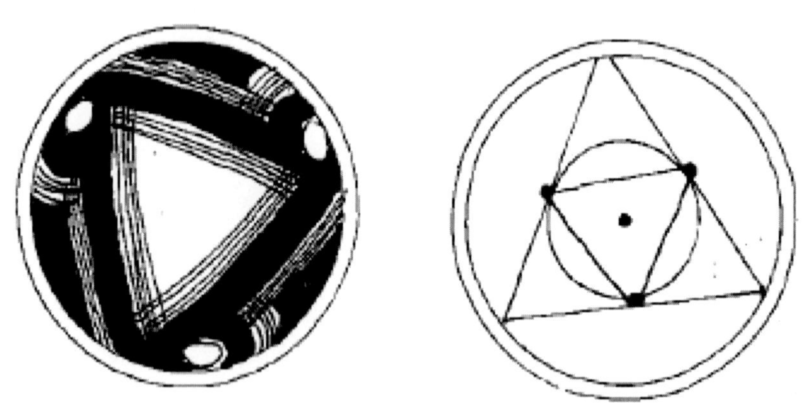

圖一七七　錢志強說康樂遺址盆畫

前圖左係原物俯視圖，後者乃錢氏擬繪與三點定位識見。彩陶紋飾構成是以嚴格幾何分割為根據。但這種幾何分割未促進對自然形象的逼真與肖似的表現，反而加強了對對象形體簡練與圖案化觀念。中國遠古先民更側重對不斷運動變化的觀念的追求。紋飾含大量幾何形紋飾都藉助於對圓的等分構成，但並不表現某一自然對象，而呈現出統一有序的變化規律。中國藝術在初萌時代即表現出一種表現中國傳統宇宙觀念的傾向〔註 105〕。

2）彩陶圖案母題類別與組合說

（1）王仁湘圖案母題三類

1985 年～1987 年，王仁湘先生類鑒「彩陶圖案母題」。他察舉圖案母題三類：象生類、圓弧類幾何形圖案、直線折線類幾何形圖案。在其第四題下，舉圖案母題的發展演變及組合問題。

王仁湘別象生類圖案母題以五等：魚紋、鳥紋、鯢魚紋、蛙紋、人形紋。以為諸「母題」罕見於其他系統彩陶。他察覺，狄宛 F2 起出魚紋彩陶盆，與出彩陶盆有廟底溝類型鳥紋、弧線三角紋。

鳥紋遍見於中游仰韶文化彩陶。半坡遺址村寫實鳥形畫彩陶片。甘肅地區廟底溝類型彩陶也發現黃河中游那樣正視鳥形圖。石嶺下、馬家窯類型時期，仍能見鳥紋。鳥紋變化於鳥體。它由實芯弧線三角發展到鑲邊三角，再到空心三角，後在空心加畫圓點。

鯢魚紋或被稱為蜥蜴紋。其頭部繪作人面形，接近鯢魚，呼為人面鯢魚紋恰當。蛙紋其實是蟾蜍紋。半坡、廟底溝、馬家窯類型彩陶俱見體飾以斑點之蟾蜍紋。

在圓弧類幾何形圖案下，王氏別弧線三角紋、圓圈紋、圓點紋、波紋、垂帳與連弧紋、渦紋。弧線三角紋，他又呼此狀為「凹邊三角紋」。使之並列於鳥紋弧線。直線折線類幾何形圖案下，王氏舉波折紋、回紋、十字紋、三角紋、齒帶紋、菱形紋、平行條紋、網格紋。

王氏以為，關中地區半坡類型彩陶見到寫實魚網，不見圖案化網格紋。在廟底溝類型彩陶，見到不同外廓形狀的圖案化網格紋。外廓方形、橫長形、豎長形、扁圓形等。網線左右斜交，網粗呈菱形。網格紋是甘、青地區新石器時代彩陶圖案中相當常見的一種紋飾。環帶形網格外，網格是以一種填充紋

〔註 105〕錢志強：《原始彩陶紋飾中的數學觀》，《美術》1986 年第 2 期。

飾出現，罕為獨立結構。馬家窯時期，網格紋流行甚廣。

（2）王仁湘圖案母題組合說

在圖案母題組合下，王氏舉武功遊鳳細頸壺 WGYFV：01、姜寨 ZHT14H467：1 彩繪為魚紋鳥紋母題組合之證。文末，王氏舉圖案母題四種理解途徑：安特生齒帶紋喪葬說。卡什娜渦紋日月運轉說。石興邦魚紋鳥紋圖騰標誌說。嚴文明圓圈紋日神說與蟾蜍紋月神說。王氏言：「彩陶圖案的意義不僅在於它們在繪畫傳統上表現出的源流關係，更在於它們是史前人精神生活的一種形象寄託。人們不僅僅是為了美化生活而作畫，與此同時還要表達他們特定的心理和意識」〔註 106〕。

4. 人面魚紋義磋討與裝飾藝術起源舊說敵解

1）人面魚紋義磋討

（1）劉夫德人面魚紋華族月圖騰說

劉夫德不附和《西安半坡》、肖兵等說西安半坡瓦盆似人面圖。他認為，仰韶文化陶器上魚紋和「人面魚紋」俱係騰的標誌。他欲求種紋飾更深含義。

他以為，半坡先民所處時代雖無歷史文獻記錄，但此時期文明狀況被後世歷史文獻追述。檢文獻，魚紋在當時含象徵義，它乃中國歷史上華族的總徽志——月亮。而「人面魚紋」就是月亮生動的意象性摹寫。

他用半坡類型地層、廟底溝地層所際言廟底溝類型文化承襲半坡類型文化，從而設問，半坡類型陶器人面紋飾為何能異於廟底溝類型蟾蜍紋、烏紋。後斷定半坡魚紋、「人面魚紋」似廟底溝類型蟾蜍紋，二等與係月族圖騰紋樣。

後援《山海經・大荒北經》燭龍說以論太初月圖騰：「西北海之外，赤水之北，有章尾山，有神，人面蛇身而赤，直目正乘，其瞑乃晦，其視乃明，不食不寢不息，風雨是謁。是燭九陰，是謂燭龍」。能晦能明，不吃東西，在應寢睡時它卻不休息，像人面的形狀而發赤色的光，出來時沒有風雨，直直地燭照著「九陰」，這不正是月亮麼？「尾」應音讀 yǐ，「章尾」二字即月崇拜一族之「昌意」、「尚儀作占月」的「尚儀」，以及月中有蟾蜍」的「蟾蜍」的音訛。章尾山意即月族山居所。

他設問而答：為什麼月亮會有人的面孔和蛇的身體呢？這是當時人們的

〔註 106〕王仁湘：《甘青地區新石器時代彩陶圖案母題研究》，《中國考古學研究——夏鼐先生考古五十年紀念論文集》，文物出版社，1988 年，第 171 頁～第 199 頁。依石興邦先生前言，此文集納文章齊集於 1985 年。

一種意象性想像，是原始思維的一種表現。他舉《山海經．大荒西經》「風道北來，天乃大水泉，蛇乃化為魚，是為魚婦，顓頊死即復蘇」。「風」古通「鳳」。鳳即鵬，鵬字本是崇拜月和崇拜象徵日的鳥的合文字，以後專指象徵日的鳥，因此「風」在這裡即指太陽鳥，也就是指太陽。「風道北來」謂日向北來，即日至北回歸線。而後天將下大雨。黃河流域夏天雨水多。這時，蛇化成魚。魚同人面蛇身之燭龍，乃月的形象。半坡時期的人們把月看作是兩條並列的魚，姜寨一九七二年所出陶盆上有這種形象，並且與蟾蜍圖畫於一盆面。

「魚婦」即用魚象徵的月亮，即「人面魚紋」。「顓頊死即復蘇」是說月亮的陰晴圓缺，每月再生一次。劉熙《釋名》:「晦，月盡之名也。晦，灰也，火死為灰，月火盡似之也。朔，月初之名也，朔，蘇也，月死復蘇生也」。「顓頊」，乃是傳說中月族的一位著名首領的名字，在世系上是黃帝留有姓名的二子之一昌意之後，魏曹植《顓頊帝贊》:「昌意之子，祖自軒轅。始誅九黎，水德統天。以月為號，風化神宣。威揚八極，靡不砥虔」。「以月為號」即以月為圖騰崇拜物。「顓頊」二字實同「昌意」、「章尾」、「尚儀」一樣，是「蟾蜍」的音訛，這裡代表月。

仰韶文化蛇、魚和蟾蜍形象俱象徵月，從屬於月族的圖騰崇拜物。倘言月係月族總圖騰，蛇、魚、蟾蜍乃副圖騰。此現象可能和氏族的發展有關係，月崇拜的現象可能非常古老，在氏族的發展中，又分裂出許多以不同事物為圖騰的新氏族，他們都是月族這一大家庭的成員〔註 107〕。

（2）馬寶光「人面魚紋」狀摹潛水摸魚人羊角帽說

1987 年初，馬寶光撰文否認半坡遺址「人面魚紋」圖騰說。他言，（P.4666）內壁人面像頭上戴羊角帽無，這種羊角帽是當時漁獵生活的裝飾帽。這個看來古怪神秘的帽子，是當時平常的「工作帽」，與圖騰毫無關係。

整個畫面見兩張漁網於兩邊分別張開，兩個人全身沒入水中，只剩下頭和肩膀留在水外，由於手腳在水下看不清，故省而不畫。但仍使人從圖意會手在水下摸魚。兩人採取兩邊對擠圍摸，促使魚向網內逃。摸魚人全部注意力在水下，所以下意識地微合雙目，這是摸魚者當時真切的表情。如果留心觀察今天採用此法摸魚者面部表情，能發現和畫面上的神情驚人地相似。再仔細觀察人

〔註 107〕劉夫德：《仰韶文化「魚紋」和「人面魚紋」含義的再探討》，《青海社會科學》1986 年第 5 期。

面像嘴的形狀。摸魚者與知，嘴時時沒入水，由於水對光的折射不同，物休在水中有時會變形走樣。畫面上似人嘴狀是折射變形後人嘴的形象。

他又告，周遭布黑圓點似人面圖，此圖係潛水圖。黑圓點被他視為「雨」、「水」類比，援甲隸定字「雨」的甲骨文為說〔註 108〕。

（3）辛夷「人面魚紋」兆漁網發明說

1987 年，辛夷舉半坡遺址彩陶盆（P.4666）內壁位於所謂「人面紋」兩側似「漁網圖」，重述孫作雲辨識紋樣，又依圖騰信仰說釋紋意。斜方格紋兩組，菱形，四角各有一個三角形圖案，是漁網和網墜，半坡出土石質網墜 320 枚是其證。這種網應叫罾，用細杆和長棍做支架，網上撒誘餌，沉落入水中捕魚，類似今日的弔網，而不是拋網（撒網）。漁網是半坡人的發明與創造，這是迄今為止我國最早的一幅漁網圖〔註 109〕。

2）陶器紋飾源自圖騰說敵解與彩陶源疑再題

（1）熊寥敵解李澤厚圖騰生發紋飾說暨編織紋生發紋飾說

1987 年，熊寥撰文認定，李澤厚《美的歷程》將中國陶器裝飾藝術起源歸結於「圖騰」：「動物形象到幾何圖案的陶器紋飾，並不是純形式的審美裝飾，而具有氏族圖騰的神聖含義」。李氏立論依石興邦先生設擬，譬如，半坡遺址起出魚紋陶器，設擬魚紋是仰韶文化半坡類型的部落氏族的圖騰。依此念頭，廟底溝類型陶器上的鳥紋，是廟底溝類型部落氏族的圖騰。馬家窯文化陶器面有鳥紋、蛙紋，二者是馬家窯文化以鳥和蛙為圖騰的兩個氏族部落的標誌。

熊氏以半坡遺址古人已用精緻的魚鉤等而認為，得魚謀食乃日每事件。他認為，既食用魚，魚不得為圖騰。他又發現，「圖騰說」為了構築陶器裝飾藝術起源於圖騰的理論，提出了彩陶幾何紋起源於彩陶具象紋的論斷。他們說：「仰韶馬家窯彩陶的某些幾何紋樣，清晰地表明它們是由動物形象的寫實，而逐漸變為抽象化、符號化」。這個論斷的唯一依據是考古界設擬了某些變化模型：「半坡彩陶的幾何形花紋是由魚紋變化來的」；「廟底溝的幾何紋是由鳥紋演變而來的」；「馬家窯螺旋形紋飾是由鳥紋變來的」；「馬家窯的曲線紋和垂樟紋是由蛙紋演變來的」。

熊先生認定，李氏援引《西安半坡》魚形花紋演變示意圖的基礎不牢，由

〔註 108〕馬寶光：《關於幾幅彩陶圖案的管見》，《中原文物》1987 年第 1 期。
〔註 109〕辛夷：《說半坡「人面網文」彩陶盆》，《史學月刊》1987 年第 4 期。

於《西安半坡》作者已講，圖 129 是其推測而得。熊先生倡言，宜重視古人從編織圖案借鑒紋飾，是陶器裝飾的重要來源之一。其說仍歸諸裝飾〔註 110〕。

熊氏述援《西安半坡》掘錄，半坡遺址起出彩陶幾何紋，非出現於中後期，半坡早期彩陶幾何紋種類較多，有寬帶紋、三角紋、三角與斜線紋、波折紋、細腰紋、梭形紋和菱形紋等。而且，不少幾何紋、魚紋、鹿紋、人面紋與存。半坡早期陶器幾何紋不僅種類多，而且數量大，如彩陶寬帶紋，竟占半坡彩陶紋飾的 80%。

既然「圖騰說」援據出自虛構，由圖騰說導出遠古陶器「由寫實的生動的多樣化的動物形象，演化成抽象的符號的規範化的幾何紋這一點的趨向和規律，作為科學假說，已有成立的足夠根據」一說，係李澤厚面壁虛構之論。

熊氏又援若干掘錄，陳述遠在仰韶文化前，瓦器口沿平行勒刻，口沿外壁面堆紋等俱屬幾何紋。這些幾何紋能夠反映自然。熊氏援狄宛第一期截球瓦盂面交叉繩紋屬拍印器藝，言紋飾源自器藝，又孕育新石器「中期和晚期」印紋裝飾技術。熊氏後舉編織紋於瓦器裝飾之功。編織圖案被移植於瓦器裝飾。譬如，半坡遺址起出人字紋瓦片，廟底溝遺址起出網格紋紅瓦盆等。

熊氏括要曰：「古代陶器上面的裝飾，源出於原始製陶工藝由製陶工具所烙下的印痕，通過燒成保留在器表的這種現象」，「啟迪了遠古先民美化陶器的意識，開始是在陶器器表作簡單的刻畫，後來又受到墊托陶器的編織物烙在陶器底部的編織圖案的啟發，而有意借鑒編織圖案，從而使陶器幾何紋飾更趨豐富」，「隨著遠古先民的藝術表現力的提高，又產生了動植物紋樣」，仰韶馬家窯文化時代後，產生了人像裝飾。

（2）吳耀利彩陶源地關中再題

吳耀利 1987 年撰文，嘗試夯實嚴文明 1978 年檢甘肅彩陶源自關中說（《甘肅彩陶的源流》）。可謂其續篇。吳氏以掘錄印證關中仰韶文化遺址散步密集，遺存至豐而欲證關中乃彩陶源地。他取北劉遺址、白家遺址三足瓦盂與圜底瓦盂為證。其立論基於「老官臺文化說」，而此說本乎上世紀 50 年代末張忠培等人在陝西華縣、謂南調查、試掘錄並研究而得結論（註第 22）〔註 111〕。

〔註 110〕熊寥：《中國陶器裝飾藝術的起源——與李澤厚先生商榷》，《新美術》1987 年第 2 期。

〔註 111〕吳耀利：《略論我國新石器時代彩陶的起源》，《史前研究》，西安半坡博物館，1987 年，第 22 頁～第 31 頁。

5. 盆沿紋歲曆及象生紋生殖及太陽神崇拜及嬰產圖與廟底溝類魚本花紋及魚鳥非圖騰說與彩繪花瓣紋說

1）人面魚紋盆沿符號陽曆歲長及廟底溝類型花紋自魚紋化致說

（1）錢志強盆沿符號當甲癸合略天干與口宣歲曆餘五日說

錢氏察覺，半坡遺址人面魚紋盆上紋飾模樣與盆口沿「十」字「符號」相關。察 P.4691 與 P.4666 得知，兩組人面魚紋與兩條魚紋或網文兩兩相對。另一個類「十字紋」成為四組紋飾間隔。十、╳過盆底圓心四條直徑兩兩垂直相交而成。兩條相垂作十狀。另兩條相垂直斜置並在四個端點加兩撇成╳形。在人面魚紋盆中，十和╳作為兩個符號重合在一起分割陶盆口沿。在半坡彩陶缽上，十和╳作為兩個符號獨立出現，或彩繪，或刻畫。郭沫若、于省吾等學者考證，半坡彩陶缽上刻畫符號與中國早期文字有關。他以為，半坡人面魚紋盆上的兩個符號十和非就是我國曆法中十天干的甲、癸兩個字。從字形看，金文、甲骨文甲字均作十形，癸多作╳形，有的簡化作╳形，卜辭中干支用的甲、癸兩字也如此。

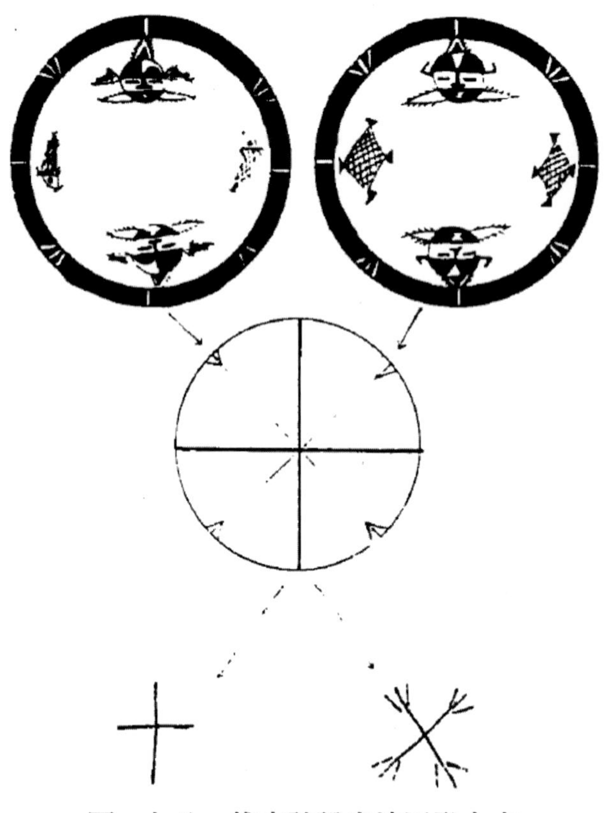

圖一七八　錢志強說半坡甲癸合文

錢氏言疑心，半坡時代先民將甲、癸兩個字精心設計在彩陶盆上，作為人面魚紋盆紋飾布局的骨架，用於表示曆法。他認為，十天干為我國曆法的基本單位，即從甲至癸的十日，甲為十天干之首，癸為十天干之尾。依此得知，半坡先民大約用十天干的首尾兩個字代替十天干。甲和癸相重，即十和X相重分陶盆口沿圓形為八等分。他又推測，此等分與中國自古相傳八分曆有關。相傳遠古時代，神農氏即將一年分為八等分，稱八節《周髀稱經》。迄今，一些少數民族們稱一年為八方之年。由此可見，半坡時代，先民大約以十進位甲癸為基本曆法單位，積日成年。

錢氏文圖 2 言援「半坡陶器刻畫符號」第 2 列，見狀。半坡人面魚紋盆上人嘴狀也顯奇特，此狀由兩魚相對形成。由於兩魚頭作對頂三角形以黑色畫出，人嘴露底作X狀，此狀即「五」字。人嘴外，人面魚紋盆人頭頂見「有時也有X」狀。

半坡期彩陶盛行以陰陽三角形構圖，即、也以X即五字作骨架。甲骨文、金文中的五均作X或X狀。

錢氏謂，此二狀作為五，曾是半坡先民十分珍重並視為「神秘的數字符號」。錢氏釋半坡先民看重此二狀曰：此數字涉及當時曆法。當時曆法以十日為單位，年三百六十日為三十六旬。此曆法略作一年，較一年三百六十五日差五日。在一年三百六十五日內，三百六十日為三十六個甲癸，即三十六旬。剩下五日似無歸。傳統春節在上年末兩日新年初一至十五日過年，尤以初一至初五最隆重。過了這五日，稱破五，此後可勞作。這是以五日為過年日習俗。錢氏援劉堯漢考彝族一年為八方之年，一年三百六十天，年終另加五日過年。

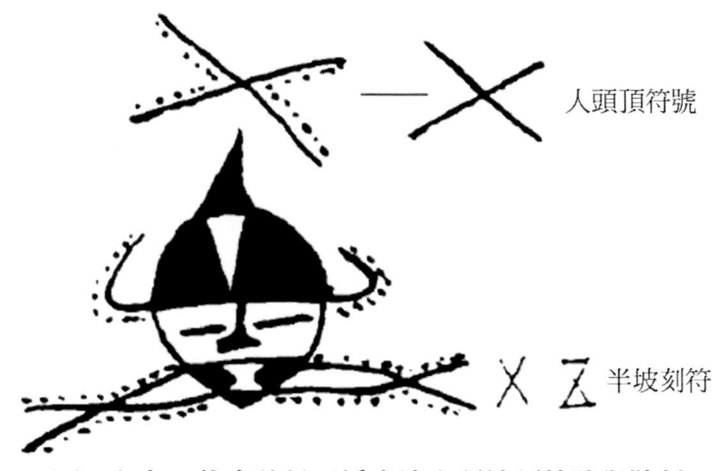

圖一七九　錢志強說五援半坡人頭紋頂符號與勒刻

錢氏以似人口圖釋為曆法之「餘五法」。謂半坡人面魚紋盆上「人嘴裏的五字」為兩魚對頭構成，兩魚對頭為遘，甲骨文中的勾，即遘字，即兩條魚上下作對頭相遘狀。魚、遘、餘、五，古音相通，民間每逢過年仍在大門上或家裏貼魚、蓮、子等年畫假魚為餘，以魚析年。他以為，這種以魚隱喻餘的民俗大約和半坡時代以魚和五日作為年終過年日的曆法有關。雖然餘五日的曆法因時代變遷已被人們遺忘，但是假魚喻餘祈年的習慣仍被延續下來。

錢氏言，過去研究者釋人口含魚為魚獵生活之反映，雖合理，但更重要者在其曆法方面含義。人嘴功能並不僅是吃，不僅與食物相關聯，它還有一個重要的作用即語言。我國古文起首往往冠以曰，此字在甲骨文、金文中即從口形。故此，錢氏認為，半坡人面魚紋的人嘴作五字形大概在宣布年終餘五日的曆法。

謀證其說，錢氏以北斗七星逆時針旋轉解釋北首嶺、半坡、姜寨、漢水流域「人面魚紋」、「魚紋」向左而動。錢氏言，倘面對北斗實際觀察能發現，北斗七星斗柄旋轉的方向正是逆時針方向而不是順時針方向。依此得知，半坡時代的先民是如實反映北斗七星旋轉方向〔註 112〕。

（2）馬寶光等廟底溝類型花紋以魚紋化致說

馬寶光、馬自強依唐河茅草寺仰韶文化遺址起出彩陶壺面圖（前舉器樣瓦壺，器樣 T5：127）為「魚群圖像」，而論此圖由五條魚疊壓排列而成，用黑線構魚體，內塗銀白，眼睛塗有紅色。此等畫技使馬氏等獲得啟發，從而認定形似花葉紋彩繪實為魚紋。午陽縣阿崗寺遺址起出類似畫，應等同看待。

倘自陶片上魚頭畫摘出一個，使之相對組合，就形成了廟底溝類型中常見紋飾。若將兩魚頭組合紋省去一隻眼睛，將另一隻眼睛點放在兩魚頭紋的中間，即形成廟底溝類型中花葉紋。如果在花葉紋省去一條中間線則形成廟底溝類型中的又一種花葉紋。若再省區花葉紋中眼睛，又成了廟底溝類型中不帶眼睛的單線花葉紋。由此，馬氏等進言以魚頭組合替代「花葉紋」。花瓣紋、豆莢紋、旋花紋，幾何形文等俱被視為魚紋。由此，馬氏等認為，廟底溝類型、半坡類型彩繪無本質區別，他二者是一種文化，同以魚為圖騰〔註 113〕。

〔註 112〕錢志強：《半坡人面魚紋新探》，《美術》1988 年第 2 期。
〔註 113〕馬寶光、馬自強：《廟底溝類型彩陶紋飾新探》，《中原文物》1988 年第 3 期。

2）仰韶象生紋生殖崇拜文化與其鳥魚紋非圖騰說

（1）趙國華生殖崇拜文化說

1988年，趙國華由姜寨蛙紋、鳥紋、魚紋圖騰說否定引發質詢，鋪設印度古代生殖崇拜為橋樑，為兩等崇拜論。一曰中國原始社會女陰崇拜。依郭沫若《釋祖妣》妣為女陰象形字，祖為男根象形字說，而舉青海月都柳灣陶壺表面塑女像等。由民族志研究結論導出魚紋象徵女陰說。其圖六告半坡、姜寨魚紋模擬女陰。以為，姜寨蛙紋模擬孕婦腹部。河姆渡、半坡、廟底溝、泉護村、大墩子遺址瓦器花卉紋也表達女陰崇拜。將之一角在下之等腰三角墨畫視為帝字，因有女陰崇拜內涵，它來自象徵女陰之抽象魚紋。

而後，趙氏為男根崇拜論。基於鳥紋論定原始社會男根崇拜：舉河姆渡骨匕雙鳥紋樣、姜寨第二期彩陶葫蘆瓶繪鳥紋、廟底溝彩陶殘片上鳥紋、北首嶺彩陶壺鳥紋、泉護村彩陶鳥紋、天水楊家坪陶罐繪相向飛鳥紋。如廟底溝陶塑鳥頭，非寫實，而係象徵。頸部螺紋似褶皺，向人們展示了鳥紋、鳥形象徵男根之義。

蘇秉琦曾言，H165乃鳥紋，趙國華今言此瓦片圖乃烏鴉負日圖（圖十一）。又以為，半坡晚期出現三足鼎，三足鼎用三足象徵男根。鼎由圜底陶盆發展而來，加三足以象徵男根，形成新的崇祀男根的祭起。蜥蜴紋、蛇紋都被視為男根象徵物。頭頸部可狀男根形，生物都產卵。此卵與男有卵一致，必男根之卵更多。陵陽河「陶尊」下為山，上為滿月，夾似殘月狀勒刻被視為男根、女陰結合之刻畫紋（圖十六）。

趙國華試證，原始先民盛行女陰崇拜。女陰崇拜反映了人類自身生產，即人口問題。它決定人類社會能否延續。這種迫切的需要，導致原始人類產生了熾盛的生殖崇拜以及生殖崇拜文化。

生殖崇拜文化內容豐富，含原始巫術禮儀、原始繪畫與造型藝術、原始舞蹈、原始審美觀念、原始神話、原始數學、最早的文字、原始哲學觀念、原始生物學、原始天文學，以及原始人類的思維方式等。生殖崇拜文化還涉及服飾、建築、園林布局、戰陣、兵器形制、樂器式樣、生活用具乃至於遊戲等多種民俗，而且涉及醫學，譬如基於補腎壯陽之傳統男性醫學，基於調經養血之婦科學。趙氏甚至講，遠古先民基於生殖崇拜，完成了數學領域偉大發現，使現代中國人引為自豪。趙氏以為，研究生殖崇拜文化增進認識儒家、道家思想起源與內涵。又以為，傳統哲學之陰陽二元論與太極一元論俱產生於生殖崇拜。趙氏也言，研究生殖崇拜文化能方便探索原始社會歷史文化，理解人類文化史。基於此，趙氏又以為，圖騰起源與男女生殖器象徵物的崇拜「相關」〔註 114〕。

（2）巴家雲等敵解魚鳥紋圖騰說

巴家雲、胡昌鈺撰文，援《不列顛百科全書》言 totemism 譯文云：圖騰是一種物體或某種自然現象，例如動物或植物，被用來作為一群有親屬關係的人們的標記或象徵。云「圖騰」崇拜乃信仰系統，依此系統，某人與某中植物、動物親緣。

基於名謂、半坡文化類型（前後期）散佈、動植物種類對照，二人否認魚、鳥為圖騰。二人給故：第一，半坡類型文化遍布關中地區。倘若認可圖騰說，遍布半坡文化必對應魚圖騰外圖騰。但在半坡類型遺址，無不以魚紋作為動物紋飾，蛙紋、鹿紋罕見。在關中地區的半坡類型同時代遺址中，還未發現一個以蛙紋、鹿紋或其他動物紋飾為主紋飾的遺址。廟底溝類型的動物紋飾情況也如此。

第二，在北首嶺遺址 M52：(1) 壺面彩繪之魚以戰敗、被捕者出現，鳥以勝利者面目出現。倘若二者為圖騰，難道魚是圖騰崇拜對象嗎？眾多神話傳說或民族學材料俱美化圖騰，很難找到不恭本氏族圖騰之證。倘若魚為圖騰，為其親族徽志，此徽志喪失保護神地位。巴氏等述 M52：(1) 云：在陶壺肩上見一小鳥，叨住一條鱗鰭齊備大魚尾，此水鳥啣魚圖描摹大魚負痛回首掙扎，水鳥緊啣不放，畫得緊張而生動。

半坡遺址中有人面魚紋，如彩陶盆 P.4691 繪以對稱魚與人面魚紋。人頭頂上有魚，耳朵也由兩條魚構成。在張開的大嘴側邊也有兩條魚。這種人面魚紋不是「魚生人」或「甲蟲紋」，它反映人們戴面具跳舞、祈求豐收或表示對動物精靈謝罪的場面。彩陶盆 P.4666 繪一對人面魚紋和一對網紋，將人面魚紋和魚網聯繫到一起。當時繪成魚紋，或大張大，牙齒外露形象兇惡，也見作雙頭單體魚，無身魚、連體魚等。這種描繪都脫離寫實畫技，頗顯神迷，也許是想像的「精靈」，謀求精靈寬恕，使自己不因捕魚喪命，或祈求多捕的魚，祈禱魚類，並祭祀。半坡類型魚紋和廟底溝類型的鳥紋不是圖騰，而是

〔註 114〕趙國華：《生殖崇拜文化略論》，《中國社會科學》1988 年第 1 期。

對動物崇拜或對精靈施加巫術影響場面的一種再現〔註 115〕。

3）半坡人面魚紋太陽神崇拜與原始嬰產圖說及彩繪花瓣紋說

（1）蔣書慶人面魚紋太陽神崇拜說

蔣書慶言人面紋是太陽紋。人面紋與人們崇拜太陽神有關。此圖又與原始農業火耕有關。

他謂彩陶上人面紋構成複雜，但存在普遺現象，即半坡彩陶人面紋總與三角紋密切相關。人面紋額部有三角紋，頂部有三角墳，也見人面口部左右兩側有三角紋。蔣氏言，他在《彩陶鋸齒紋試解》（《美術》1985 年 12 期）曾提出，半坡類型彩陶上三角紋是火焰形的象徵。地面上燃燒的一堆柴火正有一個下大上小的三角形。

半坡類型彩陶人面紋頂部和嘴角兩側的三角紋上綴以小芒刺，像火光散射樣子。這些光芒散射的紋飾在圓形人面紋周圍，正是太陽的十分形象的象徵。

人面紋上也繪有交叉線紋。交叉線紋可能是草木形的象徵。交叉線上加飾連續小點，與人面紋上三角紋加芒刺的處理應有相同的寓意，如同人面紋頂部三角紋上交叉線紋的表現都可能是木柴燃火的象徵〔註 116〕。

（2）李荊林原始嬰兒出生圖說

1989 年，李荊林梳前諸說以為，半坡遺址及姜寨彩陶盆上繪「人面」和「魚」紋飾，是一幅「原始嬰兒出生圖」。李氏給故：第一，人面頭頂上尖狀物和嘴角兩邊長三角帶短線之狀乃女性生殖器。第二，正中圓形人面是嬰兒出生剛剛露出頭部狀況。半坡遺址陶盆繪嬰兒閉目而出；姜寨陶盆繪嬰兒張目而出（《姜寨》彩版二，T253W176：1）。半坡遺址陶盆圖畫更近寫實，故在嬰兒出生時一般是閉目，所以兩眼用一字橫線表示。第三，姜寨彩陶盆一幅畫人面紋耳部有對稱草葉狀物、枝葉向上翹。李氏以為，此或與姜寨婦女祈求懷孕之類的藥草有關。第四，半坡遺址彩掏盆繪人面紋耳部有對稱雙魚紋。另在盆內繪了二條較大遊魚。援聞一多言述魚紋之義：魚在中國語言中具有生殖繁盛的祝福含義。後以甘肅「莊陽」民間剪紙「雙魚娃

〔註 115〕巴家雲、胡昌鈺：《仰韶文化的魚紋和鳥紋不是圖騰崇拜》，《西南師範大學學報》（哲學社會科學版）1988 年第 4 期。

〔註 116〕蔣書慶：《太陽神崇拜的最早圖像——半坡人面紋新釋》，《美術》1988 年第 12 期。

娃」含婦女雙乳外露，胯下有嬰孩屈體抱胸為支撐。第五，魚紋道出婦人產子於河邊或水裏。

末了，言「嬰兒出生圖」表現社會意義：兒童成活率低。期待嬰兒出生，期望婦女多生產，似河中魚那樣多，部落恃此發達〔註 117〕。

（3）王仁湘新石器時代彩繪花瓣紋論

1989 年，王仁湘先生專注研力於「彩繪花瓣圖案」。他察見，廣域新石器文化含某種圖案母題，即「花瓣紋」。王仁湘言花瓣紋圖案，謂以赤、或黑色繪成弧邊三角紋組合，兩弧邊三角之弧邊「接合成一塊空白如花瓣狀」。此花瓣雖無顏色，但甚鮮麗。不同弧邊三角紋組合成數量不等之花瓣，或由四瓣，或由五瓣或六瓣組成一朵花型圖案。也見單瓣或雙瓣圖案，但罕見三瓣花圖案。它以弧邊三角紋之形表現花瓣紋之實，應當以「花瓣紋」定名。單個弧邊三角紋不組成花瓣。這是一種「間接」畫技。

彩陶花瓣紋既或以二方連續，或以四方連續。二方連續花瓣紋限於二瓣形、部分四瓣形。四方連續圖案多見於五瓣形、六瓣形與組合中的四瓣形。花瓣組合方式別七型：單瓣、單瓣—單瓣、雙瓣—雙瓣、四瓣——瓣、四瓣—四瓣、四瓣—五瓣、四瓣—六瓣、五瓣——瓣、五瓣—五瓣、五瓣—六瓣、六瓣—六瓣。他以英文字母次第，即 A—K 型。

王氏述大汶口文化花瓣紋施彩、構造曰：大部施複彩，見白、赤、黑（紫、赭）。倘見白花瓣，見赤或黑弧邊三角。倘見赤花瓣，則繪黑弧邊三角。圖案流行勾邊，花瓣邊緣用另一種顏色（白或黑）勾勒，紋飾層次清晰，有立體感。多數花瓣央繪一條或兩條骨脈線，也見線條央加繪大圓點。王氏言大汶口為泰安大汶口、兗州王因、江蘇邳縣劉林與大墩子。圖案多繪於瓦盆外上半部，小口壺面也見此花瓣圖案。

王氏述仰韶文化花瓣紋施彩曰：先上一層白衣，再繪黑、赤色為主。花瓣紋央多不加繪骨脈線，圖案簡明。圖案見於瓦盆、瓦盂。王氏言仰韶文化謂廟底溝類型、大河村類型、釣魚臺類型，更早遺址如芮城東莊村也見花瓣圖案。廟底溝繪花瓣紋瓦器最多。他謂，仰韶文化花瓣紋不繪骨脈線。

王氏命狄宛第一期後，馬家窯類型前遺存以「前馬家窯文化」。瓦器多繪花瓣紋。花瓣紋組合方式不多，雙瓣——雙瓣者多見。雙瓣花央頻見骨脈線，

〔註 117〕李荊林：《半坡姜寨遺址「人面魚紋」新考》，《江漢考古》1989 年第 3 期。

也見其央加繪圓點，同大汶口文化圖案。花瓣紋繪於淺腹、深腹盆，或罐上。王氏言「前馬家窯文化」指狄宛、青海民和縣陽窪坡。

王氏言大溪文化花瓣紋曰：大溪文化花瓣紋彩陶為數寡，但組合方式多。施以白地黑、赤色，繪工。花瓣央盡繪骨脈線。裝飾器物：筒形瓶、斂口罐、高足豆。大溪文化納巫山大溪遺址、湖北枝江、江蘇海安、江蘇吳縣、安徽潛山等地。

對照諸地文化時代後，王氏察見，不到一百年內，花瓣紋散佈於兩大河流域文化區。王氏猜測，它「可能是具有一種我們現在還揣度不出的神秘意義，或是一種什麼特別的標誌，……」。王氏重述蘇秉琦猜，廟底溝類型花卉圖案彩陶可能是華族得名之故。王氏以為，於重視花瓣紋圖案，蘇先生為海內第一人。「蘇先生的論點儘管是不易驗證的，但無疑又是可取的」。花瓣紋是在華族居住區首創，很快傳播到文化傳統不相同的東夷、西戎、南蠻的祖居之地。他由此推測，西元前四千年前後，華夏族共同體開始形成，花瓣紋的流行為其標誌之一〔註 118〕。

（三）九十年代器殘紋省見與磋見

1. 「人面魚紋」兩說與仰韶文化彩陶略括

1）巫師面具與月相圖說

（1）劉雲輝巫師面具說

劉雲輝檢討紋樣結構與表意前梳理了此圖舊說，譬如，第一，石興邦圖騰說。第二，老武水蟲形象說（龍虱或漁娘）。第三，石興邦氏族成員裝飾圖像說。第四，朱狄巫術活動面具說。第五，朱狄神話別說。第六，張廣立神話祖先形象說。第七，谷聞祈願多捕魚說。第八，劉敦願黥面紋身習俗說。沈之瑜附議。第九，馬寶光摸魚圖像說。第十，張廣立另舉外星人形象說。「人面魚紋」係外星宇航員戴帽之類。第十一，魚飾演化為象徵權力之角和帽說。第十二，劉夫德月亮崇拜說。第十三，蔣書慶太陽神崇拜說。第十四，錢志強原始曆法說。第十五，葉復山「圖案化『福』字」說。第十六，蕭兵人面魚紋乃飛頭顱精靈說。第十七，靳之林人面為生命之神象徵說。李澤厚有近似附議。第十八，楊堃基於母系氏族社會圖騰，為女性生殖器象徵說。趙國華說

〔註 118〕王仁湘：《論我國新石器時代彩繪花瓣紋圖案》，《考古與文物》1989 年第 7 期。

含此。第十九，李荊林人面魚紋係原始嬰兒出生圖說。第二十，孫作雲巫師「做法」說。

劉氏嘗試論證，半坡等地「人面魚紋」圖乃巫師面具。劉氏以為，魚豐殖係魚畫象徵含義基礎。半坡人不厭煩地在陶器上畫魚。畫魚以圖引魚，魚畫多引出魚愈多。劉氏以為，魚象徵豐產豐收，此念也含穀物豐收。魚繁殖力強，故象徵生殖。劉氏又援聞一多言：野蠻民族往往以魚象徵性。古埃及、西部亞洲、希臘人皆如此。中國人上古起以魚象徵女性，象徵配偶。此象徵意義源於魚繁殖力最強。

劉氏又援現代突尼斯人崇拜魚。彼地人們視魚為男生殖器。劉氏自問，半坡人曾否以魚為驅災避禍之物？劉氏自答：「人面魚紋」係半坡人舉行宗教祭祀之產物。半坡人祭祀之證在半坡遺址第一號大「房子」牆基下人頭骨。奠基祭祀時故埋「人頭」此處。此外，在此「房子」發現繪「人面魚紋」彩陶片。一些學者曾言，「人面魚紋」之人面係巫師面孔，此辨識不誤。唯巫師能充當溝通天地之間之中介人。巫師做法須先化妝，其方式係塗面紋身，或戴面具。從《山海經》巫師「珥兩青蛇」與仰韶文化「人面魚紋」人面「珥兩魚」或口「含魚」看，巫師不能用真蛇、真魚毌於耳，或銜於口。故蛇、魚和人面都應是面具及其組成部分。在歐洲巴爾幹半島新石器時代遺址，也曾發現橢圓、菱形或三角陶或骨質面具。無論在造型面具還是在陶器面上畫面具，都有「說不清」的宗教「意味」。

劉氏又云，「人面魚紋」應是巫師面具形象之再現。戴此面具做法能產生特殊魔法。原始人視面具為「神聖東西」，面具能展現與現實世界不同的境界，有轉換時空的功能，面具能引導人們進入象徵的世界。劉氏援臨潼博物館藏一件葫蘆瓶紋樣，稱呼此紋樣為「人面魚紋」（紋配圖 21）。以為，此紋樣即「面具」形象。此瓶起自某一「史家類型」「墓葬」。劉氏辨此紋樣曰：人頭上戴三聯式尖頂帽，仔細查看係三條魚身變形，嘴狀由半坡「[illegible]」變為獠牙式，於「人面魚紋」兩側各畫一條魚紋。史家類型時序上介於半坡、廟底溝類型間，故史家類型「人面魚紋」可視為半坡「人面魚紋」發展。如半坡「人面魚紋」，史家類型「人面魚紋」由「人面」、「魚紋」組成，「人面」氣氛不如半坡類型「人面」神秘，但渲染了恐怖色彩。「魚紋」雖已抽象，但與半坡類型「魚紋」承襲關係清楚。這反證半坡類型「人面魚紋」係面具形象（之推測）正確無誤。受「萬物有靈」念頭支配，頻繁祭祀。捕魚須祭祀、狩獵須祭祀、下種須祭祀、收割須祭祀。民族學資料能佐證此事。生產力水平低下時代，不能供養專職巫師。祭祀頻繁，巫師勞累。欲維持祭祀功用，又不過度勞累巫師，原始人變通，將面具繪在陶器上，用繪面具形象陶器代替巫師現場做法。末了，劉氏嘗試答問有此紋樣之瓦盆為何倒扣童嬰「甕棺」。嬰早夭致半坡人悲痛，而且使部族弱小。欲使部族強大，假途信仰嬰夭折轉世降生，故置嬰屍體於甕棺。欲使嬰早日轉世，鑽孔於缽底或盆底。嬰頻夭折，巫師不能每逢埋葬蒞臨，故將有法力之面具繪於陶盆，扣在甕棺上替代巫師做法，祈求嬰從速轉世，強盛部族。總之，「人面魚紋」反映巫師面具，用於替代巫師祭祀器具上圖案。魚紋象徵魚豐收，又象徵穀物豐收，也象徵人類繁盛，或許能驅災避禍〔註 119〕。

（2）陸思賢月相圖說

陸思賢察見，半坡人面魚紋是人面紋與魚紋的結合。人面的基本特徵：畫一個大圓圈為人面的輪廓，橫分圓面上半部約五分之二為額部，又橫分圓面的下半部約五分之一為嘴部，中間部位以鼻樑、鼻翼為中垂線，鼻翼用橫短線或三角形表示，左右兩側畫短橫線表示閉著雙眼，眼梢微微低下，有愁雲滿面之意。輔以魚紋，用在三個部位：第一、嘴部。用兩條相對而遊的魚，兩個魚頭交疊於嘴部，留出「X」形或「工」形空白，表示接觸交吻著的嘴；魚的身部向兩側展開，很像人嘴部的髭或鬍鬚。第二、耳部。在人面的兩側，各畫一條相對而遊的魚紋，表示耳朵，有交頭接耳之狀；耳部也有用向上挑腳式曲線表示，則有豎耳傾聽之狀。三、頭頂上，用三角狀的半條魚，有魚身無魚頭，實為『人面魚身」；尾尖向上，很似尖頂高帽，寓意能「通天」。魚紋輪廓線的外緣，都畫滿魚刺，稱芒刺紋，寓意人面魚紋所畫是發光體的月亮，只有晦日不見月的第四種人面魚紋外廓，不加芒刺紋，而畫一圈虛線，寓意虛無不見。用魚紋配月亮紋，即以「水氣之精」配月亮，與鳥紋配太陽紋相比，即以「火氣之精」配太陽，是構成原始陰陽哲學觀念最簡明的圖畫形式。

〔註 119〕劉雲輝：《仰韶文化「魚紋」「人面魚紋」內含二十說述評——兼論「人面魚紋」為巫師面具形象說》，《文博》1990 年第 4 期。

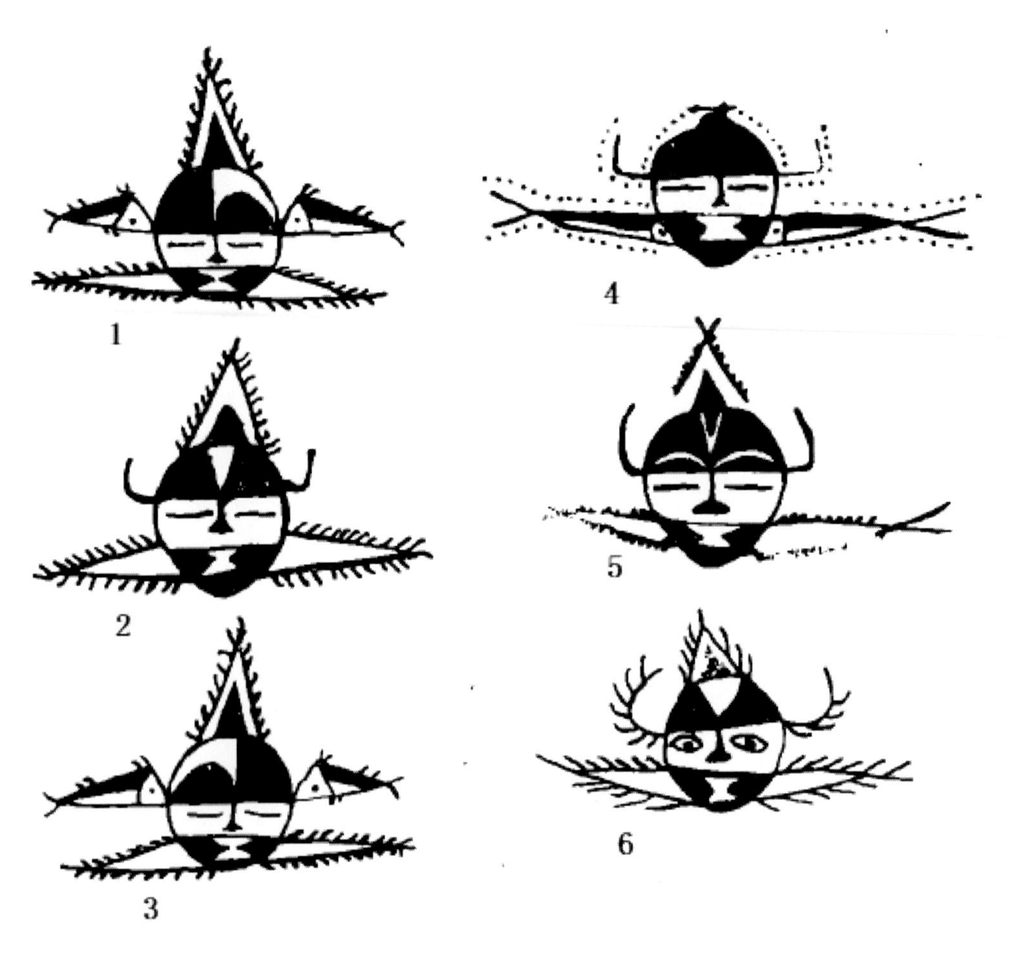

圖一八〇　陸思賢說半坡姜寨遺址似人面圖

陸氏舉半坡似人面魚紋圖六等，述五等如後：第一，陸氏言人面魚紋額部可見細部參差，用黑白相間表述月相陰影變化。檢 1963 年、1982 年兩版《西安半坡》能得此五形式。形式一（圖 1），額部左側塗黑，右側底部作半圓弧面，其餘留白，寓意上弦月呈半圓形，在天穹右方。形式二，額部央作三角留白，中分兩側呈扇面塗黑。寓意皓月當空，中分一個月為上半月與下半月，今言望月。形式三：額部右側塗黑，左側底部作半圓弧面，其餘留白，寓意下弦月也呈半圓形，在天穹的左方。形式四，額部全部塗黑，寓意晦朔不見。形式五，額部黑面中突出新月形雙眉，留白角線，寓意角分一新月開始，應表示朏。用弧線或半圓弓形表示月亮，是甲骨文夕字。用弓形的圓弧象徵月亮，是先民們觀象畫圖的本義，後世稱月弓、月蛾、月眉，均因此而發。畫月相，按月計日，是形成曆法一基。在遠古，科學的發展與崇拜或信仰結合在一起，先民們以為月相週期是月神或月精的死而復生。先民們心念以自然物俱有生命，萬物有靈。依此，陸氏言，月亮被作為有生命之崇拜物，有生身之母，《山海經．大荒西經》說：「有女子方浴月。帝俊妻常羲，生月十有二，此始浴之」。十有二月即一年分十二個月，是曆法形成之後的神話，因每個月的月相相同，形成死而復生的觀念。

陸氏後基於王國維《生霸死霸考》釋人面魚紋曰：人面魚紋以月相變化計日段別：朏—上弦—滿月—下弦—晦，表示月亮由出生到死亡週期，相當周代金文生霸—哉生霸—既生霸—哉死霸—死霸。陸氏論圖 6 曰：姜寨遺址同出幾件表示「既望」月相的人面魚紋，恐與朔望記月有關〔註 120〕。陸氏言圖 6 即李荊林文圖二曾援姜寨遺址似人面圖，《姜寨》彩版二，T253W176：1。

2）仰韶文化彩陶紋源紋類紋約略括

（1）張朋川彩陶源自老官臺文化說

張朋川先生述中國彩陶文化，云「老官臺文化」是「彩陶發源的一個主要的文化」。老官臺文化分布在陝西與甘肅為何、涇水流域及漢水上游流域。甘肅秦安狄宛（原名大地灣）、陝西華縣元君廟、渭南縣白廟、寶雞北首嶺等遺址起出老官臺俱起出彩陶。大地灣第一期東西向墓葬、房基與窖穴屬晚一階段。諸遺跡俱起出彩陶。彩陶缽口沿外為一圈內凹光面，光面上繪一道紅色寬帶紋，寬帶紋以下至底部多施交叉網狀繩紋。內口緣繪一圈紅色細線紋。

大地灣第一期雖出現彩陶，但限於寬帶紋，此紋色赤而灰暗，花紋簡單。「彩陶」處於萌芽階段。

（2）張朋川魚紋舊說復唱

張朋川使狄宛第二期瓦器施彩圖案屬仰韶文化，聚力檢述渭水流域「仰韶文化彩陶」「魚紋」。張氏言，半坡類型彩陶花紋多見魚紋。此時期魚紋多為單獨紋樣，多飾於器外上部。也見魚紋與人面結合，或魚紋與蛙紋並置，多繪於大盆內側。半坡類型早期魚紋多寫實，刻畫形象較為具體。如頭上的眼、牙、與須。身上鰭、尾俱被畫出。魚各部比例接近真實，誇張部較小。魚造型以細直線、直邊三角形構成，並採取正平視的側面角度去表現，對魚的自然形象已作了初步概括。檢甘肅東部起出彩繪，得知以單獨紋樣出現之魚

〔註 120〕陸思賢：《半坡「人面魚紋」為月相圖說》，《文藝理論研究》1990 年第 5 期。

紋延續較久，有發展序列。仰韶中期，彩陶魚紋向寫意發展。魚頭變化顯著，由原不規則的自然形概括為幾何形。魚頭上下顎被拉長，加以誇張的魚牙呈弧邊三角突出在張大的嘴上部。有著意追求對稱裝飾效果，將魚頭上、下顎簡化為等形的拉長的凸弧邊三角形。魚身上下的鰭由原不對稱自然形演變為對稱幾何形紋樣，使彩陶魚紋圖案增強了裝飾性。

半坡晚期魚紋表現者採用示意性象徵。魚紋圖案以分解、複合形式出現。分解形式的魚紋，多將魚頭、魚身份開，各自以概括變成幾何形紋樣。關中地區半坡類型彩陶魚頭，早期呈寫實，魚唇向上翻起，張大的嘴露出鋸齒狀牙。後來牙的數字減少，簡化為上下相對的兩個弧形的牙，魚頭外形也歸納程橢圓形。也見將魚頭組成相向的一對，在兩魚頭之間畫類似水泡的圓點紋。後來將魚頭畫程三角形，僅留雙眼示意地表現魚頭。這種相向的幾何形魚頭紋演變成方形內的交叉圓點紋，還演變為方形內陰陽相間的對三角紋，最後簡化為方形內交叉線紋。這類魚頭紋，既可視為正面攤開式魚頭紋，也可看成相向的兩側面的魚頭紋。成為兼能表現魚頭正、側兩角度的相關紋。也有將魚頭由中間剖分向兩邊攤開構成對稱的圖案。攤開式的表現手法有很強的裝飾性。

張鵬川述魚身紋變化云：分解後的魚身紋演變成不同幾何形構成的花紋，一對相向魚紋又複合成對稱的幾何圖案，它也成為攤開式魚身紋。一些魚身紋魚鰭的尾都簡化程上下對稱的直角三角形紋。這種對向的魚身紋又複合成上下左右俱對稱的對三角紋，後來演變成由上下對置的弧邊三角與左右對稱的兩個直角弧邊三角紋相接，在陶地上形成左右相反的斜向葉形陰紋。另種以黑白對半三角形魚身紋複合成黑白相間的直角三角紋組成的幾何圖案。它後來演變成由黑白相間的弧邊三角組成的梭形圖案。

張氏述魚紋複合形式云：兩條或三條魚並聯一處，省去了並列的魚間鰭。也有兩魚頭共享一魚身，突出了魚頭，誇張了魚頭向上的眼、捲起的唇、努開的嘴等特徵。也有魚頭、魚身紋以統一形態構成幾何形花紋，再複合一起，組成二方連續的帶狀圖案。

（3）張朋川從說半坡掘錄魚頭寓人面紋

張朋川言半坡遺址起出彩陶含一種寓人面於「魚頭中」的圖案。陝、晉、豫臨界仰韶文化彩陶也見某種將人面紋與魚紋重置一起的圖案。寓人於魚圖案應別於其他象生性動物圖案，它可能與當時圖騰崇拜有一定關係。

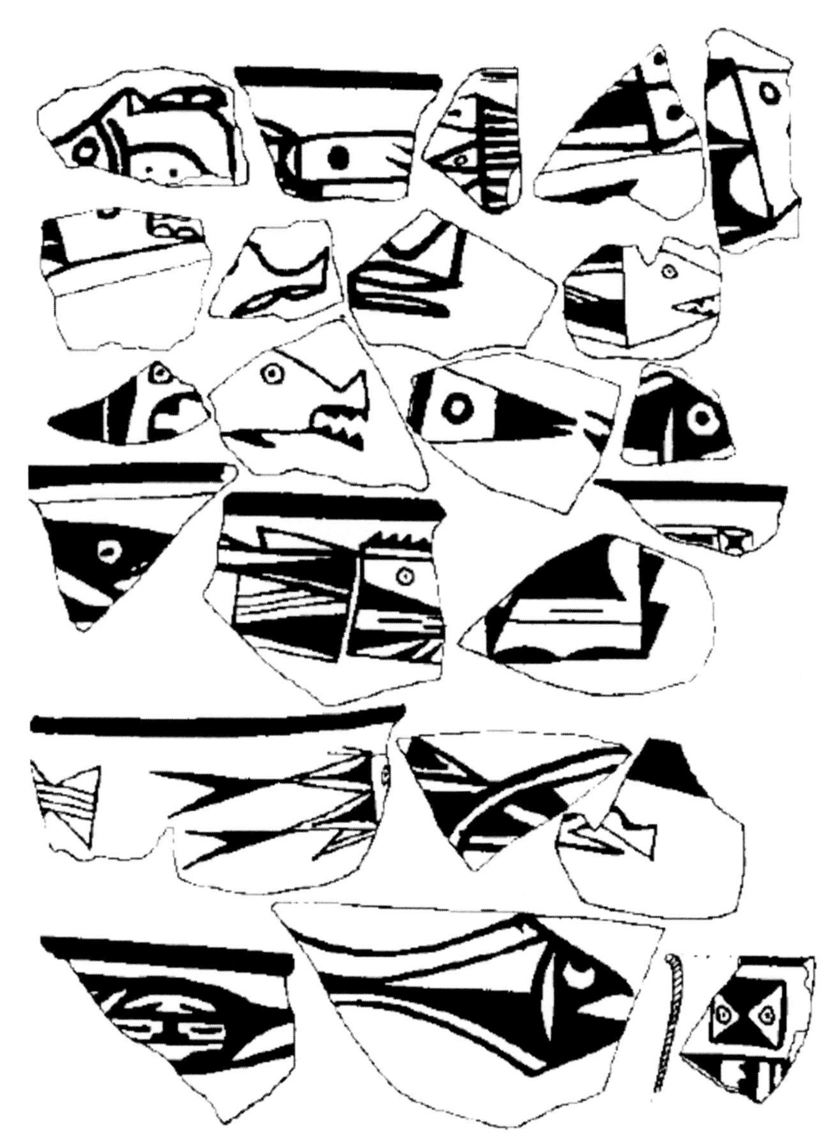

圖一八一　張朋川說半坡魚頭紋與魚頭寓人面紋

張氏以為，半坡類型晚期彩陶受廟底溝類型早期彩陶誘導，也出現了一些鳥紋，它表現在一些魚與鳥相結合的圖案花紋上。有在一條魚張大的嘴銜著鳥頭的圖案，也偶見在鳥嘴中銜魚圖案。此等魚鳥相銜生圖案有某種寓意，也許是以魚與鳥為「圖騰」兩部族在相鄰地區滲透影響而在圖案上的反映。魚紋係半坡類型彩陶「主要母題」，在發展過程中以多種形式分解、複合。形成各式各樣的幾何圖案。半坡類型彩陶上魚紋由寫實到寫意、具象演繹為抽象的變化過程，形的相互轉借值得注意。

張氏另舉廟底溝類型晚期彩陶鳥紋完全演變成幾何花紋說。圓形內正面鳥紋由圓點、弧邊三角與弧線組成的幾何形紋演變成兩條並行線與上下各一圓點，最後在圓內僅畫兩條並行線或上下各一圓點。倒置的正面鳥紋簡化，圓點與三角紋分離。弧邊三角紋變成彎月形弧條紋。這種以圓點與月形弧線構成的正面飛鳥紋，又組合成多層並列的二方連續花紋，像齊飛的一列列鳥隊。

（4）張朋川廟底溝彩陶鳥紋說

張朋川先生不怡於廟底溝文明承襲半坡文明說(《一九七七年寶雞北首嶺遺址發掘簡報》)。他出故曰：廟底溝類型彩陶首飾以鳥紋與變體鳥紋，從早期到晚期存在具體到抽象之「完整的發展序列」。半坡類型彩陶象生性花紋以魚紋為主，存在魚紋完整的發展序列。甘肅東部仰韶文化中期彩陶變體魚紋不見於廟底溝類型彩陶。可以看出，廟底溝類型與半坡類型彩陶圖案母題不同，屬兩體系。

廟底溝類型興起時間不晚於半坡類型晚期，與半坡類型年代、低於散佈呈現交叉。

買哦地溝類型早期遺址：陝西華縣柳子鎮（泉護村下層）、陝西芮城縣大禹渡、西王村下層，垣曲縣下馬村、河南陝縣廟底溝。起出器：盂、碗、盆罐盤小口尖底瓶，平底器占多數，缽或碗口斂而腹淺。圖案以鳥紋與鳥的變體花紋為首。此時期鳥紋寫實。寫實別側面與正面。

廟底溝早期側面鳥紋尾部雙翅上翹，屬烏鵲類鳥（圖 1581）。此後，鳥足簡化，乃至消失。頭部簡化為圓點。芮城大禹渡、陝縣廟底溝都起出三足正面鳥紋（圖 1588）。後來，正面鳥紋將足省略。

廟底溝也見龜（或蛙）紋。廟底溝類型早期彩陶花紋多見幾何形花紋，多為一圈二方連續圖案帶，飾於缽、碗、盆上部。紋樣主要以弧線造型，弧邊三角、垂弧形，斜線及圓點係廟底溝早期彩陶圖案造型基本要素，構圖採取對稱、均衡格式。一些圖案構圖雜亂，係不成熟之徵兆。

廟底溝類型晚期彩陶比例增大，器形：盆、缽、碗、罐、瓶、壺等。器下腹內弧收成曲腹狀。圖案花紋以裝飾於器鼓腹上部而醒目。質地細泥而色赤。能見器胎壁薄，器表面打磨光滑。器上腹與口唇施淡紅色或白色陶衣，後在上面繪黑彩或黑、紅複彩。

晚期彩陶圓點鉤羽紋也出現於陝西、甘肅、青海、內蒙、河北等地仰韶文化彩陶上，也出現於大汶口文化與大溪文化中期彩陶上。

到廟底溝類型晚期，廟底溝類型分布擴大，影響遠及甘青地區，而甘肅東部彩陶紋未見變體鳥紋替代變體魚紋。由豫陝晉交界往西愈遠，仰韶文化彩陶鳥紋出現愈晚，鳥紋愈抽象。可以看出，鳥紋是以豫陝晉鄰境為央發展。廟底溝類型興起視見不晚於半坡類型晚期。

（5）張朋川彩陶器形制約花紋說

張鵬川先生言，彩陶之多數係實用器，實用謂生活各方面。故彩陶器形決於實用需要。裝飾陶器之彩繪也「要適應實用的要求」。器形變化先於花紋變化。花紋隨器形變化而變化。故器形「制約」花紋構成的圖案。

張氏言，彩陶多係實用器，少量可能作為墓葬明器。實用器應用於生活各方面。故此器形取決於實用之需。裝飾花紋需適應實用要求。一般而論，器形變化先於花紋變化，花紋隨器形變化而變化。故彩陶花紋圖案受器形制約。在器形下，張氏別二等：彩陶水器器形與花紋關係、彩陶飲食器形與花紋關係。

器形下，張氏舉水器、飲食器、儲藏器、烹飪器等。張氏舉大陸西北區水器、飲食器彩陶為例，辨識器形與花紋在發展諸程相互關係。

張氏後舉半坡類型某種細頸彩陶壺「實用意義」不明。此類彩陶壺多繪圖案花紋。其上腹較大，呈倒喇叭形，下腹與底部較小，上下腹間有折楞。彼時無桌椅，人們多從上方向下俯視陶器，壺折楞下內凹下腹不被看到，故不須在下腹繪圖案。外凸上腹處於顯目處。其花紋都飾於壺的上腹，並與細頸壺棱角造型相應。多處繪以直線構成的三角形折線或帶紋。此等紋樣似繩或竹編織紋，「常作陰紋」。「可能是模擬壺上係結的編織的兜套，由於彩繪時，有編織物的地方畫不上彩，則成了陰紋」。

半坡類型晚期，一些葫蘆瓶有彩繪花紋，或將葫蘆形瓶頭部染成黑色。彩陶葫蘆瓶腹頻繪象生性的魚、人面、魚和人面結合的花紋，可能俱有圖騰意義。

在「幾種主要的彩陶花紋的發展與演變」下，張氏檢討「仰韶文化彩陶上人面紋與人形紋」、「渭水流域仰韶文化彩陶上的魚紋」、「廟底溝類型彩陶上的鳥紋」等。其檢論依《西安半坡》圖一二九「花紋的複合演化的推測圖（一）」、圖一三〇「花紋的複合演化的推測圖（二）」、「花紋的演化推測圖（三）」，張氏基於《西安半坡》推測圖乃舊述舊說〔註 121〕，我不再檢錄。

〔註 121〕張鵬川：《研究篇》，《中國彩陶圖譜》，文物出版社，1990 年，第 44 頁～第 185 頁。

2. 魚紋變花卉與人面魚紋嬰首圖說暨人頭崇拜說與魚紋分類系統

1）魚紋變花卉及人面魚紋嬰首圖說

（1）楊建華魚紋變花卉說

楊建華識見，仰韶早期「彩陶」紋飾以「魚紋」為首。他承用舊說「魚紋」兩等：寫實、非寫實。寫實魚紋頭尾接而無豎線隔開，魚身為弧線狀。他舉《甘肅秦安大地灣遺址 1978 年至 1982 年的主要收穫》（《文物》1983 年第 11 期）圖十九第 1、2、3 器紋樣為證。非寫實魚紋表徵係有單豎線魚紋，此豎線離析紋飾為單元，每單元有直線或直線三角組成幾何魚紋，譬如此文獻圖九第 2 器紋樣。仰韶早期之後，末期前階段，仍存在魚紋。而且，一些「花卉紋」與魚紋「有著淵源聯繫」。

楊氏舉彩陶紋飾分析之道：從構圖成分和構圖方式。獨點、線、線條是一個構圖基本元素。諸元素由某構圖方式組成構圖單位；構圖單位又可以根據某種構圖方式組成全圖案。大地灣早期及其「中期」紋飾構圖依構圖元素與構圖方式別甲乙類。甲類構圖元素仰仗弧線、弧形紋帶、弧線三角，以及橢圓、圓；乙類構圖元素以直線、直線三角為首。輔以圓點紋（案，圓點彩已見）。甲類構圖方式不恃豎線分割圖案如單方框。各構圖單位無明顯段落。構圖元素排列初為水平，後受乙類構圖方式影響，向對角線樣式發展。乙類構圖方式：每隔一定距離有一豎線，分割圖案為數單位。每個單位圖案置於整齊方框內。構圖元素依對角或對角排列。並見陰紋、陽紋對比，自兩方面看皆成圖案。魚紋演變自寫實到寫意到象徵。如《甘肅秦安大地灣遺址 1978 年至 1982 年的主要收穫》陳述，在寫意魚紋向象徵魚紋過渡時，也向花卉紋演變。此變化是「質的飛躍」，相互聯繫不易看出。寫意魚紋構圖元素如後：其一，豎置橢圓代表魚眼；其二，魚眼前後代表魚鰓和前條魚魚尾的兩個陰紋弧線三角；其三，代表魚脊的兩條弧線，兩線在魚身中段相交，重合為一條，在魚身前段分成兩條較粗弧線，在魚身後段分成四條較細弧線；其四，上下兩條弧紋帶代表魚身。倘若寫意魚紋變成花卉，構圖元素發生如後變化：第一，魚眼由豎置橢圓變成橫置橢圓。第二，陰紋弧線三角變成陽紋弧形三角；第三，魚脊線變成三條直線，外側兩條各有一段重合魚身；第四，魚身兩條弧形紋帶各自分成兩段，形成四個弧形紋帶，其斜對的兩個近似弧線三角。全構圖單位由一條水平向全魚紋變成魚頭部與魚身部，都呈對角線排列花卉紋。對角線構圖在仰韶早期已出現。甲類魚紋變成花卉紋時吸收了乙類圖案某些因素。另一件花卉紋魚眼部由圓點加弧線三角代替了橢圓形（圖一，5）。圓點加弧線三角這種構圖元素不見於大地灣仰韶早期彩陶，但在陝西武功縣遺址起出其初型（案，即武功遊鳳 WGYFV：01 圖樣）。此陶盆魚紋尾後恰是此構圖元素，其處所與大地灣寫意魚紋魚眼不異（圖一，第 2）。它應當是狄宛仰韶中期花卉紋（圖一，第 5）前身。此係寫意魚紋變成花卉紋別證。由魚頭、魚身兩大部變成花卉紋，既是魚紋昇華，又是花卉紋發展起點，它應稱為原始花卉紋。續此，楊先生又述此等花卉飾器：半坡晚期彩陶瓶，彩陶盆。原始花卉紋與魚紋有共生關係，譬如 F1 起出魚紋盆、花紋盆（圖版 3）。

楊先生又講，此狀況不能推翻魚紋演變成花卉紋之「假說」，僅說明魚紋向花卉紋過渡不是一次完成，乃逐漸取代。大地灣遺址甲類紋飾演變過程是原始藝術從單純模仿到獨立創造過程。由寫實魚紋透過簡化變成寫意魚紋。基於熟練掌握寫意魚紋，悟出裝飾美規律，創造出超出自然的象徵性魚紋、花卉紋。乙類紋飾一部是幾何形魚紋。如《西安半坡》描述，幾何魚紋可能最早由寫實魚紋發展而得。在狄宛仰韶早期，幾何魚紋與寫實魚紋已是並存紋飾〔註 122〕。

（2）李仰松人面形圖案嬰首圖暨分娩巫術說

李仰松先生未附議龍虱說（老武：《關於西安半坡人面形彩陶花紋形象的商榷》，《考古通訊》1956 年第 6 期）、人面說（石興邦：《「關於西安半坡人面形彩陶花紋形象的商榷」讀後》，《考古通訊》1956 年第 6 期）、文身說（劉敦願：《再論半坡人面形彩陶花紋》，《考古通訊》1957 年第 5 期）、魚身說（張廣立等：《黃河中上游地區出土的史前人形彩繪與陶塑初釋》，《考古與文物》1983 年第 3 期）、頭戴裝飾飛頭豐收說（肖兵：《西安半坡魚紋人面畫新解》，《陝西師範大學學報》1979 年第 4 期）、水中摸魚說（馬寶光：《關於幾幅彩陶圖案的管見》，《中原文物》1987 年第 1 期。

李先生以為，須從繪紋飾陶盆首要用途出發檢討此紋飾。他查看半坡類型人面、魚、蛙等圖像之彩陶盆覆蓋於嬰兒甕棺上。但成人墓未見此等彩陶盆。依此須將有此圖畫之陶盆視為埋葬兒童之葬具。由此宜從人們為夭折（即凶死）的兒童或兒童舉行葬儀的巫術祭奠活動考察。李氏講，彼時成年人壽命短。婚姻不穩定，社會形態為母系「公社」。圖存的人們與自然界作鬥爭，故須人丁興旺。人們將繁衍後代、多子多孫視為血緣團體大事。彼時又存在

〔註 122〕楊建華：《大地灣遺址仰韶文化彩陶紋飾試析》，《中原文物》1991 年第 2 期。

多神崇拜，模擬巫術在社會上甚流行。產生了生育巫術，或曰分娩巫術。依此理路，李氏在盆（圖版壹壹肆，P.4691）內識見上下、左右對稱的一對人面與魚形圖像。此人面畫係正從母體分娩出來的嬰兒頭向，圓臉、小鼻，閉眼，故稱呼此圖像為「嬰首」。臨潼姜寨遺址起出一例睜眼的「嬰首」（《姜寨》彩版二，T253W176：1）。明顯地畫出上下唇。嬰兒頭頂的毛髮分成左、右、上三片。頭頂中間留出一塊空白。這或許正是初生嬰兒頭頂骨尚未閉合的形象。嬰首頂端三角形不是帽子或裝飾，而是嬰首後面的毛髮。頭像兩側沒有畫出耳朵，而畫兩條小魚，這應該是生育巫術的反映，它象徵嬰兒出生就能聽到巫師的呼喚，知己是魚圖騰的後裔。這種習俗在民族志有關巫術中多見。嬰首下部與尖頂畫出女陰圖樣，並按巫術需要加以誇張。女陰皆大於嬰兒頭顱，象徵嬰兒順利娩出，此即為仰韶文化生育巫術的佐證。

他又言，半坡遺址起出一件彩陶盆，紋飾是相對兩個嬰首與兩張漁網。漁網替代魚，似象徵祈求多捕水產。但這類盆昔小孩甕棺蓋。此紋飾理解為祈求多產子嗣更合適（圖版壹壹伍，P.4666）。

半坡遺址起出一件彩陶盆殘片，盆外壁圖像是，嬰首與魚頭合二而一（《西安半坡》圖版壹伍貳，2，即 P.4422），當時人們可能將魚圖騰化了，或人們漸將魚圖騰崇拜轉化為祖先崇拜了〔註 123〕。

圖一八二　李仰松說半坡殘紋 P.4422 為嬰首魚頭合二而一

〔註 123〕李仰松：《仰韶文化嬰首、魚蛙紋陶盆考釋》，《北京大學學報》（哲學社會科學版）1991 年第 2 期。

2）人面魚紋人頭崇拜說與半坡文化魚紋分類系統

（1）王育成人面魚紋人頭崇拜說

王育成先生試證人面魚紋乃史前人頭崇拜之證。新石器時代陝西地區曾盛行人頭崇拜風俗。頭顱是人體最突出的標識，人頭崇拜故此在宗教活動中表現為彩繪人面圖案與雕塑人頭形物品。仰韶人面魚紋即一幅魚祭人頭圖案，很可能是魚祭蚩尤類人武頭顱，目的是標榜蚩尤復活以行厭勝之術。儘管其說缺故，判定基羸，但給圖有體。他舉五地人面紋為說。

王育成圖一圖拓如後：1.、2.、3.、5.、12.：半坡人面魚紋復原；4.、9.、10.、13.：姜寨人面魚紋；6.北首嶺 T129：2 人面魚紋復原；7.、11.：西鄉何家灣人面魚紋及其省略人面；8.：臨潼史家人面魚紋。

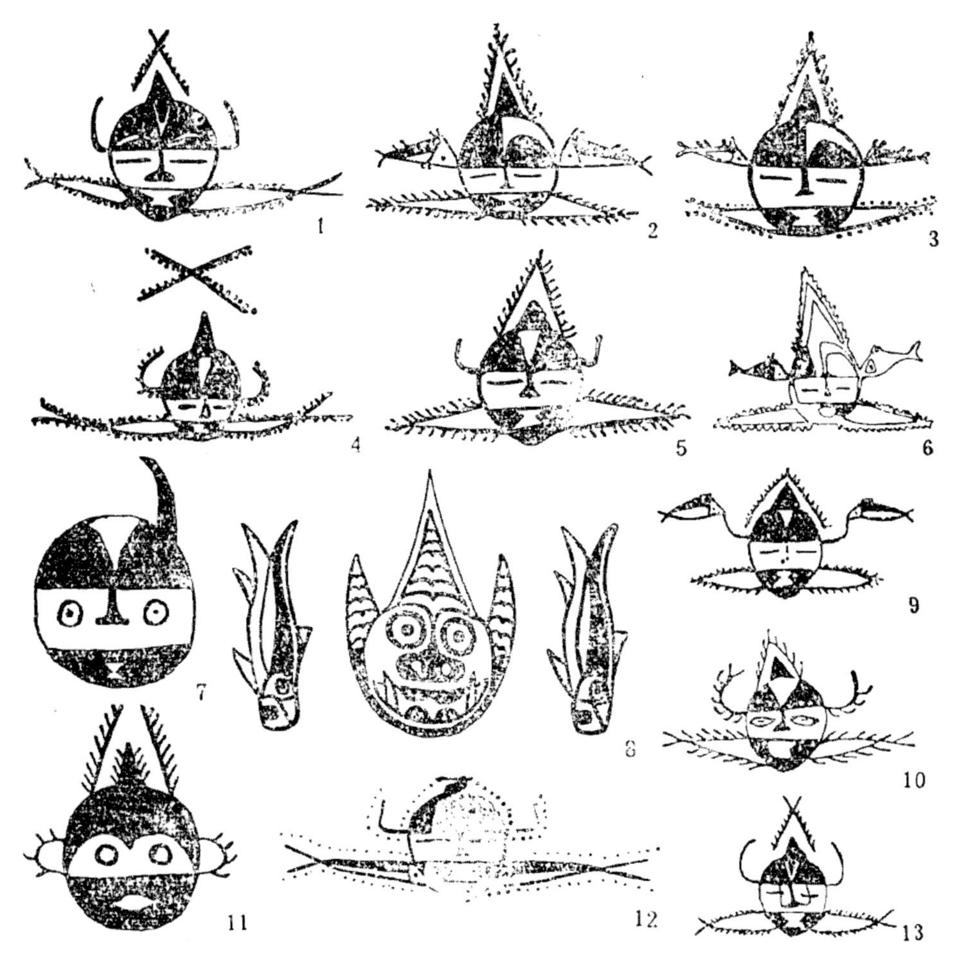

圖一八三　王育成舉人面魚紋說人頭崇拜

王氏依《北首嶺》述北首嶺人面魚紋圖曰：依復原圖，口部呈半圓形，頭頂「有兩條長而直的線條，其上附有許多有間隔的短線條，兩條長線交叉成三角形」，口部亦有短線條，「人面的耳部有兩條寫實的魚，當是象徵耳朵」。王氏述臨潼史家人面魚圖曰：此人面有兩隻環形大眼，丁字大鼻子，鼻頭很大，上有兩個朝天鼻孔，一張大口咧向兩頰，上下四顆門齒塗黑，兩隻撩牙突出口外，頭上長有三隻帶彎曲紋的大角，旁繪兩條魚圖案。人面的頭頂上都有一個錐狀物，臨漁史家遺址的人面則大大強化了這種東西並把它一分為三，使人們可以明白地看出這是角，也就是說人面魚紋的共同特徵是頭上長角。人面長角顯然不是正常人形，其應當是一種經過人的加工、被人神化的人崇拜形物——特殊事物的標誌物。

北首嶺半坡類型遺址出土兩件人面陶器圖案殘片，一片只殘存人眼、鼻、口部位，無法斷定人面周圍是否還有魚紋。標本 T144：2（《北首嶺》圖四七，3），人面作圓形，紫彩，以窄道鉤畫出外廓，額部左半部填以實彩，右半之下半部以實彩畫出很寬的眼眉，上半部則留出彎月狀空間，兩眼以細長的橫道表示，鼻子作拉長的三角形，口部殘缺，從殘部推測，口作橫置的花瓣形，後圖 1。

姜寨遺址第二期遺存一件彩繪葫蘆瓶，器樣 ZHT5M76：10（《姜寨》彩版一三），口微斂，口頸分界不明顯，鼓腹、雙耳，腹最大徑接近底部，口和腹部全飾黑彩，腹周飾黑彩變形人面四組。每組繪一圓形人面，眼、眉、鼻、嘴俱全」，後圖，2。龍崗寺遺址人面圖前已援取，不再撮錄。

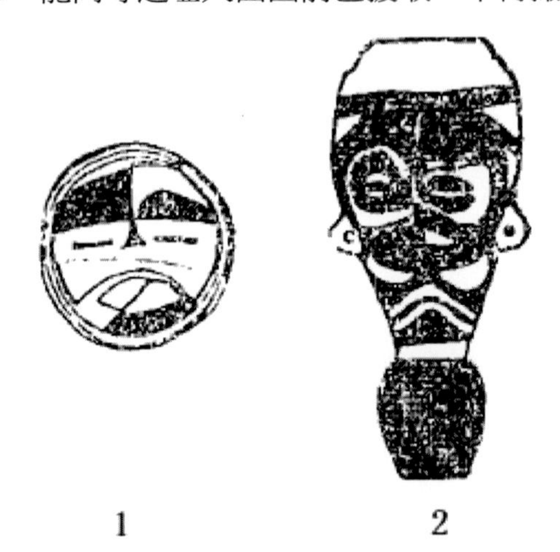

圖一八四　王育成說北首嶺人面圖與姜寨葫蘆瓶外壁畫

王氏依陶、骨刻人頭、人面雕塑物譬如北首嶺陶人頭，西鄉何家灣骨刻人面、黃陵仰韶文化遺址起出陶人頭像而立論人頭崇拜。

王氏認為，陝西仰韶文化中的人面魚紋、圓形人面和人頭、人面雕塑品，很可能都是同類人頭崇拜物，其形態上的差異是由或繁或簡或質地製造手法不同所造成的，但卻共同反映著當時人們對人頭存在著一種特殊的宗教信仰。半坡遺址 F1 長方形大房子居住面下發現一個被砍下的人頭骨與一件粗陶器。又舉北首嶺 77M17 骨殖缺顱骨狀，尖底罐用於代替失去之頭顱。報告認為，77M17 骨架缺少頭顱，並在頭部位置側置一個劃有多種黑彩符號的陶尖底器，可能與當時存在獵頭風俗有關，又援《山海經．海外西經》「刑天」斷首事，言人頭崇拜。又以為蚩尤被殺，其面被摹記，以此畫而威服天下。巫山大溪文化七座葬闕用魚隨葬。1959 年，巫山大溪遺址發掘者揭露 M3 墓主口含魚尾。墓主骨架的胸腹部位的兩側，各放有一條大魚，魚頭北向，而尾骨即置於死者頭骨的口腔之中。仰韶彩陶圖案在人面周圍——頭上、耳邊、口中及旁邊，繪出魚的形象或其變形圖案，實際即是用魚餵食死者——魚祭人頭這一古老宗教儀式的真實寫照〔註 124〕。

（2）陳雍半坡文化魚紋分類

陳雍將半坡文化彩陶魚紋別三等：擬象魚紋、抽象魚紋、疊象魚紋。擬象魚紋以象徵的手法模仿淡水魚的形象，表現了魚的側面和正面兩種不同視覺角度形象。抽象魚紋為拆半式構圖，用直線或弧線幾何圖形表現正視的魚整體或局部形象。在擬象魚紋下，別側面觀魚紋與正面觀魚紋。抽象魚紋下別三種：有頭有身、有頭無身、無頭有身。疊象魚紋無下別函納。姜寨 ZHT5M76：10 葫蘆瓶上圖案被視為兩個「拆半」魚頭以器耳為對稱軸，每條魚圓睜的雙眼眼珠不同，左側（依視者方向）眼珠竟是一個鳥頭。

陳氏後將半坡文化彩陶人面紋別三等：第一，有頭飾與頸飾，譬如半坡 P.4421，姜寨 T253W176：1。第二，無頭飾但有頸飾人面紋，譬如半坡 P.1002。第三，無頭飾、頸飾人面紋，譬如北首嶺遺址 T144：2。他將第一等頭頂上圓錐狀物視為髮髻，以為，眼睛以上髮髻以下黑色部是頭髮。他甚至將髮式別為半黑半白式〔註 125〕。

〔註 124〕王育成：《仰韶人面魚紋與史前人頭崇拜》，《江漢考古》1992 年第 2 期。
〔註 125〕陳雍：《半坡文化彩陶魚紋的分類系統》，《華夏考古》1993 年第 3 期。

3. 半坡 X 與米字紋生殖崇拜及魚紋消失故求暨人面魚紋義與彩陶源新探及圖案略舉

1）彩陶 X 與米字紋生殖崇拜與半坡類型魚紋消失故求

（1）王昌魯彩陶「X」與似「米」紋生殖崇拜說

王昌魯先生言，半坡人面魚紋左右與上方「X」有表意性。它來自二魚對頂，甲骨文存證𩵋。甲骨文二魚對頂隸定「冓」字。王氏言二魚對頂，示雌雄配合。王先生言，人面魚紋之人臉皆為模式化圓胖臉，稚嫩柔弱似娃娃臉。人面魚紋實由魚與嬰孩組成。此組合借魚類旺盛生殖力表現人類對生多生理想。依感應巫術，魚與嬰孩組合會使人類後代繁衍昌盛。

王氏又云，人面魚紋的人面口部皆為二魚對頂。表現強烈生殖蕃衍願望。後論「米」狀告四魚對頂，同「X」義〔註 126〕。

（2）袁廣闊半坡類型魚紋消失故求

袁廣闊先生論云：男性生殖崇拜開始於半坡類型晚期（或史家期），在廟底溝類型發展，至仰韶文化晚期盛行。從姜寨遺址的仰韶文化遺存中，可以看到男性生殖崇拜剛剛出現時（或萌芽時），正是半坡魚紋的衰敗期。廟底溝類型時期，男性生殖崇拜發展，半坡類型的魚紋完全消失。此告半坡類型的魚紋含義特殊，它是女性生殖器的象徵物。半坡類型晚期還有一些魚紋出現，表明這時仍有女性生殖崇拜的遺留，但此時已受到男性生殖崇拜的強烈挑戰。廟底溝時期，男性生殖崇拜佔據了主導地位，魚紋作為女性生殖崇拜的象徵物退出了歷史舞臺。

姜寨（第二期）M76 是一座較大規模的二次合葬墓內葬 37 具人骨架，經鑒定，男、女、老、幼均有，並隨葬 16 件生活用此葬闕納尖底罐一件，即 ZHT5M76：8（《姜寨》圖一八三，3，彩版八，1），泥質紅陶。器高程 17.6，口徑程 8.8、最大腹徑程 13.6cm，口侈、腹鼓、底極尖。腹外壁用黑彩繪出兩組圖案，一組為一同心圓與弧線紋相接。另一組由魚頭、魚尾及一種近似花蕾形的圖案組成。圖案中魚的頭和尾基本上是採用寫實的手法繪出。此類圖案罕見於仰韶文化，未曾引起學術界重視，袁氏如是雲。為便易比較，今將袁氏給器黑白圖代以《姜寨》彩版八，1。此器圖之黑白圖來自袁氏文圖一。

〔註 126〕王魯昌：《論彩陶紋「X」和「米」的生殖崇拜內涵——兼析生殖崇拜與太陽崇拜的復合現象》，《中原文物》1994 年第 1 期。

圖一八五　袁廣闊舉姜寨 ZHT5M76：8 彩圖與其去地色黑白圖

在梳理汝州洪山廟遺址起出仰韶彩陶圖案時，袁氏察覺，洪山廟遺址存在似此「尖底罐」面「花蕾」圖案。而且此圖樣同狄宛遺址起出陶祖形狀完全一致。狄宛陶祖（第四期，《發掘報告》第 584 頁，圖四〇五）、洪山廟男生殖器圖屬廟底溝類型，係半坡類型發展而來。姜寨第二期係半坡類型，狄宛陶祖屬狄宛第三期。

洪山廟一致內不少遺跡現象之遺物特徵俱可在姜寨遺址找到淵源。洪山廟最具代表性遺跡係成人二次甕棺葬，而姜寨遺址內曾發掘出 29 座成人二次甕棺葬，二者在甕棺放置、人骨擺放位置等一致，俱豎直平放。用瓦器形體近似。黑彩繪俱見弧線紋、三角紋、寬帶紋、鳥紋。故洪山廟初圖男生殖器圖案來自姜寨罐 ZHT5M76：8「花蕾」圖案。袁氏援陸思賢以為，半坡孤魚紋或人面紋組合魚紋可釋為「魚婦」，象徵生育之神。援楊堃以為，生殖力與生殖器係一種東西，圖騰是婦女生殖力的象徵物。圖騰崇拜即崇拜女性生殖器象徵物。魚被視為女陰象徵物。袁氏又援《西安半坡》述 P.4422 圖，「寓人於魚」或「魚生人」之義。

袁氏論姜寨器 ZHT5M76：8 圖畫曰：魚代表女性生殖器，故它與男性生殖器繪在一起。圖畫反映人們意識到人的誕生與男性生殖器有密切關係。人類生理認識依此飛躍。此圖畫是原始社會有女性崇拜向男性生殖崇拜最具體最生動的寫照。半坡類型晚期，魚紋數減少〔註 127〕。

2）半坡人面魚紋義新識與彩陶起源新探

（1）王宜濤半坡人面魚紋含義新識

王宜濤先生言半坡文化之精粹乃人面魚紋圖案。半坡仰韶文化向南傳達漢水上游與丹江流域，與大溪文化、屈家嶺文化交匯融合，向東傳達豫西晉南，向西達隴東。

總半坡類型人面魚紋 12 等，含半坡、姜寨、北首嶺、西鄉何家灣四地。舉姜寨第二期人面鳥魚紋 3 等，舉仰韶文化人面紋 6 等，舉史家類型「仰韶巫師面具」紋 3 等，又舉蛙發育形變 10 階等四題。以第一題，他欲給張光直半坡遺址巫師形象說補足魚圖，援《山海經 · 大荒北經》。郭璞注《大荒北經》「有人珥兩黃蛇，把兩黃蛇，名曰夸父」「珥兩蛇」曰：「以蛇貫耳」。由此論人面紋「珥兩魚」就是「以魚貫耳」。或者，「以蛇貫耳」是由「以魚貫耳」變

〔註 127〕袁廣闊：《試析姜寨出土的一幅彩陶圖案——兼談半坡類型魚紋消失的原因》，《中原文物》1995 年第 2 期。

來。王氏論史家類型陶葫蘆瓶紋飾見人面鳥魚紋複合圖像，為動物圖騰。他給圖如後。

圖一八六　王宜濤說姜寨遺址第二期人面鳥魚紋

王氏云，溝通天地之神用半人半動物神像擺脫肉體、精神痛苦。他否認半坡仰韶人面魚紋巫師面具說，並以為，其圖乃以鯨面與佩戴魚形物或其他飾品弄成之巫師裝扮。由於圖見髮式與髮笄，也見閉眼睜眼表情。頭頂見鋸齒狀飾物，可能是鳥類羽毛或其他飾物，口角銜小魚或魚形飾物。口周圍及額部有塗黑，額部見矢狀或彎鐮狀及倒三角紋飾。巫師門或圖漸變，省去了各種裝飾而以文面打扮。用面具僅是更簡便方法。後圖 1.出自北首嶺。2.、3.出自西鄉何家灣。4.、5.、6.出自南鄭龍崗寺。

圖一八七　王宜濤說仰韶文化人面紋

王宜濤從圖騰說以論魚圖騰說，他從人乃無尾巴地上動物之察出發，比較而顯青蛙乃兩棲動物。青蛙發育之階從似魚到長出四肢，脫去尾巴，蛙成為兩棲動物。似魚之蝌蚪為蛙祖先，則魚能為無尾人的祖先。此乃蛙崇拜之源。他給蛙發育黑白 10 圖為證，未饋文獻，今代以彩圖〔註 128〕，便讀者檢讀。

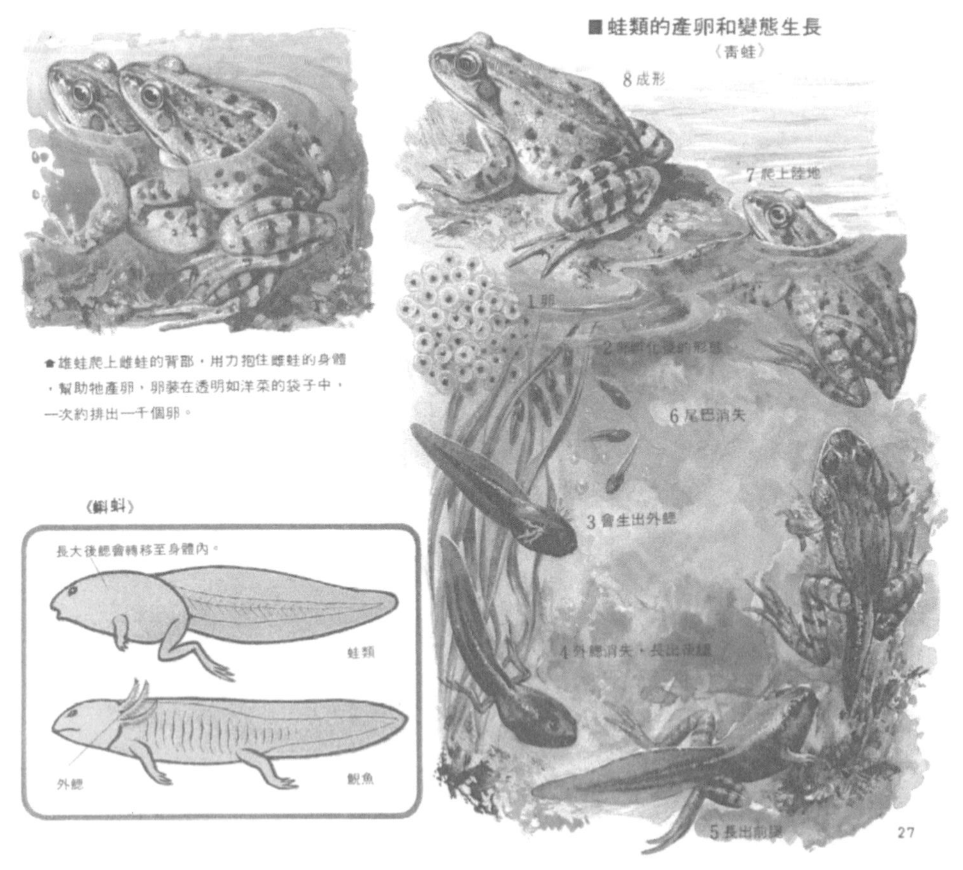

圖一八八　青蛙生長變態彩圖

他又饋商縣紫荊遺址發掘揭露一祭祀坑平面圖。此遺跡平面圖係正圓狀。我檢紫荊遺址掘錄，未見此遺跡。以其罕見，又存王先生識見，今拓此圖如後，名此遺跡 SXZJH：01。此遺跡納物：1. 磨石、2. 石斧、3. 蓋滿蛙骨之缽、4. 缽、5. 瓦器殘片、6. 鹿角。此遺址第一期存物含「三足罐」，早期文明傳承未絕於「龍山期」。

〔註 128〕沈永嘉等：《世界動物百科．兩栖類．爬蟲類》，廣達出版有限公司，1984 年，第 27 頁。

圖一八九　商縣紫荊納蛙骨祭祀坑 SXZJH：01

王宜濤察知，仰韶人面魚紋「以魚貫耳」和「使魚入口」以及「寓人於魚」的藝術圖案，猛然初看起來有些抽象，但仔細審視，就不難發現其奧秘所在。它明確表示了半坡仰韶居民對於魚類動物的崇拜，其次它又充分體現半坡仰韶人運用巫術手段，象徵性讓魚從耳孔進入人腦，並且從口腔進入人腹，從而使人獲得魚的某種特質和功能，這樣才能保持本氏族和本民族的傳統血緣關係，才能得到祖先神的認可和保護。

巫山大溪遺址 M3 男骨殖口銜兩魚，腹部置魚頭。也見葬闕內魚置於骨殖上或墊在骨殖上肢下之狀。王氏認為，墓內人物被掩埋時，本氏族曾為他們舉行某種葬禮，巫師導演了巫術超度。

半坡人面魚紋的功利動機同樣，都企圖使死者與足顯溝通，保持本族族籍。企圖使死者和祖先之間能夠溝通，從而保持本氏族和本民族的族籍。這表明史前原始居民具有強烈的圖騰意識。他們這種迫切與魚互相混血和互相融合的強烈願望，尤以西安半坡第 5 式圖案表現得最為明顯。這個圖案實際上屬於半人半魚、人面魚首的圖騰，這種圖騰就是半坡仰韶原始民族的祖先神形象。扮演溝通天地神人的使者，即原始宗教中的巫師，也就常常被打扮成這種半人半動物的怪樣。這種半人半動物的巫師，實際上被人們看成半人半神、半人半仙或半人半鬼式的人物〔註 129〕。

〔註 129〕王宜濤：《半坡仰韶人面魚紋含義新識》，《文博》1995 年第 3 期。

（2）石興邦中國彩陶起源新探

1995 年，石興邦先生檢討白家村瓦（陶）器為早晚二期，別若干類，並述紋樣。他述早期瓦器類別：第一，圜底缽，口沿「有飾鋸牙狀」，「腹飾交叉繩紋」，或「凌亂」紋樣；第二，三足缽，口沿內外與三足繪彩。多在器身拍交錯繩紋；第三，圈足碗，口沿與外表飾以繩紋，口唇有鋸牙飾，數件口沿抹光。圈足有染彩者，別 5 等，5 等下直口內弧深腹圈足碗均飾紅彩；第四，小口鼓腹罐，無飾；第五，三足罐，飾以繩紋，口沿有「鋸牙飾」。第六，鼓腹甕，全飾以交叉繩紋。

白家村瓦器早晚期器狀與紋樣有別。早期圜底缽體似半球，直口弧壁者眾，口沿有彩紋或抹平。晚期圜底缽扁，口外侈，肩部有脊，內壁有彩紋。早期三足缽口唇內外有帶線紋彩。晚期器體高，狀似淺盤，敞口直壁，三足高而尖，外表素面，內徑與足有彩、紋飾。早期圈足碗矮，外撇，腹淺，壁弧直，外表飾以交叉繩紋。數器口徑抹光，足部有彩繪。晚期圈足碗深腹，多數器口抹光。有內黑外紅者。早期三足罐口沿有鋸牙紋，晚期三足罐敞口弧壁，無飾。

石先生總白家村早晚期瓦器紋樣特點如後：早期圜底缽（I、II、VI 型）口唇內外有彩帶。三足缽（IV 型）口沿與三足有彩，少數器表繩紋也塗染紅色。圈足碗見足部有紅色，口沿內有紅色帶紋。晚期圜底缽（II 型）內外有彩。內彩有三角、梳形、山形等紋樣。三足缽（II、III 型）口足施彩。圈足碗足施彩，口沿內外皆施彩。石先生使北首嶺遺址彩繪與器形屬白家村。

依石先生言，倘使不別先後，白家瓦器紋樣總計 14 等：第一，寬帶紋，位於缽口沿外，寬 2.5～4cm；第二，線帶紋，飾於缽器口沿內，與寬帶連，成一道赤色口箍，寬 0.3～0.5cm。第三，足飾彩繪，塗於三足缽足部。第四，圓點紋，狀不規則。多呈四分對稱，排於缽內壁。第五，方點紋，1cm 見方，一點或二點成組，四分或三分對應塗於器內壁。第六，角星紋，濺點紋，似血點周圍露出數條芒星刺，或規則或不規則散佈。第七，直線紋，單直線或雙直線，豎向或斜向，或平行散佈，多見三分對應。復雙直線或作兩線平行，或似「八」形。第八，折波線紋，硬折或軟折波浪紋，別橫豎兩等，多見三分對應。第九，折曲線，二道平行折曲線，貌似書名符號。第十，圓圈紋，內壁有四或三圓圈，「對稱或對應」散佈。第十一，「山」字紋。第十二，梳形紋，如 E 形、梳形，由 3～5 道橫線與一道豎線構造。第十三，S 形紋，數個相同 S 紋在器內壁對稱散佈。第十四，有像英文 M、F、E 三個不同紋樣，三分散佈於器內壁。

白家彩陶的承傳關係：第一，繼承先陶文化時代傳統。前仰韶文化是從前陶時代，高級採集經濟文化傳統而來。白家文化從下川文化遺緒發展而來。證據之一，下川遺址發現色盤與顏料，及石硯窩、磨錘、赭石塊。諸物用於彩繪。這種行為可能是一定意識形態支配下行動。第二，下川文化階段有磨盤、磨棒、齒鐮，被前仰韶文化諸落承襲。下川文化之刮削器、鑽錐器、切割器等，在仰韶時期遺址也能見其同類。兩階段工藝技術有密切關係。

石先生講，仰韶文化繼承了白家文化。白家文化彩陶是彩陶的初期階段。北首嶺遺存的早期被半坡文化繼承。如此，從白家文化到仰韶文化形成中國彩陶文化的完整系列。

他述白家彩陶有社會功能、含義。舊石器時代末期，人們用赭石染色。他們染身、繪畫、祭祀。人們認為紅色象徵血液，富有生命力，有再生、延續魔力。紅色象徵吉祥，有某種辟邪壓勝的神力。彼時人視紅色為特殊、靈性色彩。他又講，白家彩陶的含義呈現一種脈絡：第一，白家文化彩陶表現自然崇拜意念。第二，半坡文化彩陶以動物形象、圖案為特徵的紋樣，表現圖騰崇拜信念。第三，史家文化彩陶出現擬人圖形和圖案（如人頭象身），人的作用出現，祖先崇拜萌芽，是母系氏族向父系社會發展的表象之一。此三階段彩陶裝飾寫實，反映了現實觀念形態。第四，廟底溝文化時期，以圖案裝飾為主，從構圖和紋組的藝術水平看，都進入美的意境。

從美學觀點看，中國彩陶文化發展經歷了兩個美的歷程。第一歷程是表現自然崇拜的萌芽階段。是白家文化時期的表意符號，可視作原始美意識的萌芽階段。此點與精靈崇拜意識活動相關。第二個歷程是進入美的境界，這與圖騰崇拜密切相關。這是原始宗教與信念混合「在一」而產生環境的美感，這種意識與美感相應地產生了帶有原始宗教色彩的彩陶藝術，圖騰形象及信念即最顯著特徵之一。因為圖騰標誌含有美學意義，那時氏族成員的心靈深處只有圖騰意識，以圖騰為尺度去衡量一切，符合圖騰觀念之物美，圖騰的物化形態，就是人類發展史上最早的一種美的形態。援李澤厚將「遠古圖騰」當作美的歷程起點為說。所以圖騰崇拜的半坡時代動物形象出現，才能視為祖先進入美的境界。文末，石先生考述，中國彩陶發生、發展、繁榮、衰落序列完全，延續三千年。較之世界它域文明古國，中國彩陶係出現最早一支〔註 130〕。

〔註 130〕石興邦：《白家聚落文化的彩陶——並探討中國彩陶的起源問題》，《文博》1995 年第 4 期。

3）賈榮建等彩陶藝術圖案略舉與裝飾紋樣類型

（1）彩陶藝術略舉

賈榮建、劉鳳琴先生以為，彩陶藝術是原始人類生產和生活發展到一定階段的產物，它首先是人類進入石器時代後物質生產和生活方式的反映。彩陶藝術的產生和演變也是原始人類審美意識、圖騰意識等文化心理的形成和發展的結果。人類審美意識的產生，是人類在同自然界相互作用的關係日趨複雜和人體自身的進化、完善不斷提高中萌動和發展起來的。倘若人類最初的紋身裝飾旨在著保護身體、吸引或威脅對方等生存利害，而以後不斷豐富，發展起來的人體裝飾中護身的意義削弱，甚至不復存在。它們部分或全部轉化為審美意義。此時期期人類的審美活動和審美意識已有相對獨立性，人們能自覺地運用美的形式規律藝術地表達他們在社會實踐中的感受。

（2）裝飾紋樣類型

彩陶裝飾紋佯的主要類型下別：第一，幾何紋樣（含拓印）。第二，動物紋樣。第三，植物紋祥。第四，人物紋樣。幾何紋樣下見編織紋痕跡與模擬表現被視為開端。動、植物形象之抽象演化。特殊的表意符號也入「幾何紋樣」等。動物紋樣下別魚紋、鳥紋、蛙紋、其他動物紋，如鹿、豬、蜥蜴、鯢魚等。

（3）圖案構成之形式特點

賈氏等略見圖案四等形式特點：第一，簡約凝煉的形象處理，譬如，以意設形、提煉重構、複合共用、巧用局部。第二，動勢強烈的組織結構，譬如，自由曲線結構、旋式結構（從點定位出發的自由旋式、從圓心出發的放射旋式、水平行進的平移旋式、四方連續的連鎖旋式）、折線結構、斜線結構、波線結構、圓形結構（譬如，連續排列的水平運動、放射組織的擴張運動、由連線引導的翻轉運動、多點組合的綜合運動）。第三，鮮明突出的對比因素，譬如點、線、面的對比。動靜對比，此點納二要素：靜態要素、動態要素。（靜態要素下，見三角、羅格、平行橫線、縱線、及所謂鋸齒紋。約束動態要素以水平線、垂線、三角形、鋸齒線。）簡繁對比。黑白對比，此題下別：黑白對必的層次感、黑白對比的調性作用、黑白對比的反轉作用。第四，生動豐富的節奏韻律，下別基本節奏、複合節奏、韻律的表現。在基本節奏下，見重複、間隔、交替、連續、漸變、網格〔註 131〕。

4. 人面紋十字宇宙觀及葫蘆狀瓦生育崇拜與蛙紋生殖圖騰及鳥銜魚轉生巫術並彩陶基於原始思維說

1）半坡人面紋十字印記古宇宙觀與葫蘆狀瓦器生育崇拜說

（1）錢志強半坡人面魚紋盆十字符號印記古宇宙觀說

錢志強先生云，檢半坡彩陶者能見某種有趣現象。半坡時代人們當初繪製彩陶時，似乎力圖表現出十字符號的旋轉與運動狀態。以人面魚紋盆為例，人面魚紋盆的兩個人頭頂向外，處在分割陶盆口沿的兩條直徑交成十字的一條直徑上，而與另一條直徑兩端對應的兩條魚頭向一致作旋轉游動狀，似乎推動著人面因而也牽動著十字在旋動。不僅人面魚紋盆是這樣，半坡出土的鹿紋盆也是這樣。與鹿紋盆上的四隻奔跑的鹿對應的四個分割點也正由分割陶盆口沿的兩條直徑構成的，鹿的旋轉奔跑似乎也表示與它對應的十字符號在旋轉。臨漁姜寨出土的五魚紋盆也是這樣，由於四條魚與分割陶盆的十狀符號對應。因而十字符號與魚在一同旋轉。寶雞北首嶺出土的一件魚紋彩陶盆口沿畫出一個端正的十字符號，而另一個十字符號在這裡變成了放射狀的旋轉紋樣，這兩個十字符號卻由三條魚推動著。

馬家窯文化受北首嶺三魚紋彩陶影響。馬家窯彩陶漩渦紋彩陶盆口沿多見十字紋，似乎限制盆內旋回激蕩的線流。旋回的限流多以三束組成，每束近口沿末段畫類似人面的紋盆，也見旋轉放射之央畫十字符號。

在「怪圈」下，錢氏述黃河流域的早期彩陶中某種名為缽之陶器，俱以細泥製作，紅色，圓底，製作精細，而且口沿下多繪一周黑彩或紅彩寬帶。這些紅色或黑色寬帶色彩均勻，寬窄勻稱，寬帶缽上很少繪製其他紋飾，但是寬帶上卻常常伴有多種刻畫種符號。有研究者以為，這種寬帶是彩陶初萌時，人們只能繪製簡單紋飾所致。但更多多考古材料表明，寬帶紋是黃河中游地區早期彩陶引人注目的現象，它幾乎是其他彩陶總數的 5 至 6 倍。

錢氏質詢並自答云：黃河中游地區居民為何在陶缽口沿那樣認真地繪製一周彩帶？倘欲簡便從事，他們可以隨意在陶缽上塗畫些什麼，那樣較之比嚴肅認真地在陶缽口沿繪製一周工整的色帶方便。

聯繫黃河中游早期彩陶中十分突出的十狀符號及旋轉的特徵，錢氏認為，

〔註 131〕賈榮建、劉鳳琴：《中國彩陶圖案的藝術形式探尋》，河北美術出版社，1994 年，第 1 頁～第 120 頁。

此普遍意識與習慣大約與圓分割有關。割圓以對圓的認識為前提，不管是平面圓，立體圓，還是球，其最簡括的表示法大約就是畫一個圓圈。因而，這圓圈也就同時表示著圓及其周而復始的不息的運動。它是人們普遍尊崇的一種觀念，故廣泛流行，又如此規整。

思考寬帶缽環狀寬帶，錢氏聯想到陶器起源檢討者爭論不休的問題，即為何世界各地早期陶器都是圓形？不少學者以實用說解答。他們認為圓形便於使用。在同樣的器物中圓形容積最大等。人類早期創造物，受實用觀影響。但問題的另一面是，恰「由於人類早期的生存與實用目的在生活中所佔的特殊重要地位，才使早期人類將那些重大的，對與人類自身生活有重要影響的創造物視為神聖、神秘而加以崇拜，甚至看做比它的實用性還重要的」。

世界各地的考古材料表明，作為前陶時代出現的陶器都較少出現實用器物。而多與宗教有關的偶像。這是否表明了陶器在它創造之初，已經被注人了神聖的觀念含義。聯繫黃河彩陶三千多年發展歷史中綿延不衰的圓與割圓的題材，可以認為，黃河彩陶圓形體及上面的分割符號大約在黃河流域被用於象徵天地萬物，及萬物變化觀。錢氏第三話題「從開天闢地說起」、第四題「與伏羲女媧手中的規矩」屬傳說檢討，不再援檢〔註 132〕。

（2）何周德葫蘆狀瓦器生育崇拜說

何周德先生在「葫蘆生人」傳說下援聞一多說，「伏羲、女媧果然就是葫蘆」說。在「葫蘆形人物陶器」下援新石器時代若干「人頭細頸壺壺」、「人頭彩陶瓶」，檢而論云，十幾件人頭形細頸壺說明，沒有人頭形的尖底瓶與細頸壺，在原始人類意識中，同樣被視為一種人體造型。

洛南人頭細頸壺與狄宛人頭彩陶瓶（案，即《發掘報告》器樣 QD0：19 附圖）有明顯的婦女特徵。器形酷似孕婦形象。在葫蘆與彩繪圖案下援 8 件瓦器面繪。統言葫蘆類器物彩繪一般為人面紋、魚紋、蛙紋、鳥紋或鳥魚相銜。人面紋表示人類來自葫蘆，葫蘆裏盛人類的種籽。姜寨遺址起出「人面紋彩繪葫蘆瓶」（案，即《姜寨》彩版十三，器樣 ZHT5M76：10 器外壁圖）。其人面中的兩隻眼睛別有特點，一隻眼睛為雙魚紋，似女陰外形，另一隻眼睛為鳥頭，代表男性生殖器。這是原始人類對性器官含蓄而巧妙的描繪。

根據人面魚紋本身和所繪製器物的對象——葫蘆類器物（或大腹類器物）

〔註 132〕錢志強：《半坡人面魚紋盆上的十字符號與中國古代的宇宙觀》，《西北美術》1995 年第 4 期。

及位置作以全面分析，無疑是祈求豐產活動時的一種面具。何氏取援臨潼博物館藏臨潼縣馬陵遺址起出葫蘆瓶、李紅雄檢甘肅正寧宮家川遺址發現葫蘆瓶，以為此二者乃「史家類型人面魚紋葫蘆瓶」（插圖三之 3、5）。我檢其援圖寄器彩版如後。

圖一九〇　何周德言臨潼史家與正寧宮家川遺址葫蘆瓶狀

前援彩版第一幅黑白圖出自李凇等著作《中國繪畫斷代史》〔註 133〕，次圖見於《圖譜》22。王育成說「人面魚紋」雙角獠牙圖本臨潼馬陵器表圖。

何氏依其文配圖七之 2，論姜寨遺址「豎魚紋人面」葫蘆瓶（案，即《姜寨》彩版一二，器樣 ZHT14H467：1 器面圖），人面較明顯的是兩隻眼睛，鼻子繪成鳥頭，頭飾為三個三角形。在人面紋兩側，一面是兩條魚上下相對峙，而另一面則變成圖案化的幾何形魚。

何氏又比較姜寨遺址「人面紋尖底罐」（《姜寨》圖一八一，1，器樣 ZHT37H493：32，第 255 頁，第二期）、北首嶺遺址「人面紋」細頸壺、姜寨遺址魚紋葫蘆瓶圖案（《姜寨》彩版十四，1。器樣：ZHT12M238：4；第二期），未以細頸壺、葫蘆瓶器形為題，僅言畫技高超〔註 134〕。何氏言北首嶺「人面

〔註 133〕李凇、顧森：《中國繪畫斷代史》，人民美術出版社，2004 年，第 97 頁，第一卷：遠古至先秦。

〔註 134〕何周德：《葫蘆形器與生育崇拜》，《考古與文物》1996 年第 3 期。

紋細頸壺」，此器不錄於《北首嶺》。檢《圖譜》第 1547，器似何氏援舉，但頸部黑色圖塊參差。不詳何氏據何。

2）蛙紋生殖圖騰鳥銜魚轉生巫術與彩陶基於原始思維說

（1）祁慶富蛙紋生殖圖騰說

祁慶富先生言，蛙紋頻見於彩陶。異類蛙紋近寫實。圖案呈圓形，有四隻蹼足。彩陶盆多見此等。也見此等圖樣與魚紋處於同器，或變形為蛙龜合體狀。另一類蛙紋趨於寫意。圖案呈「W」形或「M」形，端點和折角處點綴出蛙蹼特徵。此等圖案逐漸簡化成「W」,「M」形幾何圖形。此類變體蛙紋頻見於馬家窯文化彩陶。這種變體幾何形蛙紋還衍生出「米」字形蛙人紋，其特點是主幹上方有圓形人頭，四肢呈蛙狀。

傳說中的中華民族的始祖黃帝軒轅氏，即是「天黿」,《國語．周語》說：「我姬氏出自天黿」。祁氏言，人們普遍認為，天黿是一種大龜，是黃帝氏族以及鯀氏族、東夷民族崇拜的圖騰。祁氏云，此說僅言中一半，天黿是一種複合體，既有龜的成份，也有蛙的形象，是蛙和龜融合的崇拜物，這在金文中不勝枚舉的「大黿」字中可看得一清二楚。

圖一九一　祁慶富舉金文天黿五例

祁氏釋五字架構：金文「天黿」上半部為人形，下半部為兩棲動物形狀，頭部和軀體多像龜，四肢全像蛙。有的連頭軀也像蛙。天黿是由龜和蛙合成的黃帝氏族的圖騰，轉變成中華民族的族徽〔註 135〕。

（2）何努北首嶺 M52：（1）鳥銜魚圖轉生巫術說

何努先生檢討 M52：（1）圖「真正含義」，用列維·斯特勞斯《野性思維》「性關係」類比飲食說，謂北首嶺人有同樣的野性的思維，即以吃表現性行為，魚表示女性生殖器，有轉生巫術功能，在此基礎上加一隻吃魚的鳥，為轉生巫術的魚圖案中成功地注入了性交的含意。又援此著作譯文「把男人比作食者，把女人比作被食者，這對於我們來說更熟悉」，曰：魚代表女性，鳥則代表男性。山東方言至今稱男子生殖器為「鳥」。古籍多言「魚為陰，鳥為陽」。北首嶺 M52：（1）細頸瓶上畫一條被銜住的長筒形體魚，形似鯰魚，區別於任何裝飾在其他魚紋彩陶上具有圖騰意義的扁體魚。如此，既避免褻瀆圖騰，又體現轉生巫術。但閻村遺址屬廟底溝期伊洛鄭州類型，雚魚石斧圖外，無動物紋樣。此類型不宜魚或雚為圖騰，雚食魚圖案畫在甕棺缸上，與甕棺模擬子宮匹配，以性的象徵方式起轉生巫術作用。含義同北首嶺「水鳥銜魚」。

姜寨的魚鳥同圖同器，僅僅表明姜寨第二期胞族之魚鳥圖騰氏族的母子關係——鳥氏族是從魚氏族中新分離出來的小氏族。陝西武功遊鳳細頸壺 WGYFV：01 繪有魚身鳥頭的圖案，鳥頭短喙，納於框內，與姜寨第二期魚鳥同器畫風一致，佐證魚鳥氏族的血親關係。何氏又言，即使如此，姜寨第二期鳥紋非全半坡類型與有之「圖騰」。以圖騰說不能通釋北首嶺「鳥銜魚」圖。而且北首嶺銜魚水鳥不是圖騰。另一方面，「鳥吃魚觸犯了圖騰禁忌，被吃的魚已跨出圖騰的門檻，有引申的含意。

謀釋 M52：（1）引申義，何氏剖析魚圖案象徵義。他從趙國華《八卦符號與半坡魚紋》說姜寨 W63：1 魚蛙盆內壁對雙魚，謂係女性外陰模本，此圖表現陰唇與陰毛。趙氏此說被何氏命為「正確而精闢」地揭示了魚的表層形象含義。何氏聯繫趙氏說斯特勞斯舉非洲馬紹納人言下「圖騰」表示「姐妹的陰門」，認定此二者聯繫「佐證半坡類型魚作為圖騰的深層意義——女性生殖器崇拜」。何氏又云，原始人不知性交與生育的關係，將不可思議的」

〔註 135〕祁慶富：《彩陶蛙紋之謎》，《中國民族博覽》1997 年第 2 期。

懷孕歸功於祖先圖騰的魂靈鑽入婦女體內的結果。何氏援布留爾述澳大利亞土人念頭，「嬰兒魂在未轉生的狀態中實際上是父或母的等或圖騰的一員」。「魂今如婦女身體中，她的孩子生下來舊是魂自己所屬那一等」。何氏依此云：由此而判定，半坡類型聰穎的人們，將圖騰懷孕觀與生理分娩的感性知識結合，構成人類生殖全部過程的認識，從而創造了彩陶盆上寫實中略帶誇張的神秘的人面魚紋。

何氏說姜寨、半坡人面魚紋構圖云，圖案中心多為一個前囟未合，雙眼未睜的嬰兒頭臉，頭頂上或曰「巫師尖帽」樣圖案是誇張描繪的女性生殖器張開的上半部狀況外圈帶毛須的黑線三角表示陰唇和陰毛，內層填黑的三角表示洞開的陰道，它們與嬰兒頭結合，表現胎兒頭位臥身正面從陰道娩出時的情形。嘴頰兩側帶邊毛的長三角，畫法同於嬰兒頭頂的外圈黑線三角，而半坡遺址 P.1002 彩陶盆上人面雙頰側三角換成了雙魚，似乎在暗示頰側那對長三角與姜寨雙魚意同一表示完整的女性外生殖器，它與嬰兒頭構成頭位側身娩出陰道時的圖形。嬰兒雙耳所接的魚或雙線所聯的魚，明示人們祖先圖騰魚之魂轉為這個正在娩出的胎兒。

何氏又援布留爾《原始思維》云，夭折者仍留在「生之門外」，留在「直接引向轉生的最後階段上」，「轉生是需要通過懷孕的中介過程來實現的」。又舉古印度人以木桶作模擬巫術的道具，象徵子宮。基於此聯繫，何氏云，不難想見，嬰幼兒甕棺確保其夭亡後有符合宗教觀念性的歸宿，甕棺又充當了促使嬰兒迅速轉生的模擬巫術的用具，以期加速其出生成人的進程，補充氏族減員。

何氏云，魚崇拜通過圖騰——女性生殖器——轉生巫術這三級跳式意義轉換，走向抽象。在空間、時間上贏得信仰基礎〔註 136〕。

（3）田凱彩陶生成基於原始思維說

田凱立二論：其一，彩陶圖案的視覺力量與原始宗教思維模式。其二，仰韶前後期彩陶風格對比與社會組織形式對人的思維的影響。在首題下，他復述多人認識云，仰韶彩陶從寫實發展到抽象，是一個過程。半坡期的圖案多寫實。後來，抽象的增多。縱觀中國古代藝術史，抽象藝術的發展在仰韶時期可謂登峰造極。仰韶中後期的人繪製抽象圖案，不能說明他們不能寫實。

〔註 136〕何努：《鳥銜魚圖案的轉生巫術含意探討》，《江漢考古》1997 年第 3 期。

河南臨汝出土的鸛魚石斧圖陶缸上可以證明，他們能夠精確寫實。田氏詢問：仰韶及其同時代人為何這樣作畫？這些抽象作品到底意味著什麼？在半坡人那裡，我們看到由寫實魚紋到抽象魚紋的演變過程。半坡初期陶盆裝飾中有一種人面魚紋。這種紋飾所描繪的是一個人頭口銜兩條魚。人頭頂部也有魚形飾物，也見耳部兩側裝飾兩條魚圖案。

次題下，田氏云，半坡前期的圖案多表現為絕對均衡的對稱。如：半坡出土的人面魚紋陶盆，兩人面魚紋與兩魚紋相互成十字形對稱或人面魚紋與魚網紋成十字形對稱。三角形紋飾形成抽象魚紋往往上下交錯構成均衡的圖形。半坡前期彩陶的另一特徵是，圖案線條多為直線，很少變化。一個器物上只繪製一種或兩種事物。單元圖案之間沒有過渡，圖案與圖案多為割裂開的，或一組圖案反覆出現。這種構圖呈現一種安祥平和的風格。這種平衡是當時人們心理平衡的一種反映。它與母系氏族社會的生活方式密不可分。母系氏族社會時期沒有個體家庭，無私有財產。絕對均衡是人們賴以維護這種社會生活的法則。在半坡類型晚期、仰韶文化中晚期及甘青一帶馬家窯等諸文化時期，以曲線為主的活潑的充滿生命張力的圖形取代了半坡類型前期那種以直線為主的平穩的均衡的圖形。這種非均衡式的圖形單元圖案之間的關係開始複雜起來，二方連續圖案大量出現，多重圖案相互交錯成令人眩迷的圖形〔註 137〕。

5. 人面紋頭頂非字形飾與西部彩陶類論及圓形思維暨姜寨魚鳥圖騰變化與認知體系猜想等

1）人面魚紋人頭頂非字形說與中西部彩陶類說

（1）祝恒富人面魚紋人頭頂非字形說

祝恒富承襲李仰松人面魚紋為嬰首說，並認為，人面魚紋依布局可分為 A、B 兩種形式。A 式人面魚紋與魚相間排列。魚和人面魚紋對稱於陶器內部。它給人一種祥和、靜謐的氣氛。B 式為獨立的人魚紋。一般飾於器物的外壁。人面魚紋由人面和魚及「非」字形飾物三個元素組成。其結構為人面處於正中。魚對稱於人面的兩側，或連在嘴角或掛在耳邊。人面後頂部為「非」字形飾物。

祝氏援趙國華言，雙魚輪廓與女陰輪廓相似。魚腹多子，繁殖力強。外陰被視為生育器官。結合輪廓與生殖力，魚被漁獵社會先民視為女性生殖器

〔註 137〕田凱：《中國彩陶與原始思維》，《中原文物》1997 年第 3 期。

官。祝氏又云，以魚象徵女陰，或作為生殖崇拜物，是世界範圍內古人類共同、普遍的巫術行為。今日雲南「哈尼族的先民將魚視為生殖神或生殖崇拜的對象，並用幻想編織出創世神話」。哈尼族人至今述存在崇拜魚的遺風。

祝氏自問半坡氏族先民崇拜女陰之故，後出故云：女陰是人的出生初。它是女性身體中最神聖的部位。視孕育生命的女陰為孕育生命之神。這種崇拜行為包含兩個深層次的內容：一是希望得到更多的生產資料——人，一是希望有更多更豐富的生活資料——魚。兩者均是為了生存。

關於「非」字形飾物。解釋頗多，或云為「帽」，或云「魚形物」，或云「魚形的簡化」。或云「圖騰紋身」，或云「人魚合婚」，或云「祈求懷孕、祈求髮乳的草藥、半孕的吉祥物」。祝氏否定諸說，以為乃農作物黍穗。彼時，古人已能種植黍。先民將其簡化成「非」字形物加以崇拜。所謂人面，實為一嬰兒面像。

從布局上看，人面魚紋三個元素構成嬰兒出生圖，魚是女陰的象徵物。人面魚紋中的魚位於人面的兩邊，也就是說人面正處於雙魚之中，又即處於女陰正中。所以，認為該圖案反映女性分娩，即嬰兒從陰部剛一探頭的一瞬間的寫實〔註 138〕。

（2）謝端琚中西部彩陶類說

謝先生等認定，中國最早的彩陶出現於大地灣文化。距今已有 8000 年。此類型文化主要分布在渭河中上游地區，地跨陝西和甘肅兩省。除了大地灣遺址，還有陝西臨潼白家村、華縣老官臺、甘肅天水西山坪等。彩陶的質料多係夾砂紅褐陶，陶色斑駁不純。彩繪一般為紅彩或赭紅彩。紋樣比較簡單，寬帶紋、曲線紋、波折紋、圓點和圓圈紋多見。寬帶紋寬者達 4cm，窄者僅 0.5cm。裝飾部位多在大口盆、缽的口沿外側、三足器的足部。也見口沿內側飾有彩繪，使口沿內外的紅彩相連接。大口圈底缽的內彩有三或四個相同的花紋（如圓點、二道彩）作等距或對稱排列。西山坪出土一件陶缽，內壁用紅彩畫一「山」字形符號。白家村發現內彩器共 34 件。彩繪花紋除圓點紋、直線紋、弧線紋、波折紋等幾何紋外，還有山字紋、S 形紋、六角星紋、圓圈紋、M、F、E 形組合紋等符號。諸符號可能是我國最早的彩繪符號。此地區年代上少晚的天水市師趙村村一期文化、寶雞北首嶺早期文化亦出土彩陶。彩陶

〔註 138〕祝恒富：《人面魚紋是一幅嬰兒出生圖》，《四川文物》1998 年第 1 期。

在紅陶缽等一類器皿上，紋樣除紅彩帶外，出現了黑彩帶紋。可以窺見它們與大地灣彩陶的繼承關係。這種在大口器盆、缽口沿外側僅裝飾一周寬帶紋是早期彩陶的一個共同特徵。

謝氏等述仰韶文化彩陶云，仰韶文化分布範圍廣泛，在河南、山西、陝西、甘肅、寧夏、青海、湖北等省、區都遺存。河南、山西、陝西三省為中心區。仰韶文化彩陶的質料皆為泥質紅陶，經淘洗，質地細膩，表面磨光。彩繪以黑彩為主，花紋母題有幾何形紋和象生的動物形紋。多見缽、盆、罐等器形。它廣域分布，時間早晚亦不同，又分出不同文化類型，如半坡類型、廟底溝類型、西王村類型等。

半坡類型年代約為西元前 4800 年～3900 年。分布於陝西、甘肅東部和河南部分地區。彩陶花紋線條簡樸，圖案疏朗明快。構圖組合形式多樣，同一花紋母題有對稱組合、不對稱組合及連續組合，不同花紋母題相間排列等。常見幾何形紋有寬帶紋、平行條紋、三角紋、斜線紋、波折紋、網格紋等。動物紋所表現的動物則是千姿百態，像游動的魚、跳躍的蛙、奔跑的鹿，多用寫實手法。魚紋題材尤為豐富，有似鰱魚、鯉魚，變體魚紋和圖案化魚紋最常見。魚紋從寫實嬗變為抽象圖形，其演化從寫實，經誇張變形，最後成為幾何形圖案花紋。人面紋代表了半坡類型彩繪藝術的卓越成就。圓圓的臉龐，圖案化的額、眼、鼻、嘴，頭頂三角形冠飾，耳側飾雙魚或雙鉤，口側有魚紋或變形魚紋。人面紋帶有神秘色彩，使人聯想起原始社會的圖騰崇拜或巫術。彩紋一般飾在盆、缽的口沿、內外壁和罐、盂、細頸壺的腹上部。

謝氏等類別彩繪圖案的題材為幾何形紋、動物形紋。前者包括植物形紋，後者包括人像紋。幾何形紋最普遍。幾何形紋譬如寬帶紋、三角形紋、鋸齒紋、圓點紋、平行條紋、弧線紋、網格紋、漩渦紋、菱格紋、曲折紋、波折紋、雷紋、回紋、方塊紋、串珠紋、葉脈紋、草葉紋、花卉紋、豆莢紋、葫蘆形紋、月牙紋、月亮紋、六角星紋、太陽紋等。這些紋樣一般運用點、線以及大小、粗細、長短、弧直、曲折、交叉等形式組成，具有均衡對稱、調和統一的特點。藝術的靈感來自人們經常觀察到自然界的山、水、日、月等的形象，而提煉客觀形象而成圖案。如三角紋和鋸齒紋可能是對於山巒起伏的聯想而產生的，波折紋描繪了河水漪漣，漩渦紋則是再現大河洶湧澎湃的驚險景象，充溢著先民們的大無畏精神。網格紋可能是受編織物的啟發而繪成，也許是所結網罟的寫實之作。在寶雞北首嶺船形壺上的網狀圖案似乎營造了乘船捕魚的意境。葉脈紋、草葉紋、花瓣紋、豆莢紋、葫蘆形紋等可視為植物的素描。如廟底溝類型的花卉紋，構圖既謹嚴又活潑，蘇秉琦曾析其為菊花和薔薇花。象徵天象日月星辰的圖案應是人們觀察天象的結果，雖然極其原始、幼稚，但也應該說已開我國天文學的先聲。

在彩陶圖案中依稀可見先民們數學知識的萌芽。青海大通上孫家寨出土舞蹈盆上，舞人以五為數分成三組。陝西寶雞北首嶺仰韶文化墓葬中出土一件紅陶細頸壺，壺身上裝飾了三周三角形黑彩花紋，上周一組有六個單元三角紋，下兩周各有七個單元三角紋。而每一單元的三角紋亦皆以倒置的小三角組成。組成的方式相同，下兩周三角紋最底層為四個小三角，往上以等差級數遞減，共四層。上周三角紋最底層為三個小三角，疊三層。陝西華縣元君廟仰韶文化墓葬中出土一件紅陶缽，缽上裝飾一周三角紋，三角紋的構成方式與北首嶺的一樣，只不過以戳點代替黑彩，它每一單元三角紋最底層為十個小三角，共十層。先民已有數的觀念。在彩繪圖案中，方塊形、三角形、圓形是習見的基本圖形，它們絕不是對自然界的實體素描，應已昇華為抽象圖像。當時的人們不僅有了數的觀念，而且畫出了圓、三角、方形的幾何圖形，說明他們已有一定的抽象思維能力〔註 139〕。

2）彩陶藝術圓形思維與姜寨第二期魚鳥圖騰演變

（1）戶曉輝彩陶藝術圓形思維說

戶曉輝以為，彩陶乃至一般陶器的使用在當時聯繫著某種主導觀念，此觀念即大地母親生養人與萬物的觀念。戶曉輝依其研究中國新石器時代陶器的製作及使用情況，當時人們用炭化的稻殼和植物杆葉摻入優質黏土製作陶器，此行為本身就是對大地母親用血肉之軀和子宮生養萬物這一行為的模仿，他們做成的陶器就是地母子宮的具象物和象徵物，因為陶器的取像，是植物所由出的子宮——葫蘆和人所由出的大腹便便的母腹，在原始思維看來，這二者並非兩個東西，而是一個東西。此外，人們想像地母的子宮也一定是和葫蘆與人的母腹一樣的圓形，因此人、大地、植物的子宮在他們看來就是一個東西，並且都可以用圓形的、有容乃大的陶器來代表和象徵。

實際上，陶容器在當時的使用就是為了創造或恢復生命——人們用陶甕或陶盆對嬰兒實行甕棺葬，旨在將嬰兒放回地母的「子宮」以使其能夠像植

〔註 139〕謝端琚、葉萬松：《簡論我國中西部地區彩陶》，《考古與文物》1998 年第 1 期。

物的種子一樣復活；人們將成年人放入地母的宮門——土坑墓中，還要將象徵地母子宮的陶器置於死者兩腿之間或足下，同樣是借接觸與感應巫術以使死者起死回生；人們用象徵地母子宮的容器——陶器作飲食器具，更是當時巫術實踐的重要組成部分，即人們希望用象徵地母子宮的陶器盛水和食物，通過「吃」這個中介將地母的旺盛繁殖力傳遞給人類，這在一定意義上也就等於創造新生命。

中國新石器時代大量的墓葬發掘情況表明：當時的人們並不是從一般的四季更替和植物榮枯中獲得生與死的辯證啟示的，正像新石器時代的農人將第一粒穀種放人自己親手刨開的土坑中就已經是將穀粒放人了地母的子宮一樣，他們最初放棄洞穴而改入地穴的時候，他們的意識無疑發生了一場根本的轉變：他們進人了大地母親的子宮！這裡不僅是蔽護生命、遮風擋雨的處所，而且是人類意識的新的生長點：人類在這裡找到了一個非人類的起源，在這裡發現了地母生養萬物的秘密，更重要的是他們從種子在地母子宮中死而復生這一過程中發現了戰勝死亡並獲得永生的信仰與「秘訣」！萬物均自地母的宮門奔湧而出，人類何獨不然？

穀粒靜臥地母的宮腹伺機而動，人類又何獨不能？按照史前人類的思維邏輯，既然人類和種子一樣自大地母親的子宮中產生，那麼死者埋人土裏就像種子撒人地中一樣，要歸回出處，生命的循環是一個從起點出發仍將返回起點的圓。既然萬物的生與死都是由地母的子宮來體現和實現的，那麼子宮的圓形就必須在陶器的器形上得以複製和仿做，這種圓形本身逐漸在人們的心目中產生了一種超越生死的心理積澱，在瓦器身上，生（回歸）同時就是死（再生）。

新石器時代農耕文化與彩陶藝術中滲透的觀念教給人類的很可能還有另一項寶貴的精神財富，那就是圓形的時間觀。人類最初從大自然的循環往復中觀察到時間的存在，這已為中外許多學者論及，並且基本達成了共識。世界各民族大都把時間看作如車輪般循環的圓形物，這種圓形時間觀來自大自然萬物死而復生的啟示。當新石器時代的農人能夠將種子埋人土中，然後觀察到它的破土而出之時，時間就在這個土坑裏，在這粒種子的身上復活了。換言之，人們最初從農業勞作中獲得了一種前所未有的深刻體驗很可能就是時間和生命一樣可以在自己的手中復活〔註 140〕。

〔註 140〕戶曉輝：《彩陶藝術與圓形思維》，《民族藝術》1998 年第 4 期。

（2）張希玲姜寨第二期鳥魚圖騰演變說

張希玲察見，姜寨二期則出現了耐人尋味的魚鳥組合紋和魚、鳥、人面組合紋。圖形出現於葫蘆形陶瓶面。依發掘報告，葫蘆形陶瓶是姜寨二期上層典型器物之一，其數不少。但在同期同類型文化內，僅見 ZHT14H467：1（《姜寨》彩版十二）瓶身繪有魚、鳥和人面三種紋樣，這三種紋樣組合成複雜圖像。此器非一般的生活用具，應該是原始宗教色彩濃厚，具有圖騰崇拜意味的非生活用具。

張氏以為，魚、鳥、人面紋代表了姜寨第二期圖騰崇拜，同時兼容半坡和廟底溝兩種文化內涵，反映了魚氏族由強轉弱，鳥氏族由萌生到與魚共處並存發展的過程，填補了仰韶文化從魚圖騰到鳥圖騰演變的中間環節。

謀證前說，張氏述其圖樣認識曰：魚、鳥、人面紋似乎更加詭秘難解，誇張變形的帶牙齒的魚口含人面和鳥頭，其下方是類似魚口的方框中含著鳥頭，瓶腹一側是寫實的魚紋。此處，魚紋表現的分量依然稍重一些，整幅畫面，深奧含蓄，意味無窮，似乎傳達出魚、鳥、人在一種神秘力量的支配下共寓成一個整體，人和魚、鳥有著難解難分的關係。

張氏又對照姜寨第二期葫蘆瓶 ZHT5M76：10（《姜寨》彩版十三）面上構圖云，左邊半圓內兩個相對的三角形是半坡晚期常見的抽象魚紋，它由魚頭演化而來；右邊半圓內鳥紋僅是不太具體的鳥頭。也有人認為這是一個人面紋，魚紋和鳥紋代表人的兩隻眼睛。此圖案有些怪異，比較抽象寫意，魚和鳥似乎和平地共處在一起。

陝西武功遊鳳遺址、寶雞北首嶺遺址和姜寨二期遺址都發現了魚鳥組合的紋樣，饒有趣味的是，武功遊鳳 WGYFV：01 圖樣係魚銜鳥紋，北首嶺遺址 M52：（1）圖樣係鳥銜魚紋，姜寨遺址係魚鳥共存 ZHT5M76：10 圖樣係魚鳥圖、ZHT14H467：1 圖樣係魚、鳥、人面共存紋樣。這三地紋樣的先後順序是研究這一演變的關鍵。

張氏云，鳥銜魚紋和魚銜鳥紋均出土於六七十年代，當時將其劃人半坡類型，未更細劃分其年代和類型。張氏研究器型、紋樣和出土地層進，用新考古分期法進行歸類，認為遊鳳遺址的魚銜鳥紋年代大約屬於半坡類型晚期或史家類型的早期（姜二期下層）。從圖案中魚張著兇猛的大口，牙齒畢現，威猛有力，鳥頭伸進魚口束手就擒的情況來看，魚氏族非常強大，鳥氏族非常弱小，這與當時魚圖騰的興盛相吻合。

寶雞北首嶺 M52：（1）細頸壺，頸部較大，作花苞狀，內壁彎曲，頸腹相連不分。腹肩處用黑彩繪畫著一隻水鳥啄著一條大魚的尾巴，形象生動逼真。通過比較研究，這件器物當屬史家類型。此器晚於武功遊鳳遺址細頸壺 WGYFV：01 魚銜鳥紋。圖中水鳥形體不大，卻緊緊叼住一條鱗鰭齊備的大魚尾巴，大魚負痛回首掙扎，水鳥緊喻不放，畫面緊張而生動，充滿了濃厚的鬥爭氣息。魚銜鳥紋 WGYFV：01 和鳥銜魚紋圖案 M52：（1），前者魚勝鳥敗，後者鳥強魚弱，它一方面表現了原始人類對生活的觀察及繪畫表現能力加強，援湯池《黃河流域的原始彩陶藝術》說，「勝負不同的魚鳥搏鬥畫面，當可理解為魚氏族由盛而衰，鳥氏族由弱到強的形象化的歷史記錄」（《美術研究》1982 年第 3 期）。

謀證魚能吞食鳥，張氏援《西安半坡》「寓人於魚」說依圖 P.4422 圖，又云人面魚紋似寓人於魚，似乎與有魚生人之義。張氏後專論廟底溝類型紋樣以鳥紋為主，又以臨汝閻村瓦缸面雚魚圖為證，言鳥圖騰勝魚圖騰，鳥氏族得勝〔註 141〕。

3）史前認識體系猜想暨黃河彩陶圖式演進說

（1）王仁湘史前彩陶認知體系猜想

王仁湘先生研究了阿爾納「真螺旋紋」說以來題涉瓦器彩繪圖樣十八種認識，及紋樣名謂，倡言宜依陰紋認讀彩繪。依此方式，讀者能問圖案核心繫相同的旋紋。陽紋之勾葉、弧邊三角及不規則弧邊，俱係襯底圖形。被襯托陰紋有圓形旋心，有曲迴旋臂，構圖縝密。

王氏基於此說，又依旋臂特點與數字，旋紋組合方式，類別彩陶旋紋為單旋、雙旋、疊旋、雜旋、與混旋。

單旋即單股旋臂。或上旋或下旋，旋臂方向不一，多見順時針旋轉，反旋者寡見。旋心一般較大，或見中間繪一圓點。隴東、關中、晉南、豫西俱見。雙旋，即中間見兩股旋臂，雙臂一般以上下方式排列，也有以左右方式排列，有時臂尾延伸很長。廟底溝文化雙旋紋的旋心一般不大，旋心多繪有圓點；大河村文化雙旋紋彩陶中可見大旋心，旋心有無圓點不定。彩陶中各式旋紋，雙旋紋最常見。疊旋，旋心周圍有多股旋臂，有的為兩個主旋臂，另有兩個以上重疊的副旋臂，或間旋臂則無主副區別之把柄。多股旋臂層疊迴

〔註 141〕張希玲：《試論姜寨二期的魚鳥圖騰及其演變》，《史前研究》1998 年，第 347 頁～第 353 頁。

旋。疊旋紋器多見於廟底溝文化，大地灣、泉護村、河津固鎮、西陰村與廟底溝等遺址。雜旋，即規則的連續旋紋和不規則變體旋紋，另見類似渦紋圖案多可歸入此類。此類紋飾出現較晚，係旋紋漸變而成。混旋，即單旋和雙旋及疊旋的混組紋樣，以單旋與雙旋的混組發現較多，而且單雙旋常常以一對一混組。廟底溝文化遺址多見混旋紋。

此外，王氏發現，一些彩繪較為草率，可謂「草旋」，譬如甘肅正寧宮家川某盆面，見二方連續旋轉圖案，排列不大整齊，旋心不顯，僅見一圓點，上下兩旋臂粗壯（《圖譜》器樣 83）。王氏依此名類甄別了中國大陸廟底溝、大河村與大汶口文化 49 遺址紋飾，比較了紅山文化、大溪文化、屈家嶺文化與石家河文化彩繪紋飾，統計了黃河流域以外 15 遺址旋紋彩陶。此後，王氏自認旋紋及其在大陸傳播，即蘇秉琦先生曾言花卉紋的傳播。基於前考，王氏統計了旋紋彩陶在中國新石器文化分布，他不別時代而舉廟底溝、西王村、馬家窯、半山、馬廠、辛店、大河村、大汶口、紅山、大溪、屈家嶺、崧澤等 15 種文化彩陶旋紋。王氏認定，中國之外也見旋紋裝飾。

王氏承認，題檢旋紋來源，既往嘗試求索由寫實向抽象演變，勾羽紋來自鳥紋、旋花紋來自魚紋、花卉紋來自玫瑰等說紛繁。的確見幾何形圖案來自動植物形圖案變形。迄今有人言旋紋出自鳥、魚、玫瑰，本可「自圓其說」，但於同問題作三種參差之釋，今不能判斷何者正確，應該另覓途徑解釋。

王氏承用嚴文明檢「迴旋勾連紋」器來自地層而斷定單體雙旋紋最早說，以為單體旋紋「應當是疊旋和雜旋等複雜旋紋出現的基礎」。自此，王氏探及單旋單臂旋紋，以此紋樣為雙旋紋之基。廟底溝、大河村、大汶口文化與存單旋紋。基於他人檢討半坡文化晚期彩陶弧線、曲線、橢圓、圓點、凹邊三角占比例較大，王氏估計。「標準旋紋」最早出現於關中或隴東，出自隴東可能性更大。彼地存在旋紋演變序列。其時代在廟底溝文化早期，距今 6000 年上下。

王氏又鑒旋紋「三行」排列樣式：平行、豎行、圜行。旋紋平行排列，即一器上繪兩個以上的旋紋，紋樣大小和「所在的水平高度」相同。平行繪成旋紋還可以「細分為連續與不連續兩種樣式」，不連續旋紋彼此獨立，中間往往有其他附加紋飾間隔；連續旋紋左旋的上臂延至右旋為下臂，或左旋的下臂延至右旋為上臂，構成比較標準的二方連續圖案。豎行旋紋彼此互不聯繫，其間不一定繪其他間隔紋樣，但排列成類似的二方連續圖案。圜行即數旋紋成圓狀排列，一般繪在具備較大圓形環境的淺腹器內或器蓋上，旋臂或連或不連。單旋、雙旋紋俱有「三行」排列形式。雜旋「三行」樣式出現較晚。旋紋「三行」樣式，以平行樣式最常見，豎行樣式少見，圜行樣式出現最晚。王氏也察見廟底溝文化彩陶旋紋有「伴生圖案」，即對生狀態之葉片紋、附圓點、弧邊三角球狀紋、平行線紋等。題涉圖上雙斜線，王氏以為，研究者或以為此類線段係圖案單元界線，依此分割圖案。但它不是圖案界線。

文末，王氏設問，為何旋紋廣泛流傳於新石器時期？又問：其生命力何以維持？王氏自省云，既往曾試以水漩渦解釋彩陶上波紋。但螺殼上旋形紋理體現旋動，雖同水旋動，其旋紋與彩陶旋紋「畢竟距離太大」。王氏也排除旋形運動，譬如紡輪、陶輪、舞蹈者旋轉與彩陶旋紋類同。王氏將目光轉向旋紋象徵義。以為《元命苞》「天左旋，地右動」納史前認識成果。王氏猜測，古天文學述天體運行之左旋、右旋說分歧。倘以地球為靜態，察見天體運動為視運動。此等體驗能出現在史前。

王氏設擬，太陽最值得描述。王氏續猜云：旋紋可能表達的就是太陽運行的方式，或者還有它運行的軌跡，甚至還表達有某些特別的天象。此說有重要旁證，如在一些彩陶上單旋紋的旋心部位，繪有太陽鳥；與雙旋紋一起出現的圓形圖案內，也有類似太陽鳥的圖形。只有太陽崇拜，才是一個可以令史前不同部族都能接受的觀念，也只有這樣的宇宙觀才能成為廣泛接受的認知體系〔註 142〕。

（2）程徵黃河流域彩陶直線弧線與 S 線彩陶圖式演進說

程徵以畫工識見之力細檢「黃河彩陶圖式」演進。程徵察半坡彩繪，見直線連點為技巧基礎。察廟底溝彩繪，見弧線連點為技巧基礎。察馬家窯彩繪，見 S 線連點為技巧基礎。以三等線段線式繪製彩陶，必歷三「環節」：「布點、連點、填充」。

程氏述：黃河彩陶圖畫各發育階段最早系統性構圖式肇始於「方」。方被分解，分解後重構影響了彩陶畫早期風格。半坡「類型」早期彩繪體現出這個特徵。彼時，通過在方形結構骨架上布點，以及通過兩點間直線連接進行分解重構。

彩陶出現前，裴李崗人將鼎形素陶器口沿作成圓形，並環口沿外側作了

〔註 142〕王仁湘：《關於史前中國一個認知體系的猜想——彩陶解讀之一》，《華夏考古》1999 年第 4 期。

四個等分圓口沿的乳突狀裝飾物。此四個裝飾點暗示一個規整的正方形。後來這四個等分器型口沿的點用彩繪方式移植到缸類器內壁上。因此，能在「老官臺時期」遺物看到這種萌芽期彩陶器。

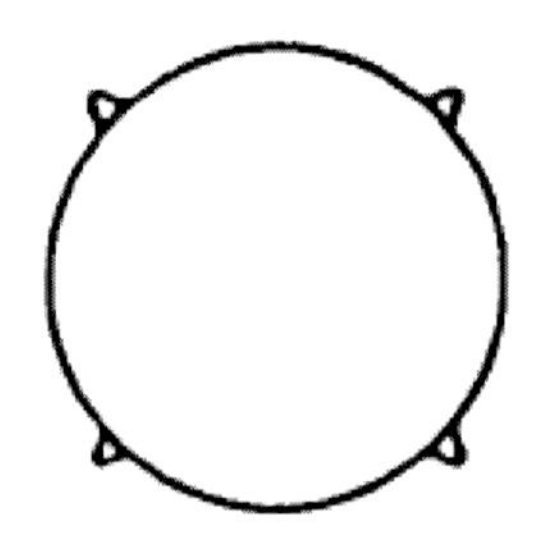

圖一九二　程徵論裴李崗鼎形器四分圓周

到半坡早期，此等「標記」以一正一副各四個點（總計八個點）的形式轉移到缸類器口沿上，作為圖畫單元布點的參照。用直線連接這四個點即能把它暗示的方形與方形的兩條對角線（斜對稱軸）顯現。如果再畫方形水平對稱軸與豎對稱軸，並把每兩條直線的相交點作為一個點，進行一系列直線連點，即能得到一種結構的骨架。此骨架與半坡彩陶圖畫布點方式及圖畫單元結構骨架一致。在方網狀骨架含若干三點結構，通過直線連點獲得三角形。半坡人把三角形作為獨立圖畫單元摻入重構，形成三角紋和波折文兩種流行於半坡時期的圖畫母題。當先民在方形網狀骨架上把直線連點程序玩得得心應手時，他們的興趣發生轉移，開始在弧線與弧線構成上尋找快感。於是，弧線成為新圖畫構成元素，開始在直線、三角與方圖像世界中活躍起來，形成一支與直線對立，逐漸取代直線並佔據主導地位之新程序。起初，弧線連點在方網狀骨架上實施，舊圖畫構成的骨架結構解體，新骨架結構形成。這導致方直風格向圓弧風格轉化，所謂「廟底溝類型」就此確立。弧線連點是廟底溝類型彩陶圖畫基本程序。第一步先由弧線連點方式構成幾種圖像單元，然後再用這些圖像單元組合成各種圖畫樣式。連點方式如二點間弧線連接，形成所謂「勾葉紋」；三點間弧線連接，形成所謂「內弧三角紋」。以及三點間由二條弧線和一條直線連接形成的圖式等，程氏舉姜寨第二期紋樣為證。

程氏述 S 線連點曰：早期彩陶圖畫繪製於方形網狀骨架，重垂線與水平線被用作單元圖像之軸線。下垂軸線與水平軸線造就圖畫穩定感。

廟底溝類型早期之前，此二種軸線占主導地位。後來，與弧線漸取代直線同步，傾斜線漸成為單元圖像主軸線，曾有平衡對稱關係被打破。傾斜軸線象徵不穩定形式，傾斜軸線構成圖畫獲得強烈運動感。傾斜軸線與弧線連點綜合運用徹底改變了早期方形結構，靜態形式變成了動態形式，它意味著廟底溝彩陶圖畫風格的完善和成熟。複雜 S 線連點之證見於石嶺下——馬家窯——半山類型之激浪般連旋圖式〔註 143〕。

（四）新世紀首拾年器殘紋省見礎見

1. 數字本彩陶花紋與魚鳥族戰和及彩繪「神格」猜測與意象空間發揮說

1）彩陶花紋生數字說與魚鳥族爭鬥而和說

（1）蔣書慶彩陶花紋致數字說

蔣書慶先生檢瓦器彩繪含義，識見數字「符號」源於彩陶花紋。對比各類彩陶花紋及其符號形式，看出這種花紋形式的記數形式，孕育了中國文字與記數符號。十個數的記數符號都屬於同一符號系統。它們為了計日的需要而產生，在以積畫之形表示的同時，它們交織於花紋形態之中而未能成為完全獨立的數字符號形式。

蔣氏論數字七時援「船形壺」，以為此器出自西安半坡遺址。蔣氏謂此器直觀模擬半月形狀。壺腹壁上兩組豎列的並列三角紋之間以網紋相連接，組成一單元紋飾。兩列三角紋豎列對應而其數都為七，網紋的交錯之形又有二者相互交替的意象，從而也與「七日來復」的週期規律相聯繫。彩陶壺造型和花紋特徵與月亮之形和月亮圓缺週期的規律相聯繫，以其三角紋的對應形態與半月形造型特徵相對照，其間也有十字形的分割意象，該十字形的符號昇華中也有七的數理寓意內涵，十形符號方成為七的數字符號象徵，七的符號十延伸了豎畫的長度，以便在使用中區別於甲字的符號意義。

蔣氏論數字八依許慎說字「相背」云，符號形式在彩陶花紋中有很多相近的形式組合。半坡類型許多人面魚紋盆中人面紋與魚紋都為四方對應的形式，彩陶盆唇部花紋也都以兩類符號形式四正四隅的對應方位，形成周圈紋飾帶八節相分的特徵（圖 1）。半坡類型一彩陶盆外壁以兩組各四個黑白對應的三角紋為魚紋的變體形式，相對兩魚頭紋由上下兩個相連接的相背弧形紋組成，上下各有一弦紋對應，兩個相對相分的弦紋和弧形紋成為兩組各八個黑白對應三角紋的符號標誌。蔣氏又言，兩相背相分弧線紋也見於廟底溝類

〔註 143〕程徵：《直線、弧線、S 線——黃河彩陶圖式演進三步曲》，《中國藝術》1999 年第 4 期。

型彩陶。一彩陶缽外壁四個小圓點紋對應布列於器壁四個方位，圓點紋之間各有兩個相背交錯的弧線形紋，兩類紋飾相間隔形成八方對應的形態，相交錯的弧紋也成為具有特定意義的符號形式〔註 144〕。

（2）趙春青魚鳥爭鬥到和解說

趙春青先生取仰韶文化四器四畫，而為魚鳥爭鬥到和解說。趙春青察武功遊鳳器樣 WGYFV：01 細頸壺圖，以為大魚吞鳥圖，述云：從簡報上發表的細頸瓶照片上可以看出，畫面上有一條大魚張開大口，正在吞食一隻小鳥，小鳥的頭部已落人魚口之中。整個畫面竭力渲染魚的雄健有力和鳥的渺小可憐。

趙氏察北首嶺遺址 M52：(1)，言係水鳥啄魚圖。趙氏云，頂部繪四道黑彩，腹肩處用黑彩畫一隻水鳥啄食一條大魚的尾巴。只見水鳥鼓張翅膀，立足未穩即向魚發動進攻，結果未能擊中對方要害，只是啄著了魚的尾巴。魚也不甘示弱，它怒目圓睜，魚翅橫起，挺起腰身，奮力抵抗。由於用力過猛，轉身過急，使脊椎關節都突出起來。看來水鳥雖然來勢洶洶，卻未能大獲全勝。魚雖說遭到襲擊，可憑藉實力仍有逃生的機會。從雙方差不多佔據大小相等的畫幅，以及雙方旗鼓相當地鬥爭場面來看，鳥魚一時難決高下。趙氏由此導出魚鳥相戰之義。

趙氏述魚鳥共存云，繪於陝西臨潼姜寨二期 M76 出土葫蘆瓶的腹頸。葫蘆瓶為泥質紅陶，口微斂，口頸分界不明顯，飾雙耳，最大腹徑接近底部，口腹全飾黑彩紋。器耳所在左右側又似鳥頭的畫面。器耳之間的正反兩面均繪一幅圓形二等分的魚鳥共存圖。其中左半部是一對合體魚紋，右半部則是一個鳥頭。類似左半部的合體魚紋圖案在姜寨一期彩陶 W63：1 中已經出現過，半坡遺址也有類似的圖案，應為魚紋無疑。畫面中的鳥頭十分形象，繪者突出描繪鳥的大眼，並把眼珠繪成三角形以增強其犀利勇猛之感。總的來看，此畫的主題內容是魚鳥和平共處，平分秋色。

續之，趙氏述「魚鳥合體圖」云，繪於姜寨二期遺物 H467：1 葫蘆瓶上。葫蘆瓶為泥質紅陶，斂口微鼓，鼓腹最大徑在腹中部，附帶雙耳。口部、腹部繪黑彩。整個畫面由互為聯繫的四個單元構成。兩個器耳所在的側面各為一單元，分別「是一組對稱的寫實魚紋和抽象魚紋」；左右器耳之間的正反兩面，

〔註 144〕蔣書慶：《象數相生符號相從——從彩陶花紋看數字符號的起源》，《蘭州鐵道學院學報》（社會科學版）2000 年第 2 期。

構成另外兩個單元，每一單元均由上下兩部分圖案組成。單元圖案下邊是鳥紋，上邊可稱之為「人面鳥紋」。由魚、鳥和人面鳥組成四個單元，和諧統一於同一畫面之中，畫面當中佔據顯著位置的人面鳥紋圖既保持了半坡類型常見人面魚紋某些傳統風格（如頭頂上的三角紋裝飾、雙眼和鼻樑，以及兩耳外側面畫有魚紋等），又有創新。將半坡類型常見的人面魚紋中下部的魚紋改換為鳥紋，極為生動地展示出魚與鳥你互相融合、密不可分的關係。

趙氏視葫蘆瓶為仰韶文化史家類型器之一，言其數量多，幾乎完全取代了半坡類型小口尖底瓶。來自史家墓地諸葫蘆瓶大致分為三式。其演變規律為口部由大到小，頸部由粗到細，通體由矮胖趨於瘦高，晚期在腹部附加雙耳，已脫離葫蘆的模樣，姜寨出土的兩件魚鳥彩陶葫蘆瓶形制與 III 式相近，為史家類型晚期的最後一個階段。

在史家類型早期，渭河流域仰韶文化當中的「鳥」集團與豫西地區仰韶中的「魚」集團東西對峙，雙方相互交戰，但一時間難分高下。雙方畫師各渲染自己勇猛強大，描繪對手渺小可憐。如武功遊鳳所出彩陶圖，繪者置客觀性於不顧，竟畫出魚吞鳥這一有悖常理的畫面。把魚畫得威武雄健，魚大張嘴巴，彷彿一把鐵鉗，正在吞噬鳥頭，小鳥嚇得目瞪口呆，作俯首就擒之狀。與此相反，出土於豫西地區的鸛魚石斧圖，承用嚴文明說，以為畫師「把白鶴畫得雄壯有力，氣勢高昂，用來歌頌本族人民的勝利，他把鏈魚畫得奄奄一息，俯首就擒，用來形容對方的慘敗」。兩幅彩陶圖兩相對照，可見豫西地區所出彩陶圖竭力張揚鳥強魚弱的主題，而關中地區所出彩陶圖則針鋒相對地展示魚強鳥弱的主題。到了史家類型早期偏晚階段，或許「鳥」集團已在交戰中佔了上風，它已深人「魚」集團腹地並發起進攻，由於「魚」集團此時實力尚存，完全有力量抵禦人侵者，北首嶺所出魚鳥彩陶圖才描繪成魚鳥相戰、難分伯仲的畫面。姜寨所出葫蘆瓶上的兩幅彩陶圖，年代當為史家類型晚期的最末段，與鳥啄魚尾圖之間存在百年左右的差距。此時「鳥」集團或已佔領了「魚」集團的地盤，並與之融為一體〔註 145〕。

2）彩繪「神格」猜測與裝飾空間同裝飾意象說

（1）王仁湘彩繪「神格」猜測

王仁湘先生探索瓦器彩繪之途於是年轉向「神貌」檢討。而鄧淑萍研究

〔註 145〕趙春青：《從魚鳥相戰到魚鳥相融——仰韶文化魚鳥彩陶圖試析》，《中原文物》2000 年第 2 期。

遠古玉器模樣之論似曾誘導王氏研究。鄧氏以《黃帝之時，以玉為兵——我對「玉器時代一說的看法」》提出，東夷集團的玉器與苗蠻集團的玉器相似。她舉例：圍繞多層圓圈紋的大眼，具象與抽象的應鳥、戴介形冠帽的神祖像等。依王仁湘述，鄧氏「大眼」、「圍繞」等使他思考。王仁湘自龍山時代玉圭「旋目」神面開示檢討。使話題溯向大汶口文化、廟底溝文化瓦器面紋飾。檢討了商周器表款識後，王氏認定，旋目狀與龍山文化的玉圭雙旋目神像有傳承關係。

他察覺，良渚、龍山文化「神祖像」的眼睛並不全是「圍繞多層圓圈的大眼」，有些係「旋形眼」。「旋目神」面的圓形眼目外，伸展出一二條弧形旋線，構成旋式眼形。他又檢得大汶口文化彩陶有繪旋目神之器。

他也發現，廟底溝文化彩陶已有旋目神圖像。彼地起出一件彩陶罐，上腹繪一周由四個雙旋紋組成的圖案，倘若查看一個圖形單元，即見一個雙旋紋。兩個對稱的背向旋紋組成神面圖形。四個旋紋構成兩個神面。原圖黑白今替以彩圖，《圖譜》器樣 1611，即《廟底溝與三里橋》圖版三壹，1，器樣 A16bH338：36。

圖一九三　王仁湘說廟底溝遺址罐面旋目紋

王氏 1999 年曾解讀某種圓點弧邊三角「花卉紋」，以反觀陰紋（地紋）的視角，認定「花卉紋」是一種有規律的旋紋圖案。由此判定，史前彩陶存在一主流題材：旋紋。它頻見於廟底溝、大河村、大汶口、紅山等文化。王先生又言，多地見此紋，能告藝術傳播，而且謂一種認知體系被傳播。史前約在距今 6000 年前後擁有共同的認知體系。今援《圖譜》器樣 1646，並配《廟底溝與三里橋》圖版貳柒，1，器樣 A10gH10：131 表面黑白二色綻開圖，合其說。

圖一九四　王仁湘說廟底溝 A10gH10：131 旋紋

王氏又舉鄭州大河村、邳縣大墩子遺址二瓦缽雙旋紋，以為狀近旋目神面。下圖前者器樣 EII 採集：56〔註 146〕。後者器樣 M30：9〔註 147〕。

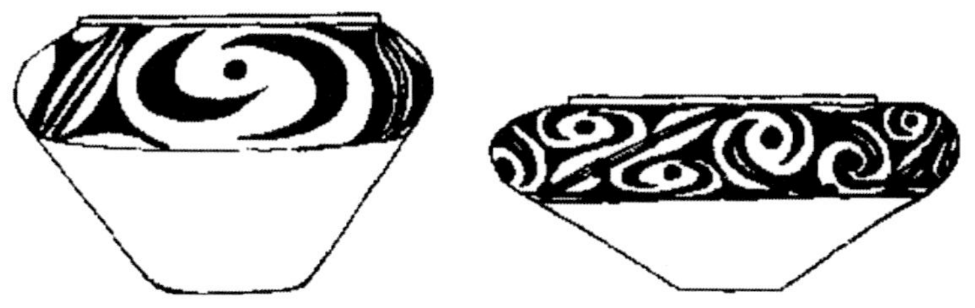

圖一九五　王仁湘說鄭州大河村與邳縣大墩子旋紋

王氏論曰：這樣認讀後，大體可確定以旋目為特徵的神靈，在史前時代已由陶工在彩陶上描繪出來，繼而又被雕刻在玉器上，在夏商周三代又鑄刻在銅器上，這是一方佔據先民心靈不下 3000 年之久的神靈。旋目神似乎已為歷史所忘卻，考古學家們將它混同於一般的饕餮。未曾清辨其特別之處。

王氏推測，自人類開始塑造神靈偶像開始，在表現神靈的眼睛時，可能有過許多方面的考慮。一般神面有同於人類的雙眼，或被表現成多眼模樣。神眼的形狀，有大有小，有圓有方，有梭形眼有圜眼。古人賦予某神旋形眼，不知是何用意。王氏以為，孫機《龍山玉鷙》將旋目神理解為東夷祖神，鷙為

〔註 146〕鄭州市文物考古研究所：《鄭州大河村》（上冊），科學出版社，2001 年，第 150 頁，圖八一，1。

〔註 147〕南京博物院：《江蘇邳縣四戶鎮大墩子遺址探掘報告》，《考古學報》1964 年第 2 期，圖二六，2。

始祖神。「二者共同組成複合神徽」。此釋可備一說。王氏云，更早時代的情形並不明確，而且旋目神崇拜的人群超出了東夷人範圍。史前時代這種旋目神的真正神格，還未認識清白。能夠確定者僅是，遠古時代崇拜旋目神的人們分布範圍很廣，遍及黃河與長江中下游地區和北方地區。早期旋目神形象造作，可能被居住在黃河中下游地區的廟底溝、大漢口文化居民完成：但我們不知這神靈形象的模特是什麼。「旋目神」是暫定一個形象的代稱。王氏續推，廣布於中國新石器「文化中」的彩陶旋紋，本身已具有「神格」〔註 148〕。

（2）王祖棟裝飾空間同意象空間說

王祖棟憑依「意象空間」檢討問題。彩陶器物的裝飾仍含有原始人樸素的審美觀，體現出原始空間意識的基本特徵，即圓、多方位、流動的特性，是原始人心中的意象，它源於原始人對自然的直覺領悟和經驗把握能力，以致於能夠敏捷地抓住事物暫時表現的突出特徵，此等突出特徵往往與原始人的生活經驗有關，當最初的生活感受衍變為表象（彩陶紋樣）時，就轉化為觀念的東西了，為了表現人的感情和渴望，以及無法解釋的自然萬象，在創作紋飾時，原始邏輯思維往往通過把表述的觀念同具體的物象結合起來，領悟和把握它們的構成關係，從而在兩種以上具象符號的組合中間，產生第三種非物象本身直接具有的意義，是內在觀念以視覺形式顯現出來的意象，其裝飾空間為「意象空間」。

王氏又云：意象空間具有一個紋樣組織特點，即把不同方位的事物組合在一個畫面內，觀察角度多變，如把兩側側面魚頭組成一個正面魚頭紋，成為寓有正側面魚頭的雙關紋（圖缺省），與其他紋樣一樣，原始人都不作畫面縱深方向的描寫，而是把向各個方向發展的空間都依平面擴張開，避免形象間的重迭，使每一形象都顯露出自己的特徵，都不具有固定的空間方位，共同形成一個嶄新意義的意象空間〔註 149〕。

2. 蔣書慶織女星察識致三角紋等說及彩陶紋飾破譯

1）織女星察識致三角紋說

（1）狄宛三足器內壁二短線四組交為十字分圓周圖說

蔣書慶先生以為，被命為抽象的幾何形紋，也有內容。蔣書慶述其識見曰：寬帶紋是彩陶之源。後存在於各類型文化彩陶。寬帶紋「是對日月輪迴、

〔註 148〕王仁湘：《中國史前「旋目」神面圖像認讀》，《文物》2000 年第 3 期。
〔註 149〕王祖棟：《彩陶中的原始意象空間》，《華東交通大學學報》2000 年第 4 期。

周而復始、寒來暑往、死生輪迴自然規律的感悟與理解」，以道的象徵性昇華、再現自然規律。寬帶紋與「十」形符號組合，係以十字形切割寬帶紋周圈，蔣氏舉證係狄宛第一期殘瓦壁面似「十」字施彩。蔣氏又舉狄宛「三足鉢」「口沿外壁」繪一道赤寬帶，內壁與寬帶對應部位，以兩條並列短線單元紋飾，按四方對應特徵布列，形成彩陶口沿內壁類似十字形切割的意象，與四部分對等劃分的形式，其文配圖 2。今自《圖譜》選取器樣 1，拓彩圖如後。

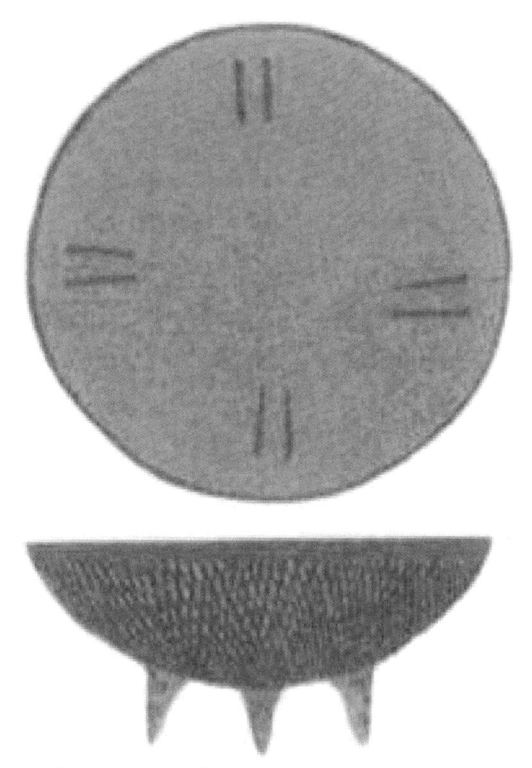

圖一九六　蔣書慶說狄宛第一期三足器內壁似十字切割器周

蔣氏又舉仰韶文化半坡類型彩陶鉢口沿外壁黑寬帶上勒刻「符號」，言寬帶紋發展，並配圖 3（案，即狄宛第二期器，器樣 QDIII：1，《發掘報告》下冊，彩版一一，1）。

蔣氏又云，「半坡類型一彩陶盆中以人面形紋為太陽形的象徵，以上下兩個人面紋對應組合的形態，為上下兩半年寒熱相分又相對應的形式表示，以兩個人面紋之間左右兩條魚紋對應往來的形式，為寒來暑往不斷輪迴的寓意象徵。這一意象的形式再現，就是彩陶盆唇部寬帶紋上兩類幾何形花紋相間組合，形成四節之分意象的抽象形式表示，蔣氏配圖 4。

（2）廟底溝瓦碗 H72：13 外壁日月相會周而復始圖說

蔣氏又舉廟底溝一彩陶鉢口沿外壁繪一道寬帶，寬帶紋下繪一組由圓點與月牙紋組合的單元紋飾，以圓點紋為太陽形象徵，以月牙紋為月象徵，展示日月相會周而復始，晝夜交替週年輪迴的意象，蔣氏配圖 5。我檢《廟底溝與三里橋》圖版拾伍，7，係一細泥陶赤碗，A6b 式，器樣 H72：13。今採拓原圖如後。

圖一九七　蔣書慶說援廟底溝瓦碗 H72：13

（3）萬二千年前織女星認識致三角圖及帝字三角形藏圖說

蔣氏述云，三角紋存於半坡類型早期彩陶。三角紋向弧邊三角紋過渡，後在馬家窯文化彩陶形成漩渦紋—螺旋紋。三角紋多形式有深厚的歷史根源。

距今 12000 年前正是織女星當值的時代。織女星由三顆星組成，最亮者係織女一，東西兩顆是織女二和織女三。亮星向內，二星向外為喇叭口形，合三星為三角形。織女星在天文學上為「0」等星次，是天空最明亮的星，眾星圍繞它旋轉。在當時人看來其意義不尋常。距今八千年前後彩陶文化發生的時代，織女星離北天極的距離仍很近，耀眼的視覺效應與人的心理作用，決定了這顆星仍還是人們心目中的「北極星」。半坡類型細頸瓶的頂部以小口為中心的平面上，多有四方位對應組合的三角紋，此特徵體現了織女星在不同季節相對於北極星的方位組合，從而成為四季劃分的符號標誌。基於此，蔣氏聯此三角於隸定「帝」字甲骨文狀。

（4）姜寨第二期葫蘆瓶 ZHT14H467：1 歲曆圖說

蔣氏又以姜寨遺址第二期「史家類型」葫蘆瓶圖樣為說。蔣氏言，瓶上半部被塗染為黑色，下半部繪有魚紋、鳥紋和各類幾何形花紋。下部紋飾中，正反兩面為上下相疊、以鳥頭紋為中心的四個方形紋飾。耳部一側以耳部為中心上下兩條魚紋相對應，另一側四組組合三角紋也以同一方式上下豎列。以鳥頭紋為中心的方形紋飾中，與鳥頭紋頂部對應的一角都有一弧邊形三角紋，鳥紋與弧邊三角紋之間各有一個由小到大的弧旋形三角紋。正反兩面鳥紋之上的長方形小框中，兩個小三角紋上下相對接，三角紋兩側有左右對應的短橫線紋。正反兩面鳥紋為中心的方形紋飾之上，有三個並列的三角紋相對應，三角紋之上又有兩個小點紋相穿插。葫蘆瓶眾多花紋穿插組合，展示了十分複雜的內容，蔣氏配圖 11 即《姜寨》彩版一二，姜寨第二期葫蘆瓶。

蔣氏文又云，該花紋形式中，鳥頭紋頂部由小到大順時針方向迴旋展開的弧旋形三角紋，展示了鳥紋的迴旋意向，也是古代「南面術」中面南而立看太陽升落起伏的迴旋方向，四個這樣的迴旋形紋相連接，則形成四階段劃分的大圓圈紋，成為一個週期階段四節劃分又相連接的形式表示，從而與一年分為四季的劃分形式相對應。以鳥頭紋為中心的單元紋飾組合中，鳥頭紋周圍及弧旋形三角紋上又有小三角紋相穿插，值得注意的是這類小三角紋呈有序排列的形式：即正面下部鳥紋之下有一個小三角紋，上部鳥紋周圍有四個小三角紋；背面下部鳥紋周圍有三個小三角紋，上部鳥紋頭頂有兩個小三角紋。以鳥紋周圍三角紋之數為鳥紋的代稱，則正面一、四號鳥紋上下組合，背面二、三號鳥紋上下對應。一、四號鳥紋組合之和數為五，二、三號鳥紋組合之和數也為五，正反兩面鳥紋之數五、五相對，其和數為十。

依迴旋形三角紋迴旋運動的意向，將鳥紋之數按其自然數順序相連接，則形成由下向上又由上向下，由前向後又由後向前兩個 S 形往來迴旋的交替形式。四個鳥紋迴旋往來的歷程中，都要在其相對應的中心部位相交叉，所以鳥紋往來交叉的歷程中又都有五、五相對的數理特徵。依據這一特徵，其四個鳥紋對應往來的形式中，就蘊含有十個數為一個單元週期的記數特徵，而四個鳥紋不斷迴旋往來的歷程中，就蘊含了十個數為一個週期階段而不斷重複與積累的意象。以鳥紋為太陽鳥形象的再現，鳥紋迴旋往來的單元週期之數，也就是十日旬制的形式再現。以這一數理特徵看耳部一側的組合三角紋：以一對相對三角紋之數為十，一組三對相對三角紋之數三十，為一月之日數；以一對相對三角紋之數為一月之日數，則一年十二月及其週年之日數也已在其四組組合三角紋的對應形式之中，所以組合三角紋的對應形式，也就是對一年分為四季，以四個鳥紋形式象徵性表示的補充與再現。四季劃分，以元陽初始的冬至之點為起點，則一、四兩季寒冷，二、三兩季炎熱。葫蘆瓶上一、四號鳥紋組合與二、三號鳥紋組合正反相分又相對應，正與半年寒冷、半年炎熱季節劃分的特徵相一致，也說明該季節的劃分，是以太陽回歸之點的冬至之日為起點。彩陶瓶魚紋在正反相對兩組鳥紋之間，以魚紋兩半相分又相對應的形態，為寒熱季節相分又相對應、此來彼往而不斷輪迴的寓意象徵。在這一形式基礎之上，又以正反兩面兩組三個並列三角紋形式為特徵，形成三陰三陽「六氣』劃分的紋飾形式表示。三個三角紋對應形態的六季劃分與以四個點紋為特徵四季劃分抽象符號表示相對應，顯示了兩種季節劃分同時並存的特徵與需要。這一需要在後來文化的發展中，又成為彩陶花紋組合十分流行的形式。蔣氏後將四鳥紋依奇偶數特徵對應組合，用圈與黑圓點表示，以為用此二者能構造傳說《河圖》數式。

（5）姜寨第一期盆 T16W63：1 朔望月與恒星月曆圖說

陝西臨撞出土一半坡類型彩陶盆，盆內以蛙紋與魚紋兩兩相對組合形成四方對應的周圈紋飾帶，蔣氏配圖 15 即《姜寨》彩版一。紋飾帶中以蛙紋為月亮形象的象徵，以兩個蛙紋相對組合的形式展示月亮圓缺週期中朔、望月的對應方位，以兩個相對而又相互環抱的、至今仍還流傳於民間的「雙魚抱月」的形式，展示月亮上下弦階段半明半暗的對應形態；以蛙紋與魚紋組成的紋飾帶中四方位對應組合，展示月亮「死生輪迴」的意象與「四分月相」的區劃形式。彩陶盆唇部三角紋與三條並列短線紋相組合形成一周圈紋飾帶，九組三條並列短線紋相組合之三倍於九的數理內涵，正是目力所及恒星月的週期日數，也正是盆內花紋形式寓意象徵的延伸與發展。彩陶盆朔望月與恒星月紋形式的對應表現，說明該花紋形式以曆法特徵而存在〔註 150〕。

2）彩陶花紋破譯

（1）鳥魚為季節變化信息傳遞使者及葫蘆象徵混沌圖說

蔣書慶「破譯」專題著作緒論云，半坡遺址彩陶魚紋，以魚隨季節變化，

〔註 150〕蔣書慶：《中國彩陶花紋之謎》，《文藝研究》2001 年第 6 期。

隨水溫升降沉浮水面，以陰陽魚象徵存在。也有魚紋與象徵太陽的圓點紋組合。半坡彩陶以人面紋為太陽形的象徵。人面紋嘴角兩側各有一魚紋，「為吞吐陰陽的寓意象徵」。彩陶花紋有鳥魚相啄紋飾。鳥魚成為交通天地的信物，成為傳遞季節變化信息的天帝的使者。

蔣氏說半坡類型彩陶，以為葫蘆形瓶上半部塗染黑色形成上下兩半相分對應形態，下半部繪其他花紋，展示以葫蘆為「混沌」的寓意象徵，和「造分天地、化生陰陽」的寓意內涵，將太極、兩儀、四象、八卦的文化磨石蘊藏於其中。蔣氏說彩陶發生之初老官臺寬帶紋由紅彩繪成。以紅彩的直觀感受再現太陽形象與永生不滅的寓意象徵。

（2）缽壁圖告寒暑四分季往來與月相變律說

蔣書慶言瓦器，好用某某類型器，而不言器出自何地。此處，謀便檢討，俱依對照給出蔣氏援器圖出所。蔣氏說王家陰窪瓦缽，器樣 M61：7（案即《甘肅秦安王家陰窪仰韶文化遺址的發掘》圖十四，13，《圖譜》31），以為此花紋帶以四個紡錘形紋四方位對應豎列，將周圈紋飾切割，得對應四部分。其間有上下斜列相對弧邊形三角紋間隔，左右三角紋弧邊形連接，形成以紡錘形紋為中心的準圓圈紋。其兩紡錘形紋間上下相對弧邊三角紋相聯，形成以陶器底色為特徵的不甚規則的圓圈紋，一圓圈紋中又加飾一小點紋。相對弧邊形三角紋及其組合形成的圓圈紋與紡錘形紋，有相對應與消長意象。相對三角紋組成的圓圈點紋與圓圈紋的對應形式，以及下部半月形弦紋組合，使花紋帶與日月往來寒熱交替和季節劃分的寓意關聯。

圖一九八　蔣書慶說援王家陰窪 M61：7 器紋

面對另一出自狄宛瓦缽外壁彩繪，蔣氏識得兩弦紋對偶之形，以為此乃組合的「月亮形紋」，它布列於對應的四個方位。其間以上下相對弧邊形三角紋間隔，組成一周圈紋飾帶。花紋形式中四方位相對應的月亮形紋與朔望月、上下弦月的對應形式一致而為四分月相的表示。月亮紋之間相對的三角紋為月亮圓缺消長、明暗對應往來的寓意。今以彩圖替代蔣氏用黑白圖，圖樣來自《圖譜》器樣 67。

圖一九九　蔣書慶說《圖譜》67 狄宛月相形紋

（3）魚紋與織女星圖及眾星日月繞北極圖與三陰三陽圖說

蔣氏說狄宛第二期 M206：1 魚紋眼睛部位，有簡化為黑白兩個弦紋的對應形態。魚體形態也以上下對應的黑白兩個三角紋組成。魚紋的形象形成相互對應又互為補充的特點。

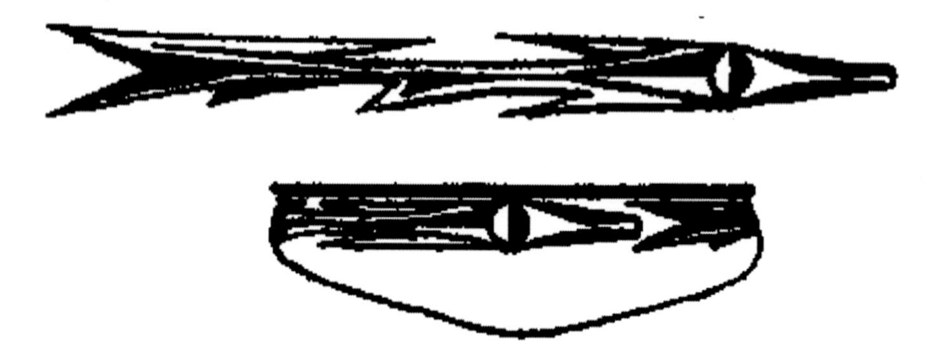

圖二〇〇　蔣書慶說狄宛 M206：1 魚紋眼部簡化弦紋

狄宛遺址起出彩陶盆外壁以相隨兩魚紋組成紋飾帶。兩魚紋頭尾相接部加飾一小圓點紋。小圓點紋為太陽形象的象徵表示。圓點與魚紋組合，以形象手法展示該魚紋為陰陽魚……。蔣氏繪黑白圖不全，今依《圖譜》器樣 46 補於後。

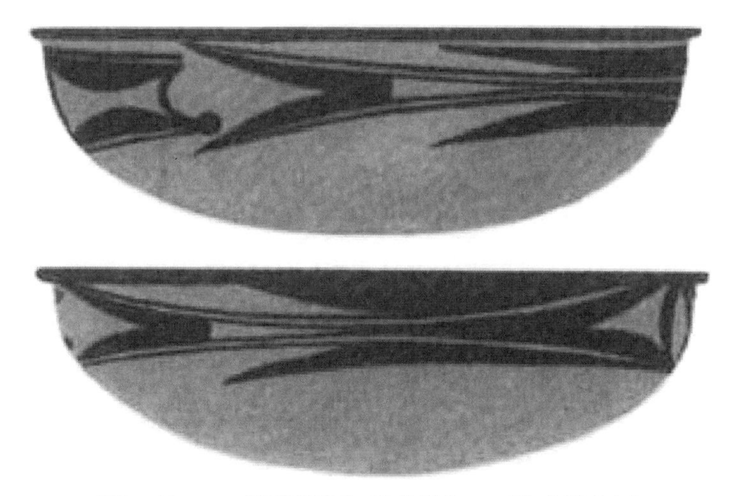

圖二〇一　蔣書慶說《圖譜》46 狄宛陰陽魚

蔣氏釋狄宛第二期瓦盆（案，《發掘報告》器樣 F227：2）兩魚紋組合周圈紋飾帶云：兩魚頭尾間夾繪一兩個相背對應的三角紋，與三角紋對應的三個頂點各連接一小圓點紋。此「三點紋對應的三角紋形式，展示了遙遠時代以織女星為北天極，以及以織女星之方向與季節特徵相對應的表示手段，說明該魚紋為帝使形象的陰陽魚特徵」。蔣氏以黑白圖為說，今代之以彩圖如後，出自《圖譜》器樣 47。

圖二〇二　蔣書慶說狄宛 F227：2 陰陽魚與織女星圖

蔣氏說狄宛遺址第二期瓦盆幾何形紋組成的紋飾帶（《發掘報告》，圖一〇六，4，器樣 F310：1），以為此紋飾帶含變體魚紋。他識得此花紋上下對應三角紋與尾部展示了變體魚紋特徵，而魚紋頭部位置被多種幾何形紋組合替代。魚紋頭部四方形紋之前係兩半相連又對應的尖角形紋，這類花紋的一部分像被壓縮的魚紋一部分。他承認，此花紋之幾何形紋以多個形體複合，但難以名狀。

圖二〇三　蔣書慶說狄宛 F310：1 魚紋難以名狀

蔣氏檢遊鳳遺址起出某一細頸壺 WGYFV：01，以為圖西無頭魚紋。他以為，此彩繪有以鳥頭紋為核心與幾何形紋組合的圓圈紋，它連著魚紋。曾有人釋此彩繪（案，湯池說），並講此狀頗類「魚噬鳥」。蔣氏以為，此判定無自然規律依據。蔣氏以為，花紋之鳥紋係以太陽鳥形象存在。此細頸壺鳥紋在太陽形圓圈內，又以迄圓圈紋內迴旋形三角紋展示太陽升落起伏迴旋意象。太陽鳥紋與魚紋組合展示了「魚紋為陰陽魚的表示」，展示了太陽往來寒熱交替，以鳥紋為天陽的象徵，魚紋為地陰的比擬，以兩類紋飾組合為天地陰陽消長的寓意象徵。此花紋形式以寒熱交替季節劃分的象徵而存在，故見壺頂平面小口有四方位對應三角紋，為四季劃分的符號形式。

面對狄宛遺址第三期瓦盆彩繪（《發掘報告》上冊，第 310 頁，圖二二〇，4，器樣：F330：24），蔣氏述其識見：盆上，上下相對的弧邊三角紋等距離組合形成一周圈紋飾帶。弧邊三角紋組成的橢圓圈紋內各繪以弦紋、弧弦形。一橢圓圈內繪月牙紋與弧邊三角紋點紋複合的紋飾。「相對弧邊三角紋的布列形成的圓圈紋、橢圓圈紋形成一周圈紋飾帶，為週年階段劃分的表示，其間弦紋與細線紋組合，展示兩相對三角紋為寒熱陰陽相對應又互為依存而相消長的寓意表示，弧邊三角紋與月牙紋、圓點紋組合，展示日月眾星隨極星旋轉運動、季節交替變化的規律。

圖二〇四　蔣書慶說狄宛 F330：24 日月隨極星旋轉運動

蔣氏說甘肅省臨夏縣東鄉族自治縣林家遺址起出瓦缽彩繪。他講，此器內繪一特大三角紋，「幾乎將彩陶缽內壁整個塗染為黑色，只是在其口沿不為三節相分併加飾大小不等的鋸齒形紋。彩陶缽外壁為一周連續的弦紋，弦紋周邊並置一道細線紋」。其「外壁弦紋的連續形式將口沿部位劃分為對等的部分而為週年階段季節劃分的寓意表示，細線紋的並置展示弦紋之消長和季節輪迴的寓意象徵。彩陶盆內以一個偌大的、幾乎佔據盆內全部空間位置的三角紋，展示了以天極中心為象徵的彩陶盆中心花紋無與倫比的重要地位，根據這一特徵也產生周邊花紋三節之分為三陰三陽的寓意象徵」。蔣氏用黑白圖，今代之以彩圖。《圖譜》器樣 175。

圖二〇五　蔣書慶說《圖譜》175 臨夏東鄉林家遺址缽三角紋

（4）立杆測影圖說

蔣氏曾言，「新石器時代彩陶花紋」「留下不少立竿測應及相關花紋形式，最早見於半坡類型陶器」。蔣氏指狄宛第二期細頸瓶（《發掘報告》上冊，第 277 頁，圖一九五，3，器樣：M1：1）。

圖二〇六　蔣書慶說狄宛 M1：1 細頸瓶立竿測影花紋

其上由上下相對的三角紋組成一周圈紋飾帶，改紋飾帶一個方位因兩條並列直線紋的切割，使周圈紋飾帶有了頭尾兩端相接相分之點。上下相對三角紋與一年十二個月之數相對應，而瓶頂端四個方位的三角紋又與四季劃分特徵相參照。此花紋形式中，以直線紋對周圈紋飾帶的切割，就是立竿測應竿影形式的再現。立竿測應首段產生週年階段四季、十二個月劃分，即瓶頂端四方位三角紋與紋飾帶三角紋的對應形式。

蔣氏又述狄宛起出圜底盆外彩繪曰，上下相對相聯連的兩組三角紋對應布列，兩組三角紋間有斜列相對的弧邊三角紋與其間直線紋和圓點紋相複合紋飾、斜列相對三角紋與其間六條並列線紋組合紋飾相間隔。蔣氏援黑白圖今代之以彩圖（《彩陶圖譜》器樣 40）。

圖二〇七　蔣書慶說《圖譜》40 斜線告十二個月與圓點為太陽

花紋形式中，以相對相連兩組三角紋為特徵的兩半花紋形式，展示了寒熱相對互為依存的週年階段表示，正反六條並列斜線紋為一年十二個月的寓意表示。兩弧邊三角形間斜列直線紋與圓點紋相複合，以直線為立竿之形，以圓點紋為太陽形表示，以直線紋與圓點紋的複合形式為立竿測影的形式表示。

（5）人面魚紋寒熱判歲圖說

蔣氏述姜寨遺址 T253W176：1 盆內「人面魚紋盆」彩繪云：它以上下兩個人面紋組合，為半年寒冷與半年炎熱對應的表示，兩人面紋間左右方位又有魚紋對應，為寒來暑往不斷輪迴的意象再現。人面紋、魚紋的四方位組合成週年週期四季劃分的形象表示。上下兩人面紋為寒熱相分兩半年對應的表示，兩魚紋在寒熱相分對應的交界處，魚紋由腹背黑白相分又互為一體的形象特徵，從而成為陰陽魚的標誌。故此彩陶人面紋的對應形態也是陰陽相分對應的形式表示。依此特點，人面紋額、鼻、嘴對應上下三節之分形式，為三陰三陽劃分的寓意象徵；彩陶盆口沿四正四隅方位的符號切割，為四時八節劃分的形式標誌。四時八節劃分與三陰三陽特徵對應，以兩種形式為同一寓意的象徵表達。四季劃分以實際的寒熱特徵為依據，即以春秋之位為分界，則半年陽熱，半年陰寒。

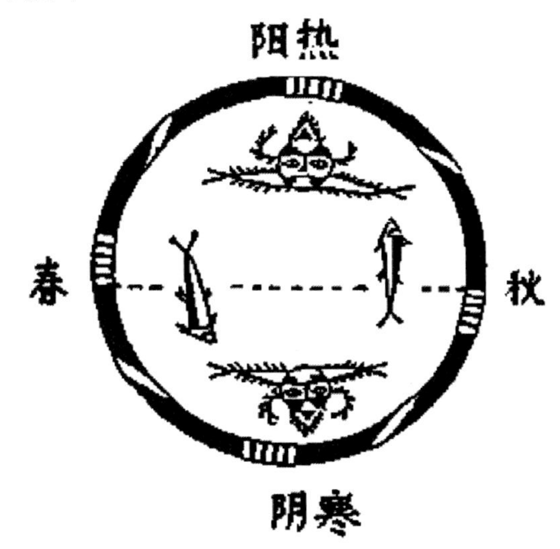

圖二〇八　蔣書慶說姜寨 T253W176：1 歲寒熱各半

蔣氏述其識見半坡遺址瓦盆彩繪「人面魚紋」(器樣 P.4691) 云：花紋以上下人面紋額部黑白對應的紋飾形態,「展示晝夜相分陰陽交替的寓意表示」,人面紋耳部魚紋、小鉤子形紋的對應組合，為一日之月晝夜相推此來彼往的寓意再現。「人面紋與魚紋四方位組合，為四季劃分的形式表示，但四季劃分中的寒熱交替，不是簡單的圓圈形重複，而是以互為依存、相互往來，以人面紋耳部兩個相反方向小鉤子形紋為特徵的 S 形曲線的複雜交替形成」。

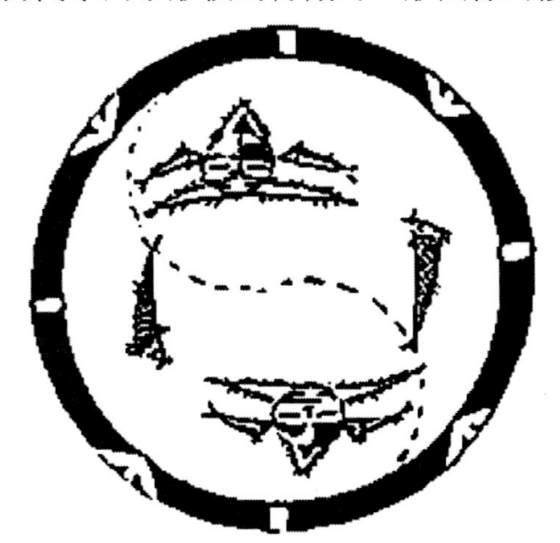

圖二〇九　蔣書慶說半坡 P.4691 寒熱陰陽往來分解

（6）月長旬長四時八節二進制數理圖說

蔣氏述狄宛遺址起出一瓦缽彩繪曰：此器（彩繪）以四方位圓點紋與相對三角紋間隔組合形式，展示了週年週期四時八節的劃分意象。今以彩圖替原黑白圖，《圖譜》器樣 10，《發掘報告》器樣 H7：2。

圖二一〇　蔣書慶說狄宛 H7：2 週年週期四時八節彩繪

半坡遺址起出一瓦盆外壁有彩繪（《西安半坡》圖版壹壹貳，3，器樣 P.1162）。蔣氏述其識見云，此彩繪係黑白三角紋對應組合的系列花紋，兩組這樣的花紋形式，以上下相對弧形紋與小圓圈點紋相對應的單元紋飾為中心左右展開。

圖二一一　蔣書慶說半坡 P.1162 圖納二進制數學理念有橫列三陰三陽

此紋飾帶中心上下相對弧形紋兩側的三角形空間中，以圓圈點紋對應，形成兩魚頭形簡化形態。兩側黑白對應的組合三角紋，為魚身形象的形式簡化。花紋組合以抽象的魚形展示魚紋的寓意象徵及其內涵。花紋帶為整體，兩半相對有相分，兩半紋飾因橫線紋間隔而有四組對應形態。每組紋飾以左右兩半單元形式對應而有八個單元紋飾組合，每單元紋飾都由黑白對應的三角紋組成。故有十六個三角紋呼應；花紋帶兩組紋飾對應，以其陰陽互補形式表示紋飾數理內涵將加倍。花紋帶僅占器壁一部，以迄黑白互補陰陽對應的特徵表示相對另半的空白部位，也應有與紋飾帶相同的數理寓意內涵。故此，紋飾帶隱含的基數層層延展，不斷翻番，一個二進制數學理念方式已在不言之中。以其上下相對的月牙紋、弦紋組合，展示陰陽交替互為消長的寓意象徵。與此相關，花紋中心橫列的三條細線紋也成為三陰三陽之符號表示。

檢甲骨文「五」起源時，蔣氏又關聯半坡等地遺址起出瓦盆彩繪狀似棺楔之黑色塊⧗，兩個相對三角紋為兩個相對鳥紋之數的象徵。如此兩個相對三角紋成為數字五的符號形式。

面對半坡遺址起出某種瓦盆彩繪，蔣氏云，它以相對三角紋間兩條橫線紋組合的變體形式存在。在同一形式的六組花紋分列於對應的六個方位，成為以相對三角紋為特徵的寒熱交替的寓意再現，六組紋飾為三陰三陽六氣劃分的寓意象徵。此花紋形式中兩條橫線紋為兩組相對三角紋的形式簡化，使兩類花紋為兩組相對三角紋的形式簡化，使兩類花紋的組合為十字形交叉狀，也說明這類花紋組合有上下三角紋豎列貫通的意象，也有十字形交叉的寓意內涵與包括十個數為單元形式的數理寓意特徵。蔣氏言器即《西安半坡》圖版壹壹貳，5，器樣 P.1157。

圖二一二　蔣書慶說半坡 P.1157 三角紋三陰三陽及數理寓意

蔣氏又述相對三角紋複合形式曰：此形式下有十字形符號以兩頭尖削的紡錘形紋（柳葉形紋）穿插。此特徵的單元紋飾在「半坡類型彩陶盆」上四方位對應布列，並與其他紋飾間隔成一周圈紋飾帶。中間粗大兩頭尖削的紡錘形紋，是鳥紋形象的形式簡化。「半坡遺址彩陶盆的組合三角紋與這一紋飾形式相組合，說明該花紋形式為鳥紋往來寓意的幾何形再現，也是以十日為旬的符號標誌而存在的」。檢蔣氏言器即《西安半坡》P.1155。

圖二一三　蔣書慶說半坡 P.1155 紋寓意一月三旬與一季三月紋組合

此符號形態與三對相對三角紋組合，有三旬一月的寓意表示，也以三組相對三角紋與三個月的單元階段對應，為一季三個月日數的符號表示，所以其花紋形式以四方對應的特徵存在。此符號形式中的紡錘形紋也為十的數字符號標誌〔註 151〕。

3）各地彩陶紋飾生殖崇拜之人類學破譯及顏料研究佐證狄宛第一期彩繪萌芽

（1）戶曉輝彩陶生殖崇拜人類學釋讀

在中國不同區域的新石器時代遺址中先後出土的彩陶，利用紋飾作為一種跨空間地域的交際語言在當時發揮作用，也許它們對當時的人們來說，明白如畫，一望即知，因為這些彩陶紋飾是在當時的文化語境中產生、使用並發揮其交際作用的。它們在我們眼中之所以成為難以索解的謎團，因為我們已經失去了彩陶所由產生的文化語境。

戶氏依瓦器浮雕或瓦器塑狀而論諸形式告喻之力，彩陶紋飾不同於現代社會的工藝和裝飾，它們非獨為附著於器表之形式，又是同陶器選料和造型取象相一致相匹配的內容，換言之，彩陶紋飾不是附著於器物表面的可有可無的點綴，而是一些實體本身，準確地說，是這些實體的一部分。

戶氏又言，史前人類以巫術的眼睛看世界，他們首先關注對象的「神秘屬性」，在他們看來，自然界中的一切事物都潛藏著各種神秘的「力」，這種觀念普遍存在於一切早期的原始民族中。戶氏又言蛙肢形紋樣被聯繫蛙大腹多子。蛙紋彩陶造像表明，在遠古萬物有靈世界觀及人、動物、植物的生殖

〔註 151〕蔣書慶：《破譯天書——遠古彩陶花紋揭秘》，上海文化出版社，2001 年，第 1 頁～第 436 頁。

可以互相感應與傳遞的巫術信仰支配下，葫蘆（瓜）曾被認為是植物旺盛繁殖力的代表，而蛙腹則被推舉為動物蕃衍能力的象徵，中國神話中的女媧，既是女瓜又是女蛙，因為作為大母神和始祖神，其「瓜」和「蛙」的功能是相通而異。又援自著《地母之歌：中國彩陶與岩畫的生死母題》結論：陶器象徵大地母親子宮。陶器象徵生命容器。

新石器時代人們以孤雌繁殖之念對待人、動物及植物。當他們表現植物的特徵時，著重表現其生殖區域。如馬廠類型彩陶壺的所謂「葉形網紋」，實際上是多個女性生殖器的對稱組合圖案。馬家窯型「變體葉形紋」陶罐也是雌性植物生殖器的具象化表現。半山類型彩陶壺以變形的橢圓曲紋表現女陰，馬廠型彩陶罐以網紋橢圓形圈表現雌性植物生殖器。河姆渡彩陶的「葉形」刻畫紋、廟底溝型彩陶的「葉形圓點」紋、秦壁村彩陶的「花瓣」紋、大墩子彩陶的「花卉」紋等，都是雌性植物生殖器的表象形式。彩陶以橢圓形紋樣表現女陰，這同許多民族的原始造像相吻合，但彩陶表現的不僅是女陰，同時也表現的是植物、動物以及地母的生殖器。這種橢圓形稱為植物生殖器、女性生殖器、動物生殖器或地母生殖器的象徵表現，由於史前人類的眼中，它們本來都是相通乃至相同的東西，不像今日看來那樣判然有別。戶氏透露，他論生殖主題受徐建融誘導，徐氏《彩陶紋飾與生殖崇拜》云：「生殖崇拜是統攝了彩陶藝術創作的一個主導性觀念〔註 152〕」。

（2）馬青林等顏料研究佐證彩繪萌芽於狄宛第一期

馬清林等人研究狄宛第一期瓦器施彩顏料，馬青林等取顏料檢材來自狄宛各時期，檢材係顏料快（粉末）與彩陶（彩繪陶）顏料 20 餘件。研究者使用 X—射線衍射儀、X—熒光光分析儀、紅外光譜儀。檢測顯示，狄宛顏料含赤色來自赤鐵礦與朱砂、黑色來自磁鐵礦及赤鐵礦與磁鐵礦混合物乃至淡斜綠泥石、白色來自石英及方解石與白雲石乃至方石英與硬石膏。顏料俱是礦物。

馬氏等檢論，狄宛第一期遺存彩陶，也遺存彩繪陶。僅起出 1 件內彩繪罐殘片，其意義很大，顯示在彩陶出現前，必定存在一個彩繪陶的製作嘗試過程，也證明在第一期內，已開始嘗試燒製石灰或與石灰性質相近的其他礦物（如料僵石等）。馬氏等察知，狄宛第一期施彩告渭水域彩陶文明萌芽〔註 153〕。

〔註 152〕戶曉輝：《中國彩陶紋飾的人類學破譯》，《文藝研究》2001 年第 6 期。

〔註 153〕馬清林、胡之德、李最雄、梁寶鎏：《甘肅秦安大地灣遺址出土彩陶（彩繪陶）顏料以及塊狀顏料分析研究》，《文物》2001 年第 8 期。

3. 半坡人面魚紋薩滿與尖底瓶翻轉便紋識及紋飾異狀同功並彩陶演進四段說

1）西安半坡人面魚圖薩滿與覆器察圖進言

（1）孫作雲半坡人面魚形紋薩滿圖說

孫作雲先生述《西安半坡》人面魚形花紋、魚形花紋、魚頭及鳥獸花木花紋、P.4691 陶盆內人面與魚形花紋展開圖（《西安半坡》第 166 頁～第 180 頁），識見：「在一些彩陶盆的底部內面，畫有人頭紋，這人頭紋頭兩側畫兩個向上彎曲的犄角，很像牛角；有的不畫這種角，而在頭頂畫一個『尖錐形物』，並有紋飾。人頭的前額大部分塗黑，但留有彎曲的白『地』，前額與面部形成『陰陽臉』，這應該是中國最早的『塗面』。閉目、口部兩側皆畫『魚狀物』。此『魚狀物』頭部皆在人口內，身與尾外露，身尾上下皆作整齊的、向後傾斜的短斜紋，像是表示這『魚狀物』向人口中行進，即自動地投入人口中。有的人頭像，在兩耳部位畫兩條魚，頭部緊靠人頭，也有動的感覺」。

孫作雲在當頁注 2 述：「在人類文化史上，塗面比戴假面具還早，似乎各民族皆有塗面的習慣」。又云：「有的彩陶盆底部內面，上下畫兩個人頭紋，口中皆含『魚形物』，不另畫魚，但在『魚形物』的兩旁畫兩個網；而在另一個彩陶盆，上下也畫兩個人頭紋，口皆含魚『形物』，而在魚『形物』旁又畫魚。由魚『形物』旁畫網或畫魚，知道這魚『形物』就是魚。可是為什麼在它的身上畫向後傾斜的、整齊的短斜紋呢？我認為這是表示動作，表示魚向人的口中行進，這是一種魔術（法術）行為」。「從其表面來看，它是中國最早的『動畫片』」。孫先生解釋「人頭紋」曰：此「人頭紋就是巫，代表氏族中的巫師，即民俗學上所謂『薩滿』（shaman）」。

孫氏云：「氏族社會晚期，在生產力發展的基礎上，出現了自以為能促進生產、影響自然界的巫」。「有的巫，就是氏族酋長，有的巫為專職」。他又援摩爾根《古代社會》云：「氏族社會的酋長，為了表示與眾不同，經常在被選為酋長的時候，戴上牛角（或其他角）；而被罷免的時候，就把他們戴的角摘下，稱為『折角』（打掉他的角）」。孫先生又依四川巫山縣大溪鎮西遺址某墓揭露人頭骨口中銜魚〔註 154〕，解讀半坡瓦畫曰：「此人頭像皆戴角，表示他的身份與眾不同；此人頭像的前額塗黑，並有彎曲空白，整臉的形狀是『陰

〔註 154〕中國社會科學院考古研究所編：《新中國的考古收穫》，文物出版社，1961 年，第 27 頁～第 28 頁。

陽臉』，故作神秘，令人莫測高深、莫明其妙。世界上許多未開化民族的巫師，也多塗面。又此人閉目食魚，表示他正在做法，使魚自動來投，」欲使人們能多打魚。孫氏又言廟底溝瓦畫紋飾多係「車前草紋」。

孫氏述廟底溝植物紋之類如後：第一，以一個黑圓點為中心，向外伸展四五個大葉作鋪地狀。乍看好像「花瓣」，其實是大葉，故在有時在「瓣」上畫兩道或一道縱脈（如《廟底溝與三里橋》圖版陸之 8、圖版伍之 2），證明它原來是葉子。第二，有大葉紋作豎立狀，又左右分披。有大葉上畫墨點。有豎立大葉成簇，寫實意味很濃。在簇立大葉間（偏旁）畫一圓點。第三，有大葉紋作橫列狀，在大葉上有縱脈兩道，各有一黑點（同書圖版伍第 4，圖版拾貳第 7，圖版拾伍第 3）。有橫大葉上下重迭，每一大葉上有縱紋兩道，大葉當中有黑圓點（同書，圖版三貳第 3）。第四，有卷大葉像被風吹拂，向一面歪斜，頗生動。大葉上有縱脈二道，大葉邊有黑點（同書，圖版貳陸第 1）。第五，有大葉旁見一蛙，極生動。在同遺址，起出三件陶片，上有蛙紋（同書，圖版玖第 1、第 2、第 3）。孫先生以為，諸大葉紋皆係車前草紋，黑點「代表」車前子。車前草自根發大葉，大葉叢坐、鋪地，向四外伸展。大葉上有縱脈，初出時三道，稍長大時五道，最多時七道。在根上生莖，莖端開小花，作穗狀；結實如小米，成熟時作棕色。車前草功用在籽，故又名「車前子」，而在如此畫成的大葉中，幾乎皆畫黑點，或以黑點為中心，向外派生大葉。孫先生又云車前草頻見生於低窪地或河濱（沒有生長在山上或高阜者）。青蛙能在熱季乘涼於車前草下，古人名車前草曰「蝦蟆衣」並給《爾雅．釋蟲》為據。五千年前的老母親捕捉、描繪於陶器上。孫氏云：由大葉紋旁畫蛙，可證明，這等大葉紋一定是車前草。此等器物多見於豫西、晉南、陝東，而這一代是我國夏代中心地點。這種大葉紋即車前草紋應該是夏人（夏部族）在氏族社會時期的文化遺物。孫氏由此導出，仰韶文化廟底溝類型，應該是夏人的「史前」文化。又推測，夏人先妣呑芣苢而生子，夏人在氏族社會晚期，又以車前草為「副圖騰」〔註 155〕。

（2）王仁湘彩陶反轉便察地紋說

王仁湘先生定義地紋彩陶云：地紋彩陶即以彩繪顏色為襯底，以彩紋間無彩地子為圖案。習用名彩陶即徑以彩觀紋。彩紋間地紋可察出圖案單元的

〔註 155〕孫作雲：《中國古代器物紋飾中所見的動植物》，《孫作雲文集》（第 4 卷），河南大學出版社，2002 年，第 2 頁～第 8 頁。

彩陶，可視為地紋彩陶。既有彩紋，又能讀地紋，可能用雙關技巧繪成。

廟底溝文化時期，地紋彩陶流行。此畫技啟發致複彩畫技。本來以地紋表現之圖樣，「被陶工們很明確地直接以彩紋描繪出來」。王氏命此技巧曰「反地」。謀證此說，王氏援福臨堡遺址小口尖底瓶為證。我檢王氏援器來自福臨堡第三期，器樣 A 型 VI 式 H123：1，《福臨堡》圖版五二，2。其狀如後：

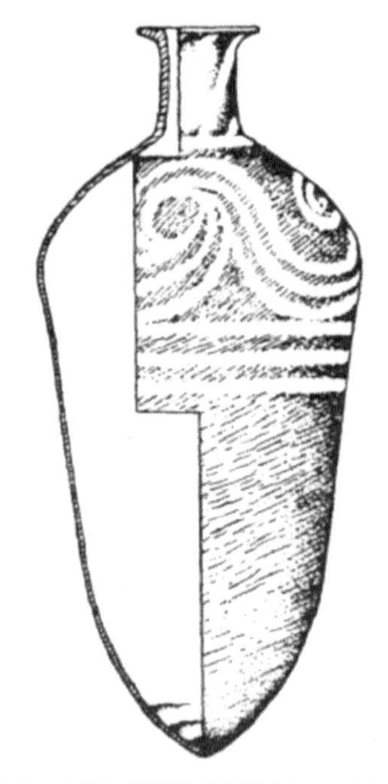

圖二一四　王仁湘說福臨堡 H123：1 紋飾

王仁湘述此器「反地」繪技：在滿飾線紋的器表，用白彩繪平行線紋與旋紋。將其紋飾反轉來看，它是年代更早的旋紋圖案翻版。王氏後以「連綿迂曲——波折圖案的地紋彩陶」、「明麗清秀——花瓣圖案的地紋彩陶」、「婉約流利——旋紋圖案的地紋彩陶」、「反轉觀彩：彩紋間別有天地」而論彩陶之美〔註 156〕。

2）裝飾異狀同功與彩陶演進四段說

（1）楊亞長裝飾異狀同功說

楊亞長先生進言，研究時應當注意陶質、陶色、器形、用途等方面來分析彩陶與素面陶的關係，又要注意某一個彩陶紋飾與整個彩陶紋飾的關係。

楊先生在此問第三節言「彩繪與器形的關係」。他分析既見紋飾繁簡與器

〔註 156〕王仁湘：《彩陶反轉來看又何妨》，《文物天地》2002 年第 6 期。

形適應狀況。他察覺，圜底器或小平底的缽和碗，器形多呈半球狀。口沿在器形最上方的部位，也是器形最寬處選擇了顯眼的口沿外圈來裝飾圖案花紋，並以幾何形紋組成二方連續圖案，像精緻的彩帶圍在口邊。折腹圜底或小平底盆一般為直口或小侈口，有些口微內斂，因此器內視角度不佳，故不適宜於裝飾彩繪。這種陶盆上腹部由有較寬的橫帶式裝飾面來繪製花紋，而且適宜於表現內容較複雜的圖案。故在這類陶盆的上腹部常常繪有寫實魚紋或變體魚紋，以魚的各式紋樣連續地或間隔地作一圈排列，猶如魚在循環不已的流動。大口深斜腹小平底陶盆都有較寬而略向下斜的平沿，由於沿面位置注目，頻見一圈帶狀的幾何形連續紋飾。這種盆內腹壁也是視線常及部位，故能見以人面、魚、鹿、網紋等單獨紋樣分成等距的 4 個單元，排成一圈，裝飾腹壁。也見器內底上繪以人面紋或蛙紋等紋飾。而這種陶盆的外壁由於視線不佳，則不繪製花紋。

小頭細頸壺由於最大徑在器身肩膀部，而在平視時其肩部的平面形象近於三角形，俯視時則成為以壺口為圓心的圓形。根據器形的特點，在這類陶壺的肩部常繪有三角形的折線紋（或為陰紋）。平視時，這種三角折線紋與肩部的近於三角形的裝飾面很和諧。俯視時，三角形折線紋則構成連續放射狀紋填充於環形內的圖案帶。葫蘆瓶的腹部呈一鼓凸的弧面，也是整個器物最突出顯眼的部位，因而常常飾有寫實性的魚紋、變體魚鳥紋和人面紋等。尖底罐（甕）的上腹壁較直，亦最顯眼，因此常常飾有折波紋以及人面紋等。總之可以看出，半坡類型的彩陶紋飾在裝飾部位和格式方面與器形配置得很協調，圖案與器形相輔相成，使彩陶器成為既實用又美觀的工藝品。

他認為，裝飾形式及裝飾效果不同，但實用的功利目的一致，都為裝飾、美化陶器。即使在一些器物上裝飾有兩種或兩種以上紋飾，看不出不同紋飾在含義上有何差別。半坡類性陶器上各種不同紋飾在含義上沒有本質差別〔註 157〕。

（2）王仁湘彩陶終始四段說

王先生述，白家村遺址古人在紅褐色陶器上徧塗寬帶紋紅色（棕紅色），且在一些器物內表繪各種幾何紋飾、符號。彩繪圖案注重均衡對稱，布局有一定規律。簡單的點、圓、線與符號除了有裝飾作用，當時可能還有某種特

〔註 157〕楊亞長:《彩陶紋飾含義研究中值得注意的幾個問題》,《史前研究》,2002 年，第 192 頁～第 198 頁。

定的意義。寄予各種願望和信仰。

王仁湘談彩陶紋飾發展四個階段：萌發（距今 8000～7000 年），前仰韶文化的白家村文化，以簡單符號、點線與點線聯組而成對組花紋為特徵，色調單一。發展（距今 7000～6000 年），仰韶文化半坡時期，形成規則圖案花紋，產生了寫實象生花紋（魚、鹿），及由動物花紋演變的幾何花紋。繁榮（距今 6000～5000 年），仰韶文化廟底溝類型時期，圖案畫紋飾盛行，以曲線、弧線紋樣為主。衰落（距今 5000～4500 年），仰韶文化晚期秦王寨類型，圖案簡化，多見曲線、弧線、點與直線組成的花紋。王仁湘察覺一個狀況：在白家村彩陶圖案沒有見過象生圖案。仰韶文化早期流行的黑彩寬帶，此時也寡見象生性花紋。白家村彩陶紋飾由點、圓、線幾何形組合，絕無寫生寫實痕跡。這表明中國最早彩陶最初即簡單的符號，而非象生。面對此狀況，王仁湘講：不能因此否定藝術由具體到抽象的發展規律，但白家村彩陶發展不能完全印證此規律。彩陶作為藝術的表現形式之一，無疑借鑒了其他原始藝術形式取得的成就。在彩陶產生前，最早的藝術產生於舊石器時代〔註 158〕。

4. 研究方法訃議及線形蘊原始心理說與符號統類彩陶及刻畫並紋飾學唱立等

1）彩陶研究方法斷想與彩繪線形蘊含原始心理說

（1）戰國棟彩陶研究方法斷想

戰國棟括要彩陶研究方法如三等：第一，考古學。戰氏援嚴文明說為證：「實際上任何彩陶花紋都可以分為元素、母題和構圖三個層次來進行分析。所謂元素是指構成花紋的最基本的形體，無非是點、線（寬一些的就是條，再寬一些的就是帶，包括直的和各種彎曲形的）、塊（三角形、方塊、圓形、半圓形以及各種幾何形實體）之類。也包括它們的顏色。……」。戰氏以為，涉及花紋研究，考古學研究方法仍是一種經驗科學。

第二種乃美術史觀照方法。戰氏認為，將彩陶視為繪畫史遺存，不是美術的角度。第三種是工藝美術。此方法易於將彩陶研究別為兩部：製作工藝，裝飾特點與美感。戰氏依前考察知，美術史研究的思維多被考古學思維方式壟斷。考古學限制美術史眼界。美術史研究限於分類學考慮。彩陶藝術的種種讚美充斥於各類書，這不能算作什麼研究。可以講，美術史對早期藝術未

〔註 158〕王仁湘：《白家村遺址與白家村文化》，《中國史前考古論文集》，科學出版社，2003 年，第 57 頁～第 63 頁。

曾深入研究，方法上無太多創建。美術史研究涉及問題域廣，譬如藝術哲學論藝術起源之假設、民俗學、人類學於原始部落、原始社會各方面的研究等。戰氏詢問有無其他路徑。戰氏褒評了谷聞文《漫談新石器時代彩陶圖案花紋帶裝飾部位》檢論，以其顯故於花紋乃陶器附繪，人與器具間關係。戰氏抱怨，學者傾注於花紋研究之心血遠多於器型研究。這也許障礙研究進步。戰氏認定，宜全方位研究為器具的彩陶。此謂研究彩陶必聯繫器具功能與人類遠古生活。此乃平面、單一研究走向立體綜合研究之環節〔註 159〕。

（2）史忠平線形蘊原始心理說

史忠平以馬家窯類型瓦甕面彩繪為例，言古人分別在頸、肩、腹部施以三組情態不同的水波紋。頸部和腹部線條舒緩、動中育靜、靜中有動。起伏最大的一組繪製在最顯眼的肩部，圖案有如黃河逆流，富有奔騰咆哮之勢。整個圖案無論在線的應用上，還是對整體圖案的布置上，都有著很強的節奏感。彩陶紋飾在直線的應用上，體現著原始先民們對節奏的心理關注，它們或交織成網；或盤繞陶體，螺旋上升；或組成菱形，錯落有致；或鋸齒三角，引人入勝。總之，節奏本身就是情緒的一部分。彩陶中的線因為滲透著人類的生命情緒和最初的節奏意識而體現著藝術的原初心理狀態。

史氏又以古人仰賴自然要素而論崇拜方式，此方式即裝飾瓦器以表達崇拜。裝飾途徑是彩繪。例如，在所有的彩陶紋飾中，數量最多、分布最廣、藝術韻味最強者，屬於各種表現水以及與水有關的事物的紋飾。漣漪蕩漾的波浪紋、反轉迴旋的漩渦紋、波濤洶湧的圓旋紋，無不體現著原始先民對水的依賴眷戀之情和對生命元素的崇拜。史氏以此而論「線的模仿心理蘊含」。題涉模仿心理，史氏舉研究者曾揭示人類自反應模仿到「延遲模仿」的心理發展跬步，而後者乃高等模仿。古人在時空上遠離事物而反應，此情狀本質上係回憶式形象的生成與心理描述過程，或是想像式表象的生成與心理描述過程。

史忠平以為，古人追求平面化表現，「抽象裝飾形態在空間上恰是平面」。史氏又以為，自然萬物呈現一種「雜亂的形態，而抽象裝飾形態本身卻是一個有序的、界限分明的存在物，它超越了無限關聯的空間帶來的迷茫，逃避了時間侵蝕的無奈，為主體創造了一個生存所需的秩序井然的生活世界和精

〔註 159〕戰國棟：《作為器具的研究——關於於彩陶研究方法的斷想》，《設計藝術》2005 年第 1 期。

神世界，給人類以穩定和安全感〔註 160〕」。

2）符號統類彩陶及刻畫說與彩陶紋飾學唱立等

（1）謝端琚等以符號統類「彩陶」「刻畫」說

謝端琚先生等以「符號」統類「彩繪」、「刻畫」，欲給文字起源覓得解答。他們舉狄宛文化、仰韶文化、馬家窯文化彩陶等為檢的。黃河上游諸遺址瓦器「符號」被別為「彩繪」、「刻畫」兩等。依內容又別為數字、單字、象形三類。依此類別闡釋涵義。謝氏等指出瓦器「符號」可能是甲骨文字源頭。謝先生等言及西山坪遺址器樣 T18④：15 缽外壁拍印交錯繩紋上，刻畫一道曲線；器樣 T18④：7 筒形罐腹上部刻兩道「＝」形符號。謝氏述狄宛器樣 H366：29 壺腹上部繪兩獸相撲圖像，獸「下面畫有一條缺頭的魚，似為兩獸爭魚狀」。

謝氏等將菜園村遺址起出器樣 M88：10 彩陶碗內底中央畫雙平線兩相交 90°視為「井」字。將Λ畫視為「人」字。謝先生等將魚紋、鳥紋、蛙紋、羊紋、犬紋歸入動物形圖像。魚紋多繪於彩陶盆、缽、碗上腹部的寬紋帶上。單列魚或變體魚首尾緊密相接，也有上下相迭、首尾相接。少數器見魚紋繪於彩陶盆腹部，「如見一彩陶瓶上有四條魚，扭曲魚身左右撥水，非常生動活潑」。鯢魚紋見於石嶺下類型。鯢魚紋多繪於彩陶瓶上，魚首似人面，修長的身軀兩側能見肢體。鯢魚別名娃娃魚。近年有學者稱呼此紋「人面蛇身紋」。

鳥紋除指本紋，也指變體鳥紋。石嶺下類型鳥紋應該是從仰韶文化廟底溝類型鳥紋演化而來，它多表現鳥的頭部及頸部形態，呈簡化趨勢，與寫實鳥紋有別。宗日文化鳥紋多作於夾砂彩陶壺或罐的頸肩部，列隊一周，鳥長頸（或長曲頸），其下或畫出寬尾和兩肢。推測此鳥紋可能是天鵝或鶴、鸛之類長頸長喙鳥的寫照和寫意。

蛙紋含寫實與寫意蛙紋。見於馬家窯遺址、半山、馬廠類型及四壩文化。馬家窯類型蛙紋是全蛙紋，頭、身軀、四肢俱全，形象、寫實。半山類型蛙紋有頭、四肢，但身軀僅存一條脊椎代替。馬廠類型蛙紋或沿襲半山類型，或省去頭，僅剩下脊椎與四肢，愈簡潔、寫意。四壩文化蛙紋已往稱為蜥蜴紋。頭尖、身短碩，尖尾，身軀呈長四菱形，身側有屈肢。鹽場遺址起出一彩陶甕。兩耳上方各繪一獸首人身像，兩者手分持圓形物和矩形物，推測是神人圖像。

〔註 160〕史忠平：《中國彩陶中線的心理蘊涵》，《社科縱橫》2006 年第 1 期。

「人物形圖像」被別為單人像圖、群體人像圖。單人像如馬家窯諸類型（彩塑成像）。群體人像圖如舞蹈紋（馬家窯）、兩人抬物紋（宗日文化）、跪拜紋（四壩文化）。

師趙村遺址起出半山類型彩塑人像罐。一側面上塑造人像使人覺神秘、恐怖。頭部係浮雕突出，胸腹部畫樹枝狀。推測它作為信仰的偶像或巫師行巫術所用的靈物。陶器上圖像與幾何紋可組成完整圖案，但陶器上符號游離於圖案之外，不屬於圖案組成部分。如此，它是表達先民另類思維方法的工具。屬於原始文字之範疇〔註161〕。

（2）王先勝彩陶紋飾學唱立

自2007年，王先勝先生首唱要求，以為宜建立「考古紋飾學」。王先生「考古紋飾學」謂探究途徑之一，行此途者須透過分析古遺跡、遺物構造、形制、紋飾形態與結構，「探究」本來意思表達、製作意圖。此檢求途徑也涉及層位學、類型學。施加可靠分析與研究不可或缺。

王先生言：「一個典型的遺跡或器物，其構造或紋飾有整體設計意圖和嚴密數量關係（通過計算、分析可以確知），而且在已知的民族傳統文化知識和有關科學知識框架之內，又與文獻資料能夠佐證」。「可以確知一部分圖案的本來意思以及古人有別於文字、文獻的另一種文化、文明即在和傳承方式，」「同時也得以瞭解和理解相關的思維方式，因而有可能通讀、通釋古代紋飾，真正讀懂古代紋飾」。王先生嘗試給考古門新領域張目，欲以「紋飾學」為格名，將使此域行動與遺跡檢討並列。王先生言，「聚落考古」較之層位學、類型學係考察研究考古發掘遺存與現象之途徑，基本上與紋飾無關。200年來，學者仰仗層位學與類型學檢討考古話題。但缺某種藉以探討紋飾與遺跡內涵表達之途徑〔註162〕。王先生撮錄學者舊考工成，以其檢題廣泛而難類，不再考究。

（3）葉玉梅彩陶精神內質說

葉玉梅別甘青彩陶圖案四等：第一，江河崇拜圖案。譬如，漩渦紋瓶、垂弧紋甕。第二，動植物崇拜圖案。動物崇拜之例係鯢魚崇拜，證在鯢魚瓶。植物崇拜，譬如葫蘆，證在青海柳灣遺址起出半山類型葫蘆狀瓦器。葉氏以

〔註161〕謝端琚、歐燕：《黄河上游史前陶器符號與圖像研究》，《考古學集刊》第16集，科學出版社，2006年，第89頁～第121頁。

〔註162〕王先勝：《關於建立考古紋飾學的思考》，《社會科學評論》2007年第1期。

為，彼時先民或以葫蘆為圖騰。但西南佤族、彝族仍以葫蘆為圖騰。雲南哀牢山彝族男人自稱「羅羅頗」，而婦人自稱「羅羅嫫」，謂雄虎、雌虎。第三，社稷崇拜圖案。譬如自大通上孫家寨新石器時代一葬闕起出舞蹈圖案瓦盆。舞蹈係祈求豐產的巫舞。舞者沒人頭上有髮辮狀飾物，臂部斜向伸出一飾物。第四，母神崇拜圖案，譬如出自青海民和縣山城遺址某一人頭像壺。末了，葉氏以精神內質謂瓦畫表意〔註 163〕。

5. 紅山文化彩陶源探與西陰紋殊兆及大魚紋系統與紋右旋及半坡 P.4666 網格晝夜百刻說

1）紅山文化彩陶源探與垂弧紋別於西陰紋彎角說

（1）朱延平紅山文化彩陶源探

朱延平先生述，紅山文化得名於伊達先生。紅山文化彩陶紋飾主要有平行斜線、勾連紋和麟紋等。平行斜線紋習見於紅陶缽的口沿外表，係指斜線按同一方向橫繞口沿排列的彩陶花紋，迄今所見多為黑彩，如朝陽小東山 G1：120，下圖前。多件缽口沿上的這類紋飾每道斜線的粗細並不均勻，往往是一端明顯較粗，向另一端運筆時則益漸細微。此狀致獲「蝌蚪形斜平行線紋」之名。但紅山文化筒形罐口沿的外表也常常出現一種平行短斜線的戳印紋，就像朝陽小東山 F7①：1 面紋飾，下圖後。在紅山文化彩陶未見之時，筒形罐上短斜線戳印紋已見。彩陶缽面平行斜線紋來自將固有筒形罐口沿紋飾移植到泥質紅陶。而紅山文化夾砂陶筒形罐口沿此紋樣源於興隆窪文化。

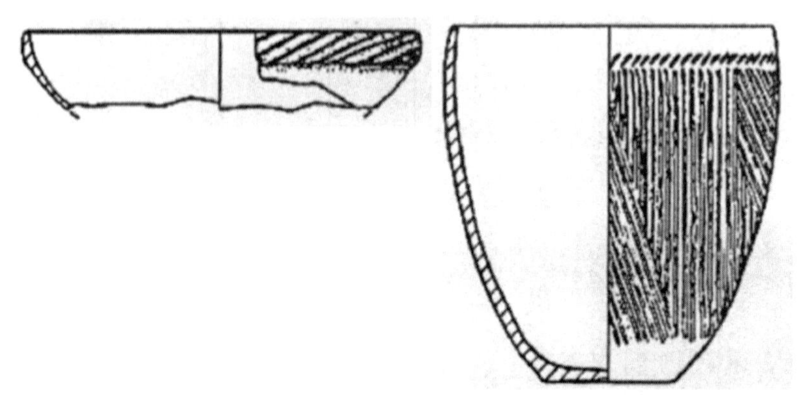

圖二一五　朱延平說小東山遺址缽口沿黑彩與筒形罐口沿戳印紋

〔註 163〕葉玉梅：《甘青彩陶紋飾及其精神內質透視》，《青海社會科學》2007 年第 2 期。

既往，紅山文化彩陶某種勾連紋被視為黃河流域廟底溝文化弧邊三角紋流變。倘著眼於這類紋飾含以黑彩勾繪出來的「空白地帶」，紋樣多呈「～」或「⌒」類勾連狀。此紋呈二方連續，它存在於興隆窪文化陶器面。譬如阜新胡頭溝筒形器上部圖案。紅山文化某種多重半環狀垂弧紋，習稱麟紋或垂麟紋，赤峰西水泉 H1：5、井溝子西梁 F1②：34、胡頭溝筒：3，俱見，此三器圖拓依次見於後圖。

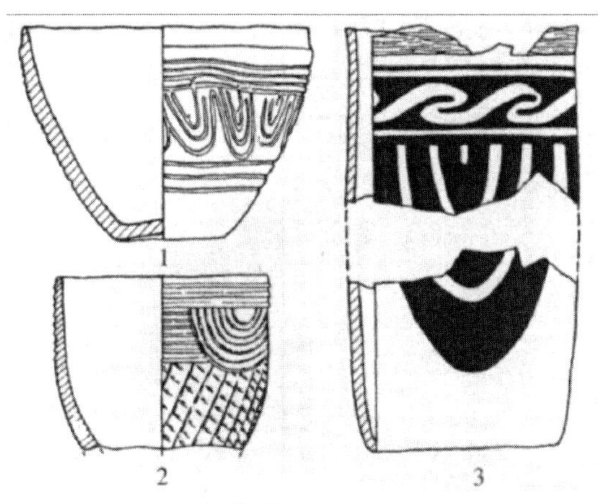

圖二一六　朱延平說西水泉井溝子西梁與胡頭溝半環狀垂弧紋

紅山文化彩陶之黑彩麟格紋，譬如巴林右旗那斯臺器面，其「祖型」可視作敖漢旗南臺地 3546F1：2 尊形器上勒刻麟格紋。

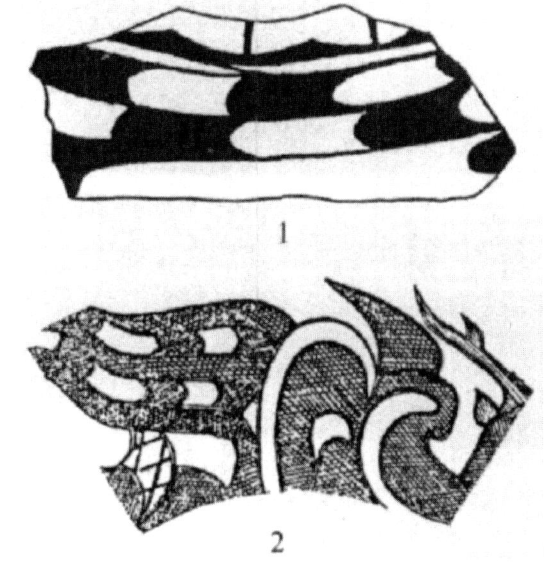

圖二一七　朱延平說那斯臺遺址與敖漢旗南臺地遺址麟格紋

基於對照，朱延平認為，紅山文化彩陶紋飾之「主要部分」源於本地土著文化陶器紋飾，異地文化比重甚微。主體要素來自前紅山文化傳統〔註 164〕。

（2）王仁湘垂弧紋別於西陰紋暨彎角紋說

王先生陳述了「西陰紋」出現史與單元紋飾要素，並補綴若干遺址瓦器彩繪於此。而後他嘗試依構圖判別嚴文明曾識見「垂弧紋」於「西陰紋」。他講，（學界）曾輕忽了黃河中游某種傳播甚廣之紋飾，此係一種二方連續式彎角狀紋飾。此紋飾係廟底溝文化彩陶中最頻見之紋飾之一。此紋飾係「典型的」「地紋」彩陶。其周圍以黑彩襯地，空出中央的彎角。王仁湘以為，其構圖均衡洗練，圖與器結合恰貼，時空特徵俱甚明確。

王仁湘援李濟類別西陰村遺址彩陶：其一，添加有或紅或白的地色。其二，徑施彩並繪於陶胎。黑色最多，不乏黑、紅色並用。彩紋頻見單元係「橫線、直線、圓點、各樣和三角；寬條、削條、初月形、鏈子、格子，遺跡拱形也有」。他提及僅見於西陰村遺址之一種彎角狀紋飾，其左邊有一寬頭，右邊弧收成翹尖角。其間或點綴斜線與圓點。此紋飾即李濟曾言「西陰紋」。圖二一八器樣：C4b、C4b、B7l、B7i。王仁湘將殘片增方，得 4 方或 5 方圖。

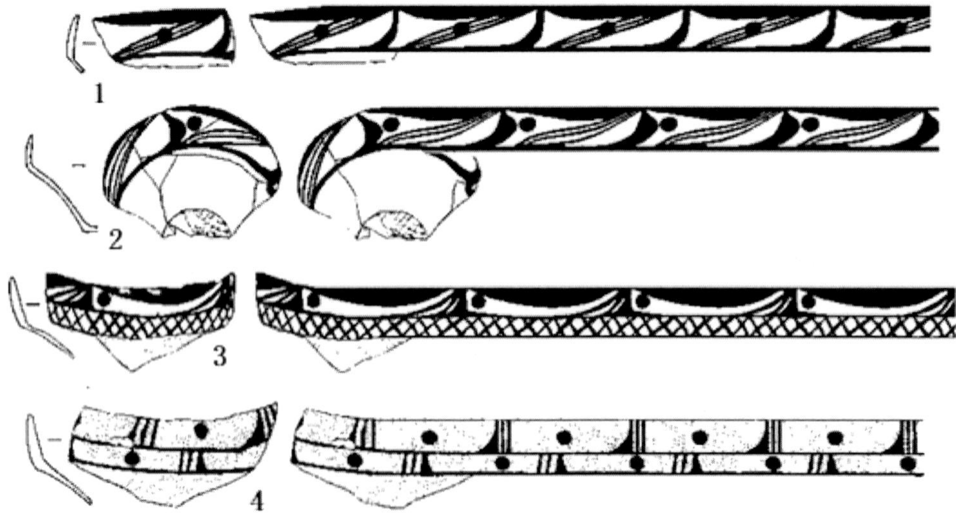

圖二一八　王仁湘說 1926 年李濟於西陰村遺址起出殘器紋增方

西陰村遺址彩陶紋多樣，並列於「西陰紋」尚有寬帶紋、花瓣紋、旋紋、網格紋、垂帳紋與圓點紋。其多數重見於廟底溝文化遺址彩陶。直口或折腹

〔註 164〕朱延平：《紅山文化彩陶紋樣探源》，《邊疆考古研究》，科學出版社，2007 年，第 78 頁～第 87 頁。

缽沿外有裝飾，俱係二方連續之構圖方式。發掘者 1994 年再次發掘後未識見更多範本式西陰紋彩陶。但細看者能見類似西陰紋之彩陶（紋飾）。圖二一九器樣：H26：2、H3：1、H26：18。

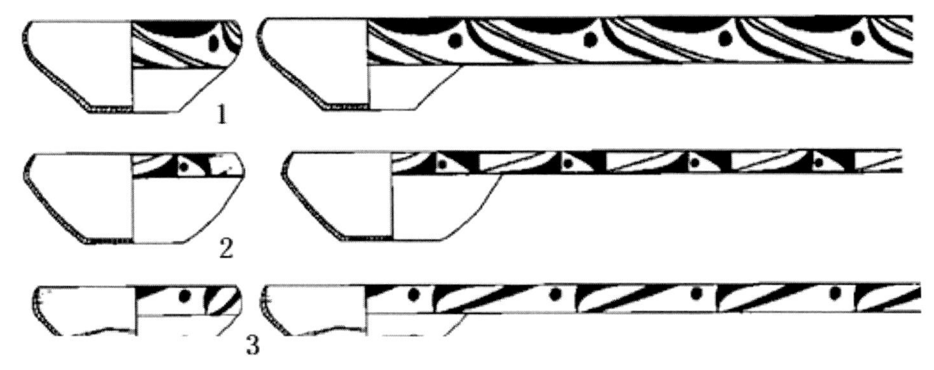

圖二一九　王仁湘說西陰村遺址 1994 年起出似西陰紋

在晉南永濟石莊遺址及芮城西王村遺址也起出了彩陶缽，其面上繪彎角狀紋。西王村遺址曾起出彩陶缽 5 件。其 4 件樣式參差。可見在彎角狀紋中填入不同圖形區別。圖形有弧形切分線、圓點，或兩者俱有，也見空白而無填充紋飾。圖二二〇之 1～5 出自西王村，之 6 出自永濟石莊。後圖第 1～4 含王仁湘增方。

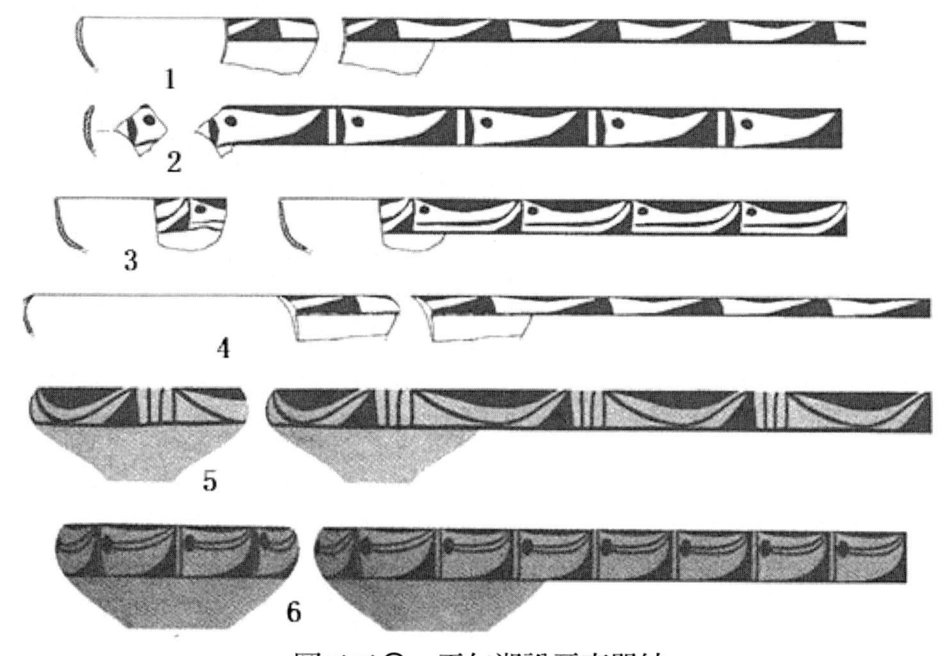

圖二二〇　王仁湘說晉南器紋

河津固鎮遺址起出數件同類彩陶，彎角狀紋中不填其他紋飾，僅一件填著交叉十字加圓點紋，圖案頗異。圖二二一，器樣 H16：19、H16：20、H15：34、H5：3。圖 1、3 含王仁湘增方。

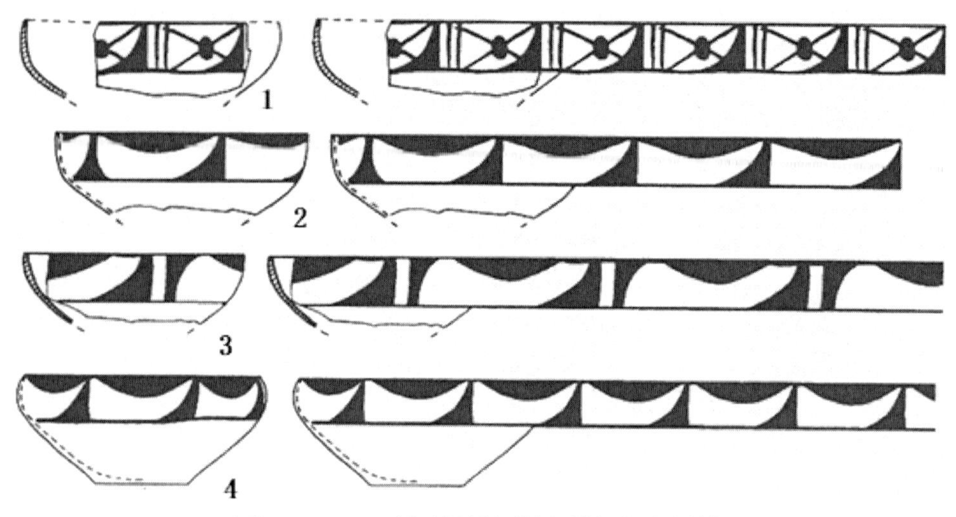

圖二二一　王仁湘說河津固鎮遺址器紋

檢仰韶村遺址 1921 年起出物，可辨識至少 3 件彩陶繪「西陰紋」。彎角狀紋長短參差，但俱填有附加紋飾。一件填弧線加圓點，另兩件填著弧邊三角加圓點紋。既往，後者被視為正面圖案化鳥紋。後圖二二二含王仁湘增方。

圖二二二　王仁湘說仰韶村遺址器紋

仰韶村遺址位於豫西。除此遺址外，豫西尚有陝縣廟底溝遺址。此地至少起出 4 件彎角狀紋彩陶。紋飾比較大樣，其中部填有圓點與分割線。紋飾多在小直口缽面上。高領折腹罐之一有連續彎角狀紋，其下面另繪一組紋飾。王氏取四紋樣如圖二二三。

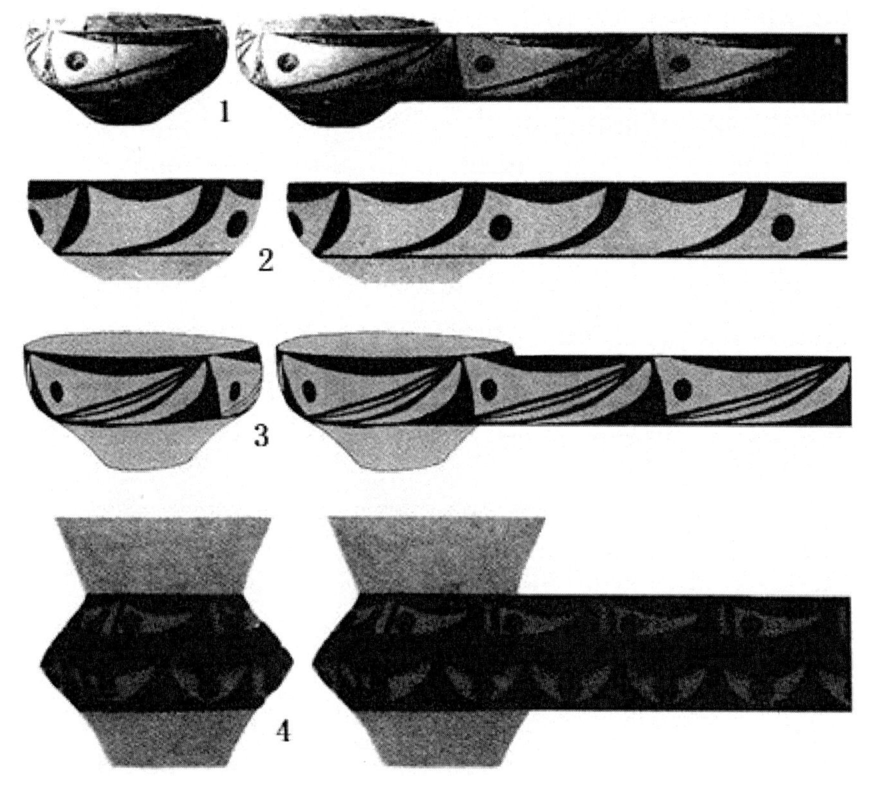

圖二二三　王仁湘說廟底溝遺址器紋

豫中鄭州後莊王遺址一件鼓腹罐（案，掘理者言甕〔註 165〕），其腹下繪紋飾多樣，非獨彎角狀紋，圖二二四。

圖二二四　王仁湘說後莊王遺址器紋

關中多地起出彩陶紋飾係彎角狀：渭南北劉、長安客省莊、長安北堡寨、扶風案板、寶雞福臨堡等遺址。諸多紋飾點綴以圓點，但扶風案板遺址一件彩陶點綴蝌蚪紋。而北劉遺址起出一件彩陶彎角狀紋當中繪有一個豆莢紋。這能夠透露兩類紋飾關係。圖二二五第 4、5 含王仁湘增方。

〔註 165〕河南省文物研究所：《鄭州後莊王遺址的發掘》，《華夏考古》，1988 年第 1 期，圖一三，3，M229：1，IV 式甕。

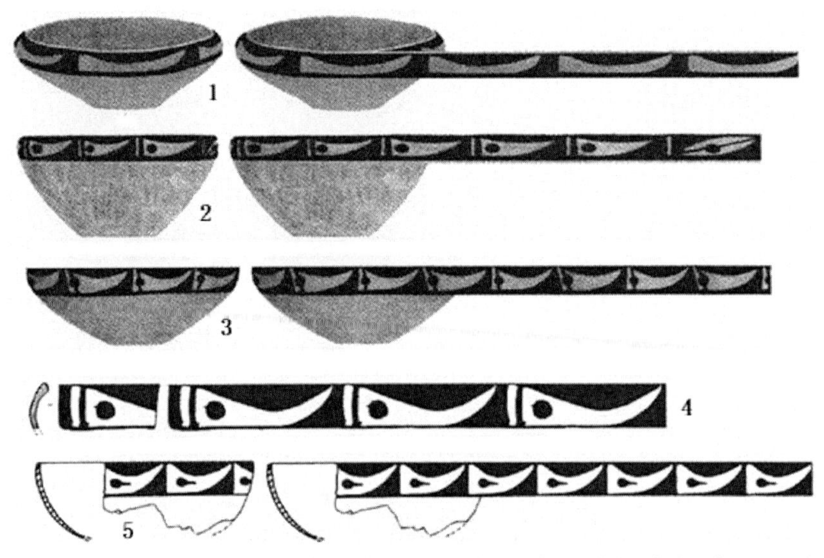

圖二二五　王仁湘說關中客省莊北劉北堡寨福臨堡案板遺址器紋

華縣泉護村曾集中起出彩陶。此地起出多見斂口缽有彎角狀紋飾，紋飾窄長，一些紋飾加畫參差隔斷，多數點綴圓點，罕見加飾分割線。後諸圖含王仁湘增方。圖二二六瓦片與紋飾之 1～4 屬泉護村第一期第一段，5～7 屬第一期第二段。1～7 器樣：H1051：02、H1024：01、H1075：020、H1055：01、H1117：01、H14：192。

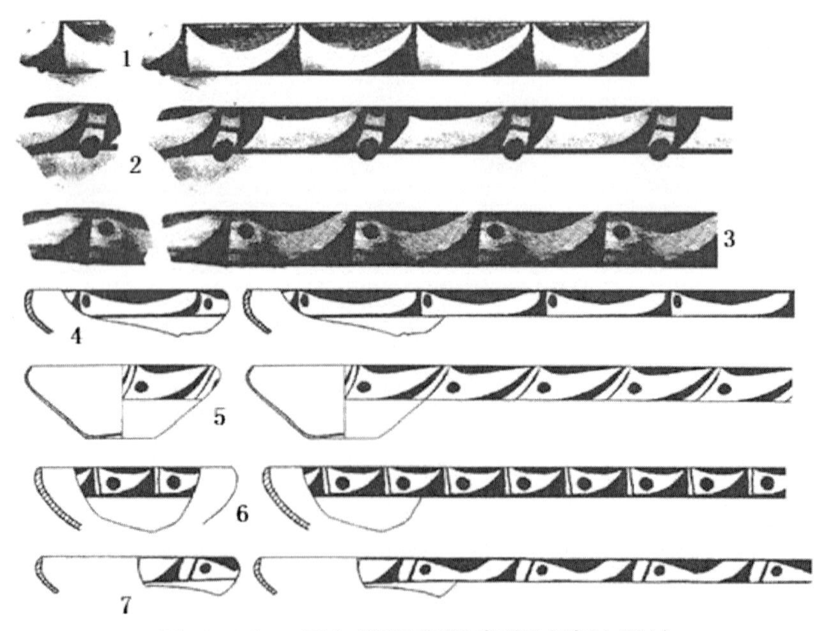

圖二二六　王仁湘說華縣泉護村遺址器紋

陝南仰韶文化區彩陶罕見此等彎角狀紋飾，唯西鄉何家灣遺址起出一件。隴東諸遺址僅狄宛彩陶彎角紋有五六種樣式。紋飾單元以寬短形多見，此類紋飾有「加繪」不同隔斷者，頻見「點綴」圓點，寡見「加飾」分割線。圖二二七殘瓦紋器樣 1～10 器樣：F367：p26、T309（3）：p23、H700：p45、H302：p50、T339（3）：p55、T305（3）：p49、T305（3）：p46、T707（3）：p30、T344（3）：p54、T305（3）：p46。

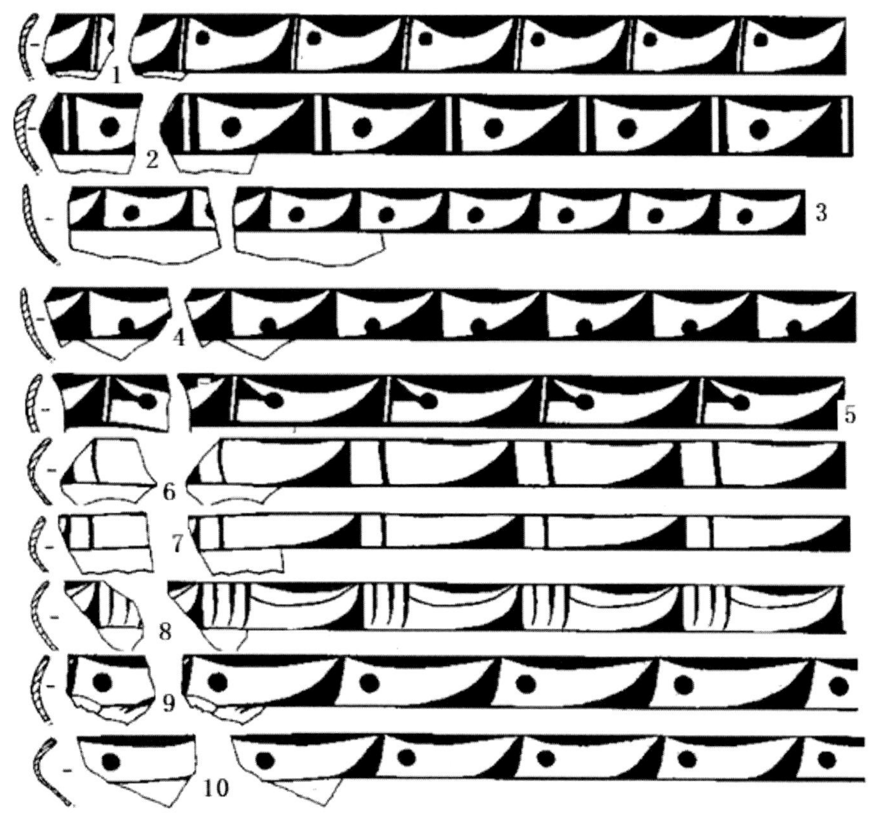

圖二二七　王仁湘說狄宛遺址第三期器紋

在鄂西北遺址，也見「典型」的「西陰紋」，頗顯意外。棗陽雕龍碑遺址第二期文化層起出數件彎角狀紋彩陶，多位於缽面上。其一系罐。器面上繪彎角狀紋多顯寬短。半數當中無加填任何圖形。其餘加填圓點或分割線。雕龍碑遺址第三期起出一件彎角狀紋彩陶罐。其上下繪兩組加圓點彎角狀紋，兩組紋飾之間加繪另一組紋飾作為間隔，此組合紋飾罕見。圖二二八，器樣 1～8 器樣：T2722HX01、T2307（4）133、T2207（4）A：16、T2013（4）A：4、T2208（4）B：38、T2209（4）B：3、T2206（4）02、H5（3）1。

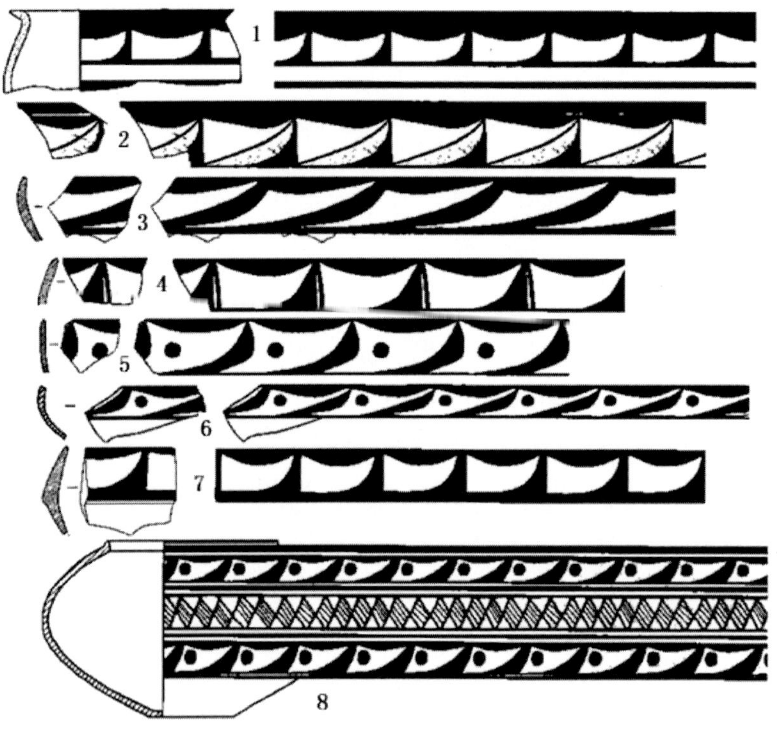

圖二二八　王仁湘說雕龍碑遺址器紋

彩陶「西陰紋」散佈於若干地域，但不越晉南、豫西、鄂西北、關中、隴東諸地。此類彩陶年代接近，其多數「屬於廟底溝文化」。少數屬於廟底溝文化明顯影響的外圍文化。彎角狀「西陰紋」係廟底溝文化富有特點的彩陶紋飾。其影響不如廟底溝文化彩陶之旋紋與花瓣紋影響大。

在「分類」部，王仁湘述李濟曾貴重西陰村遺址彩陶紋飾研究，及梁思永以其撰文《山西西陰村史前遺址的新石器時代的陶器》（1930 年）舉「西陰紋」為第一類紋飾檢討。迄 1963 年，嚴文明檢討西陰村遺址起出物。嚴氏識見此地彩陶紋飾為「垂弧紋」。王仁湘講，「西陰紋」係「很有特色」之彩陶紋飾。諸紋飾構圖固基本相同，但細部變化明顯。諸變化體現地域之別，同時「應當有」年代差距。王氏舉其故曰：認定西陰紋係一種「地紋」彩陶，其圖案要素是將四周塗色，映襯出「中間的彎角狀紋飾」。察其「大形」，彎角狀紋飾輪廓有長短、寬窄之分，窄長者彎角較尖，寬短者彎角較鈍，兩者間看不出年代早晚關係，及演變關係。其顯著特點是，此等彎角形幾乎盡見寬頭在左，尖頭在右，按逆時針方向排列。此程序幾乎未曾被破壞，迄今未見相反情形。若不顧彎角狀紋飾長短寬窄之別，僅由其附加圖形「區分」，依其變化，至少可「分出」「6 種」形式。

A 式：無附加圖形之彎角狀紋，角中無紋，角間無間隔圖形。

B 式：角中無附加紋飾，但諸角間繪間隔圖形。

C 式：角中附加圓點紋，諸角間繪有間隔圖形。

D 式：角中既「附加有」圓點紋，角與角間繪有間隔圖形。此形式堪為彎角狀紋標準形式，故在其發現數量較多。

E 式：角中繪 1～3 條分割線，或附加圓點紋，角角間或有間隔圖形。此係彎角狀紋中的一種完全形式。

F 式：角中腹肌是特別紋飾，諸角見或有間隔圖形，角中特別紋飾於判斷相異遺址、不同地域之間關係，可能提供非常有力的證據。

表二　王仁湘說各地西陰紋類別與比較

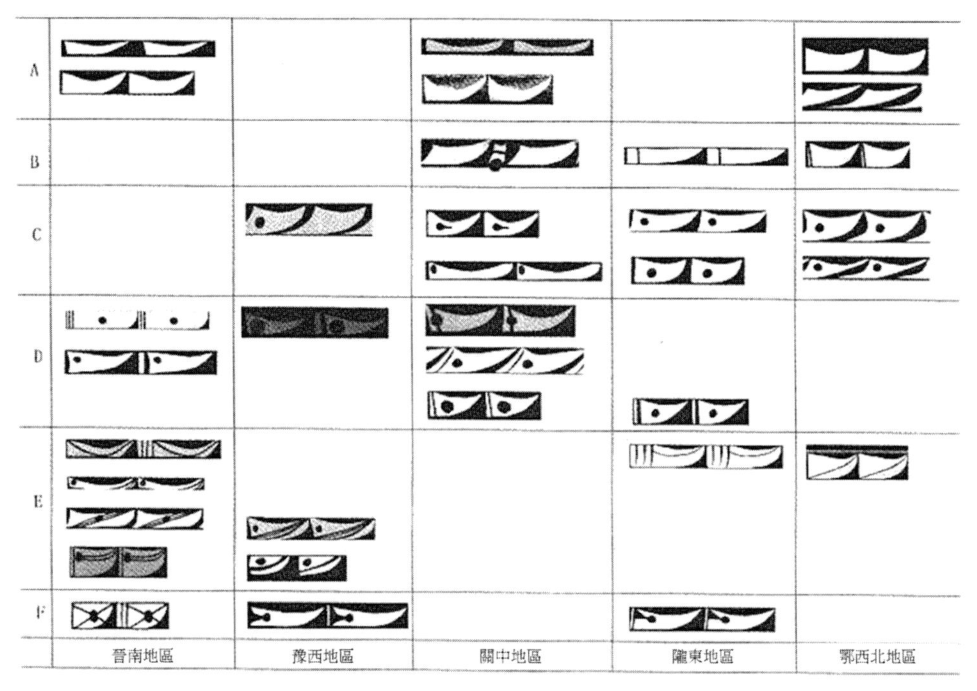

以上形式之地域分布參差，晉南缺 B、C、式，豫中缺 A、B 式，關中缺 E、F 式，隴東缺 A 式，鄂西北缺 D 式。隴東發現紋飾形式最全。C、D、E 近乎偏見。故可確定，此三式為標準形式。其他諸式若見於兩地區，表明不同地區間存在聯繫。基於前分類，王仁湘云：彎角狀彩陶紋飾繪製在廟底溝文化時期大約已確定了程式化標準。陶工不得隨意發揮，更改。

唯張鵬川曾推測，「彎角狀」紋飾係側視鳥形之簡化形式。張氏曾繪出鳥紋由具象到抽象演化圖。張氏云，側面鳥紋自寫實紋樣向幾何形紋樣演化，致鳥紋簡化到僅以圓點表示，鳥身變成一條細長弧帶。而後，由圓點與細弧線弧先組成之側面鳥紋又演變為斜線、圓點、月牙形紋組成之幾何圖案（《圖譜》，第 158 頁～第 159 頁，圖 83）。此推測尚無考古地層依據。華縣泉護村地層證明，具象鳥紋與抽象彎角紋飾「共存」。二等紋飾無聯繫。而且，狄宛（大地灣）遺址起出彎角狀紋飾之地層更早。它最早出現在半坡文化末期。故此，不須在鳥紋求索其源。張氏曾論證正面鳥紋演變成另一種圓點與弧邊三角之幾何紋樣，徧見於廟底溝文化彩陶。在半坡文化時期，也見幾何紋樣，其標本見於狄宛遺址。其狀與廟底溝彩陶上的鳥紋無必然聯繫。

彎角狀紋最早見於半坡文化時期，標準的地紋彎角狀紋飾徧見於彩陶盆沿面裝飾。此裝飾已具二方連續之構圖特點。彎角首尾相連，將沿面等分數段。在狄宛與姜寨遺址都有彎角狀沿面裝飾，俱係地紋表現形式。此二者時代當半坡文化晚期。

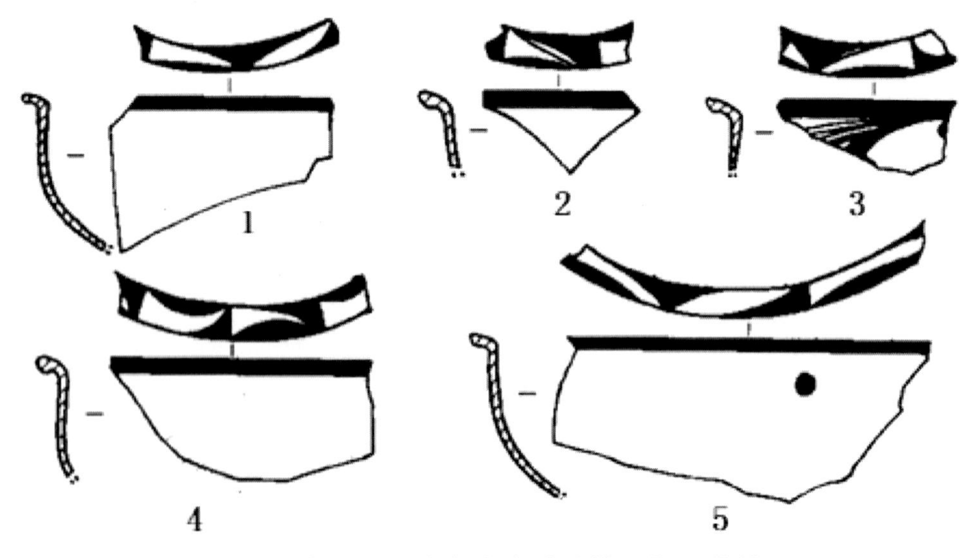

圖二二九　王仁湘說狄宛遺址第二期器殘紋

圖二二九，1～5 器樣：F711：p16、T109（3）：p92、T4（4）：p18、T711（4）：p26。王氏以半坡遺址文化為「時期」標誌，他云：此時期，彎角狀紋飾用於裝飾沿面，也用於其他紋飾組合。狄宛起出不少彩陶屬於此類。而且，彎角紋內已見「添加的」大圓點。在一件「人形瓶」上，彎角狀紋飾翻覆出

現，彎角左右相背、上下相對（《發掘報告》圖一二一）。由此得知，「在構成二方連續圖案前」，彎角狀圖案已是定型紋飾單元。其根源迄今不清。

王氏又言，以「地紋」方式描繪二方連續彎角狀紋飾出現於廟底溝文化前。在秦安狄宛（大地灣）與芮城西王村遺址早於廟底溝文化地層，各起出一件「標準的」彎角狀紋飾彩陶。器形、紋飾構圖俱不異於廟底溝文化彩陶彎角狀紋飾構圖。此紋樣屬此文 C、D 形式。王氏援兩地瓦器與殘片 T209：5：1（東莊村早期）、H211：p168（狄宛第二期文化），為說，圖二三〇，1、2。

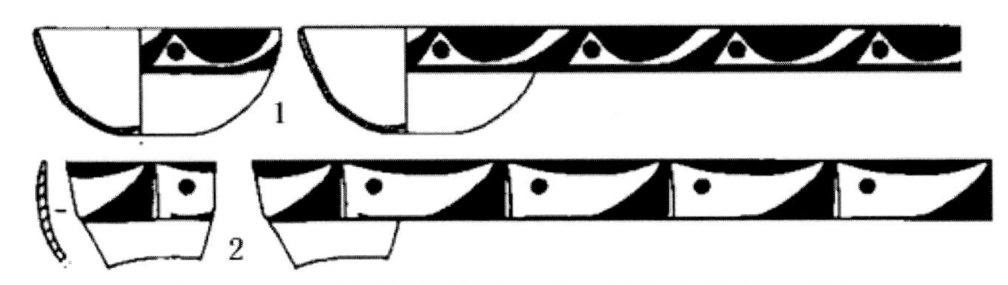

圖二三〇　王仁湘說芮城東莊村與狄宛遺址西陰紋

王氏講，有理由認為，彎角狀紋飾彩陶最早出現於半坡文化晚期，它普及於廟底溝文化時期。彎角狀紋飾與鳥紋之間無必然聯繫。王氏承認，小直口或斂口鉢係二方連續構圖彎角狀紋飾之固定裝飾體。此等瓦器係食器。食器用西陰紋之含義不得而知〔註 166〕。

2）人面魚紋寄盆與係彤魚氏祭祀對象及廟底溝大魚紋系統及流變說

（1）曹定雲人面魚紋係彤魚氏標誌與其寄器為祭祀對象說

曹定雲先生言，2009 年他曾向「炎帝姜炎文化與和諧社會」學術討論會提交《炎帝部落早期圖騰初探》文。曹先生文援舉北首嶺遺址 T129：2，（註第 26，第 49 頁，圖四七，7）為半坡類型人面魚圖模範。他云《山海經．海內南經》言「氐人國」「其為人，人面而魚身，無足」。《大荒西經》「互人」國，依孫星衍等考證，乃「氐人」之訛。曹先生察見，經文「人面而魚身」似半坡類型仰韶文化「人面魚紋」。又云，《海內南經》言氐人人面魚身係發掘已見「人面魚紋」圖的繼承與發展。由此，可推斷「半坡類型仰韶文化先民應該屬於古代的炎帝部落」。又言，寶雞是半坡類型仰韶文化的發祥地。由此推斷，人面魚紋圖是炎帝部落早期崇拜的圖騰。

在「『人面魚紋』圖是炎帝彤魚氏標誌」題下，曹先生云，炎帝部含甚多

〔註 166〕王仁湘：《彩陶「西陰紋」細說》，《古代文明》第 7 卷，文物出版社，2008 年，第 21 頁～第 36 頁。

氏族：彤魚氏、神農氏、烈山氏、魚凫氏等。炎炎帝神農氏，謂神農氏族長擔任炎帝部落首領，由他統帥炎帝部。人面魚紋「圖騰」不是神農氏族標誌。曹先生以為，人面魚紋不是神農氏標誌，《潛夫論·五德志》、《後魏風土紀》等文獻炎「神農」以「羊」為標誌。時代也不符合。炎黃阪泉之戰時在距今 5000 年許。《帝王世紀》言「炎帝神農氏」「在位一百二十年而崩，……。凡八代，及軒轅氏也。但《古史考》言「炎帝之後，凡八代五百餘年，軒轅氏代之」。《呂覽·慎勢》「神農氏十七世有天下」。曹先生用 500 年為神農氏為部落盟首，用大約數。神農氏首任盟首係魁隗，末代盟首為魁隗。曹氏援石興邦先生言，炎帝時代距今 6000～5000 年。北首嶺文明地層之下層早於半坡文明地層下層。北首嶺遺址上層年代大致近魁隗時代。北首嶺遺址中層、下層文明早於魁隗。曹先生依司馬貞《史記索隱》援皇甫謐云：黃帝「元妃西陵氏女，曰嫘祖，生昌意。次妃方雷氏女，曰女節，生青陽。次妃彤魚氏女，生夷鼓，一名蒼林，次妃嫫母，班在三人之下」。

曹氏云，彤魚氏以魚為「圖騰」。半坡類型仰韶文化的「人面魚紋」圖是以紅色作為底色，在彩陶盆內繪出魚形。而彤魚氏之「彤」也是朱紅色之意，《國語·周語下》：「夫宮室不崇，器無彤鏤，儉也」。韋昭注：「彤，丹也」。古代有「彤弓」「彤管」。彤，《玉篇》作「赤」。《詩·邶風》：「貽我彤管，《左傳·定九年》靜女之三章取彤管焉。《注》：彤管，赤管，筆：女史記事規誨之所執」。《疏》：「必用赤者，示其以赤心，正人也」。《書·文侯之命》：「彤弓一」，《詩·小雅·彤弓傳》：「彤弓，朱弓也」。依諸文獻，曹氏云，「彤魚」就是朱紅色之魚，「人面魚紋」圖之底色恰恰是朱紅色。名、圖完全相符。

曹氏後舉陸思賢以半坡人面魚紋為月相圖，以為是。曹氏又以為，人面魚紋盆之用，或涉及祭祀。人面魚紋盆是祭祀之器，也是祭禮對象。陸思賢舉五圖樣，曹氏以五樣乃一月內五個不同時段祭器。盆內人面魚紋圖乃五個不同祭祀對象。

曹氏又云，炎帝時代早期，彤魚氏為首領。但到半坡文明晚期，彤魚氏統治衰微。「以羊」為圖騰之「神農氏」興起。曹氏舉《西安半坡》圖一二二，19，A7a 式「花紋」為證〔註 167〕。

〔註 167〕曹定云：《寶雞北首嶺仰韶文化「人面魚紋」圖騰與炎帝彤魚氏——兼論炎帝名號的由來》，《炎帝·姜炎文化與民生》（霍彥儒主編），三秦出版社，2009 年，第 1 頁～第 9 頁。

（2）王仁湘廟底溝文化為央與魚紋一統說

2009 年，王仁湘先生檢討了淅川下王崗與棗陽雕龍碑遺址瓦器彩繪、鄖縣大寺遺址彩繪、枝江關廟山遺址、屈家嶺遺址等彩繪，並引入「西陰紋」等比較。

王氏言，以豫陝晉黃河中游為主要分布地區的廟底溝文化，它富有特點的彩陶廣泛傳播，掀起了中國史前非常壯闊的藝術大潮。廟底溝文化彩陶對文化差異明顯的南方兩湖地區的影響也非常明顯。長江支流漢江是彩陶傳播的一個重要通道，上游本來就是半坡與廟底溝文化的分布區，順江而下，淅川、鄖縣，棗陽一帶都發現了一些典型廟底溝文化風格的彩陶，主要有葉片紋、「西陰紋」、四瓣式與多瓣式花瓣紋、菱形紋和雙旋紋等。

鄂西北地區也發現了與廟底溝文化相同的典型魚紋彩陶。這是在南方找到的重要線索，棗陽雕龍碑見到一例魚紋彩陶片，紋飾僅存半尾，不能準確判斷是典型魚紋還是簡體魚紋，多半是典型魚紋。鄖縣大寺遺址在後來 2006 年的發掘中，也見到一例標準的魚紋殘片，紋飾只保留著魚紋身與尾的接合部位，這是一例非常明確的典型魚紋，所以發掘者當時沒有辨認出來。可見，魚紋傳播已經到達江漢平原的北緣。

察「西陰紋」在南部文化的彩陶中也扮演過重要角色。鄂西北部地區見到不少典型的「西陰紋」彩陶，棗陽雕龍碑遺址起出不少。雕龍碑遺址二期發現數件「西陰紋」器多數為缽，及一件罐。「西陰紋」較寬短，半數中間沒有加填任何圖形，雕龍碑三期也發現一件「西陰紋」彩陶罐，上下繪兩組加圓點的「西陰紋」，兩組紋飾間加繪另一組紋飾作為間隔，這是罕見的「西陰紋」組合紋飾。

由彩陶的發現看，廟底溝文化的影響，一定是越過了大江，到達了遙遠的江南。彩陶「西陰紋」的地域分布，並不僅限於晉南、豫西、鄂西北、關中、隴東地區，它還傳播到南面的長江流域和北面的河套地區。基於比較，王氏言，在漢水中上游地區，從前仰韶時期到仰韶文化時期，黃河文化的影響並不是局部的或短暫的，這一地區實際上可以劃入大黃河文化地理範圍之內。

王氏論魚紋曰：魚紋全形的演變，在完成由典型魚紋向簡體魚紋演變的同時，又創造出了均衡對稱的菱形紋，菱形紋屬於結構嚴謹的直邊形紋飾系統。變形的魚唇在拆解後，分別生成了「西陰紋」和花瓣紋，這是廟底溝文化彩陶非常重要的兩大弧線形構圖系統。魚紋頭部的附加紋飾拆解後，又提煉出旋紋、圓盤形、雙瓣花和加點重圈紋等，構成了廟底溝文化點與圓弧形彩陶紋飾體系，組合出更多的複合紋飾。廟底溝文化彩陶許多的紋飾都能歸入魚紋體系。魚紋的拆分與重組，是半坡與廟底溝文化彩陶演變的一條主線，這條主線還影響到這兩個文化的時空之外。

王氏講，行分類研究之後，能構建起一個紋飾分類系統，這是一個明確的象徵紋飾系統，其中最壯觀的是「大魚紋」象徵紋飾系統，也是廟底溝文化彩陶最中心的象徵紋飾系統。突然發現原來許多的彩陶紋飾都可以納入到這個系統中，也就進一步證實了彩陶的象徵性。這個系統有兩種意義：藝術與文化意義，象徵思維含義。

王氏言，「作為象徵藝術的彩陶明確畫出了一個範圍，這個範圍內的人們統一了自己的信仰與信仰方式，在同一文化背景下歷練提升，為歷史時代大一統局面的出現奠定了深厚的根基」〔註 168〕。

（3）王仁湘廟底溝文化魚紋等別與解構說

王仁湘別魚紋三等：第一，寫實魚紋。第二，典型魚紋。第三，簡體魚紋。其圖一，第一 1，以西鄉何家灣、銅川李家溝、鄭州大河村、濟源長泉、垣曲小趙諸遺址起出魚紋為寫實魚紋。各處構圖參差，但用網格表示魚鱗。山西垣曲小趙遺址彩陶魚紋最生動。係準確魚紋。

銅川李家溝、華縣泉護村、華陰南城子、臨潼姜寨、隴縣原子頭魚紋被視為典型魚紋；晉南新絳光村、洪洞耿壁遺址魚紋被視為簡體魚紋。靈寶多遺址（北陽平、小常、永泉埠、南萬村）起出器面魚紋，或典型或簡體魚紋。豫西魚紋與山西、陝西、甘肅地區魚紋無別。仰韶村、西陰村遺址初發掘曾起出簡體魚紋，彼時未認得。石璋如在關中調查時曾見邠縣老虎煞遺址殘片簡體魚紋。白龍江與西漢水區域西和寧家莊、禮縣黑土崖、禮縣高寺頭、武都大李家坪也有魚紋殘部起出。黑土崖魚紋乃簡體魚紋。

王氏以成圖為據，係多地遺址殘片彩繪魚紋於典型魚紋、簡體魚紋。其域：內蒙古、湖北、山西、河南、陝西殘片魚紋屬典型魚紋，而陝西、河南、陝西、甘肅殘片魚紋為簡體魚紋。典型魚紋以關中為央，西及渭河上游，乃至西漢水，陝南、鄂西北俱見。在關中至河套平原，未見典型魚紋。但河套以北內蒙古清水河石板遺址、涼城王墓山坡下遺址發現典型魚紋。王氏另見無

〔註 168〕王仁湘：《廟底溝文化彩陶向南方兩湖地區的傳播》，《江漢考古》2009 年第 2 期。

體魚紋，譬如山西芮城東莊村。王仁湘又檢得半坡文化晚期與廟底溝文化器表無頭魚紋。王氏察見若干器表魚紋之魚目被拆解，此乃魚紋變化方式之一。他參照狄宛彩陶魚紋，云狄宛魚眼有圓目，也有偏目，偏目魚眼數量似乎更多。偏目或只繪出半個眼珠，甚至繪成半閉樣子。

到姜寨第三期，魚眼圓圈眼與偏眼共存，也見兩種魚眼出現在同器之例。或見魚身隱沒，僅繪出一隻魚眼來，紋飾更為簡化。這一類魚眼的外輪廓都繪成方框形，眼睛也略呈方形，作了明顯的變形處理。本來是圓形的眼睛，結果變幻成了方形，可見史前畫工在圖形處理方面有一定的藝術原則，圖二三一。

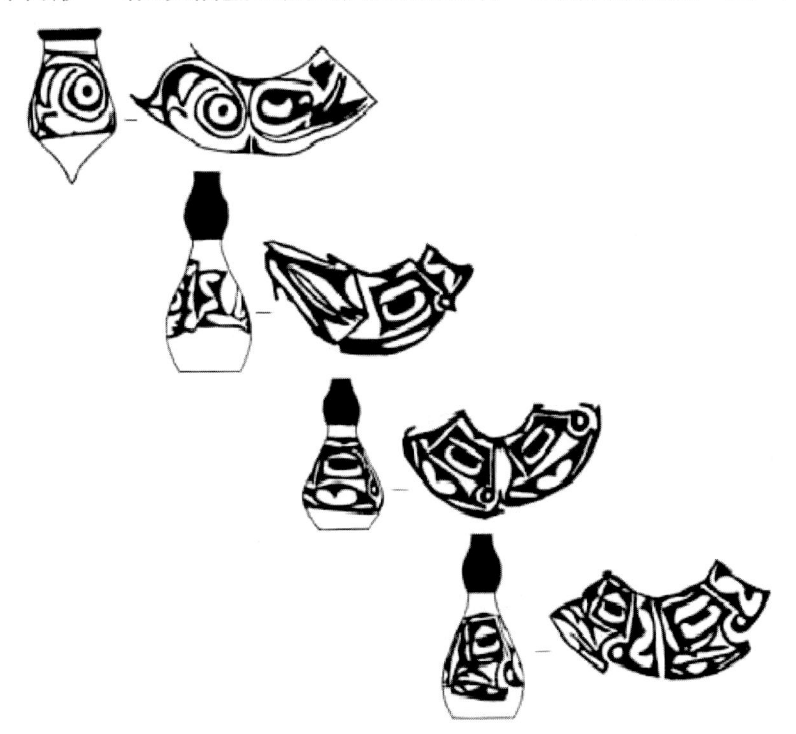

圖二三一　王仁湘說姜寨遺址彩陶圓目與偏目魚紋

甘肅出土一件彩陶盆，腹面繪正視的魚頭紋，圓圓的雙眼之間，是闊大的嘴。這帶點的圓圈形應當就是魚眼，這樣的圖形表示魚紋。兩隻魚眼下面的雙瓣紋，還有雙瓣紋之間的圓盤形紋，都是魚紋的象徵（圖二三二，上，不詳出所）。在甘肅張家川的一件彩陶上，見到了明確的偏目魚紋（圖二三二，下）〔註169〕，這樣的魚目獨立存在，它代表的當然就是偏目的魚。王先生以

〔註169〕檢而未得上圖寄器所自，下圖寄器出自張家川大陽鄉閻家村（《甘肅彩陶研究與鑒賞》，第17頁，圖009）。

為，此二器魚紋在半坡文化、廟底溝文化間。

圖二三二　王仁湘說甘肅張家川等遺址盆壺彩繪圓目紋和扁目紋

王氏言，用典型魚紋觀照，「簡體魚紋將魚頭省略成了一個圓點」，保留下來的只是剪刀式的魚尾，魚身完全不見了。簡體魚紋的魚尾變化倒不很大，與典型魚紋並沒有太大不同。但獨立觀察，即覺得簡體魚紋的魚尾變化也非常大，魚尾不僅繪得很長，分叉也很大，就像是兩片柳葉。

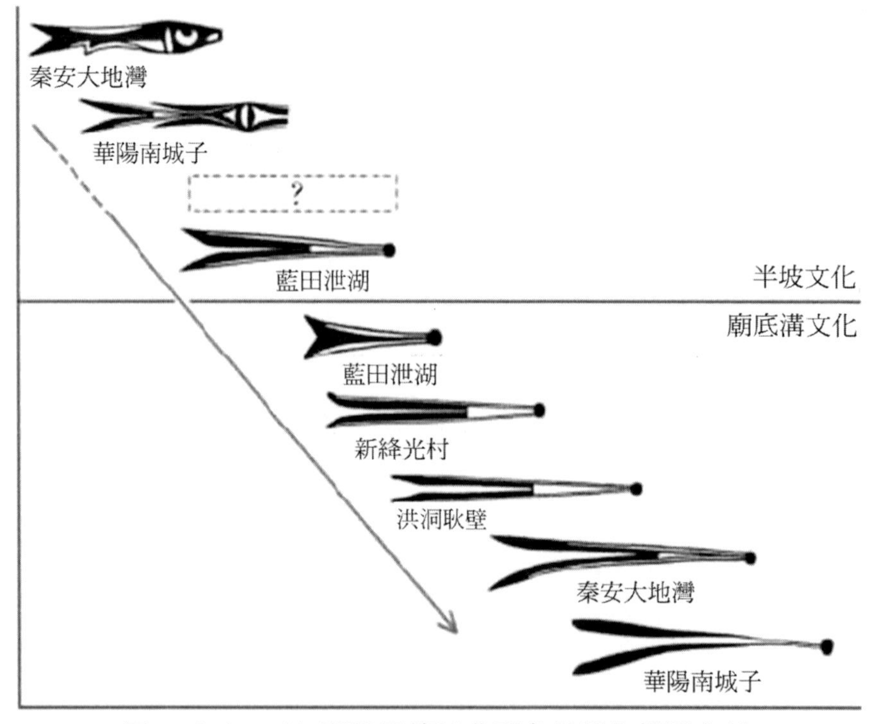

圖二三三　王仁湘說眾遺址典型魚紋變為簡體魚紋

王仁湘又以為，簡體魚紋乃魚紋演變另一結果。王氏言典型魚紋、簡體魚紋共存於一些遺址。甚至，王氏給姜寨第二期尖底罐（案，器樣 ZHT5M76：8）紋樣覓得兩種魚紋共存之說。

圖二三四　王仁湘說姜寨遺址典型魚紋與簡體魚紋共存彩陶

傍此，王仁湘繪圖，證典型魚紋變向簡體魚紋之蛻變階如後。

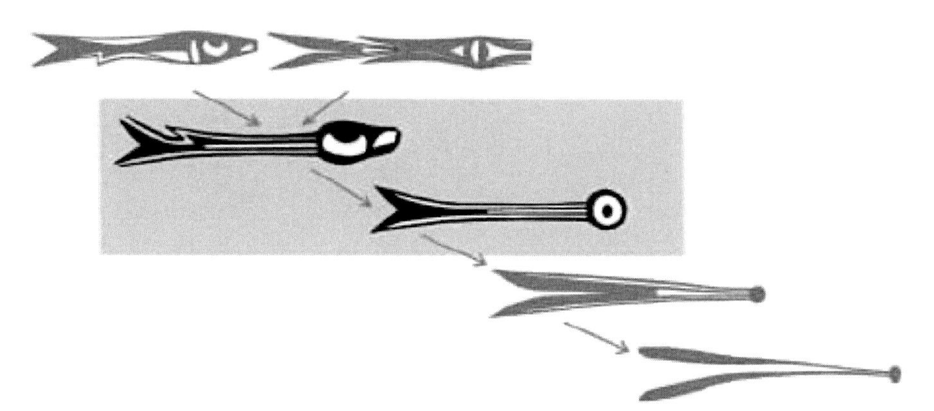

圖二三五　王仁湘說典型魚紋向簡體魚紋演變之中間形態

從半坡文化彩陶的完形魚紋頭部，可以看到一個彎角狀的飛白形狀，它表示魚張開的嘴。半坡魚紋嘴形有一些變化，其中有一種為黑白對比式，也是彎角狀，但繪成一黑一白的樣子，形成鮮明的對比。不僅魚紋的眼可以拆解單獨為紋，魚唇輪廓也是彩陶表現的一個重要主題，也可以拆解作為紋飾元素使用。將這類魚紋中的嘴唇紋飾提取出來，細察即見那典型的人面魚紋的陰陽頭，也許啟發了當初畫工的靈感，類似的魚唇樣式似乎是借用了這個構圖，兩相比較，非常接近。

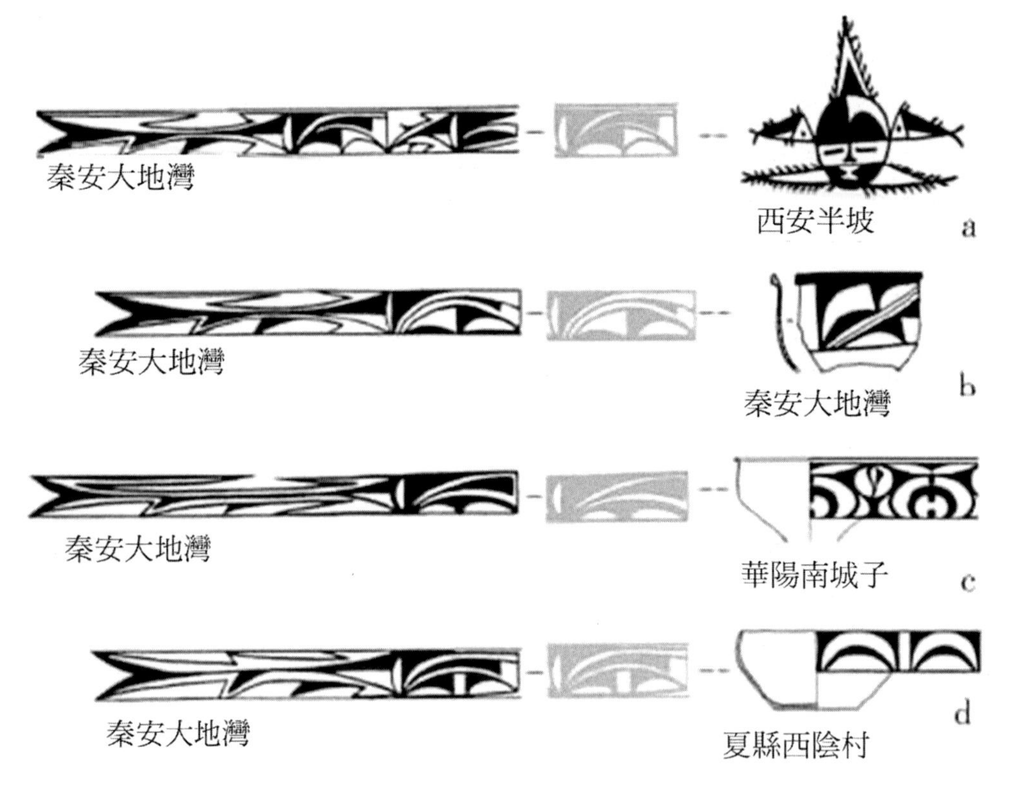

圖二三六　王仁湘說魚紋唇部變形與元素提取

魚唇紋提取出來後，又被作為新的元素，重新構成另外的紋飾，最典型的是取用這種元素再作一次對稱構圖，有時還是以斜對稱的方式出現表現手法靈活。

依此說，王仁湘將狄宛 QD0：19 器先視為「人形彩陶陶瓶」，見其上滿繪紋飾，首為圓盤形紋與魚唇形紋，都是變體魚紋頭部見到過的元素。這件彩陶瓶對於史前人而言，就是一件圖案已經幾何化的魚紋瓶。魚唇圖形中葉片與彎角兩相分離，新造出兩大紋飾系統，即花瓣紋與西陰紋系統。這樣的分解與重組，是彩陶重要的構圖規則。在文末，王氏推測幾何紋「可能包含相當隱晦的象徵意義」〔註 170〕。

〔註 170〕王仁湘：《廟底溝文化魚紋彩陶論》(上)，《四川文物》2009 年第 2 期。

（4）王仁湘簡體魚紋向菱形魚紋過渡說

王先生立於「得意忘象」高端而表達紋樣藝術。他以為，畫匠畫前胸納意向，本來能有所指，但在描繪時沒有了曾有形象，此「藝術化」過程，是得意忘象過程。以為，某種魚紋無頭，在頭所存在某種雙瓣花瓣紋與圓盤形組合。隴縣原子頭一件「魚紋彩陶盆」面上有此紋樣。王氏又認為，狄宛至少有三件陶片有同樣組合。王氏演示狄宛瓦盆紋樣係圓盤形紋，而且此紋能與其他紋樣組合，也能變異。又演示狄宛「魚紋擴展出來的圖案」。演示兩狄宛瓦器紋樣與它遺址菱形紋。王氏以為，菱形紋指代魚紋，彩陶菱形紋有魚紋含義。依此理路，王氏推測，魚紋向菱形紋演變。

彩陶上美妙的菱形構圖來源可能與魚體圖形有關。在象徵魚紋向菱形圖案演變的過程中，還是缺乏足夠的中間圖案證據。但甘肅的合水遺址見到了與魚尾同在的菱形紋，透露出它們之間的密切關係。這件彩陶標載於郎樹德、賈建威著《彩陶》（案，彩版第 12 頁，圖 22）它其實是在一個簡體魚紋的前面，連接一個還並不完整的菱形紋。畫面上出現的菱形紋，僅僅是兩個斜向對稱的直邊三角形紋，另外的兩個直邊三角其實並沒有將斜邊用線條封閉起來，我們要想像出這條邊的存在才能體味出完整的菱形紋來，我想可以稱它為「會意的」菱形紋。王仁湘又以為，會意的菱形紋比起完整的菱形紋，顯得更為生動含蓄，更富於藝術感。這樣的紋樣構成非常獨特，但也並不是孤證，類似者見於姜寨遺址。後圖 1 係王氏言姜寨殘圖附補。圖 2 乃狄宛簡體魚紋或三角紋圖。

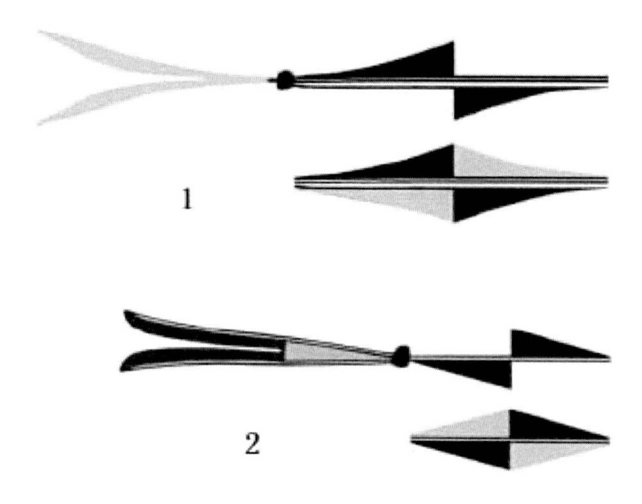

圖二三七　王仁湘說簡體魚紋與三角紋或菱形結構

王氏續檢云，菱形紋至少有四種小有區別的樣式，但彼此互有聯繫，「它們應當都是魚紋的替代紋飾。周邊沒有襯托色塊的菱形，是單純的菱形，也可以說是基本的菱形構圖」。王氏將它歸為 a 式。a 式來源於更簡單的兩個斜對稱構圖的直邊三角，在這個構圖基礎上用邊線連接成另一對斜對稱的地紋直邊三角，就構成了一個典型的菱形紋。b 式菱形紋是 a 式的擴展，是在 a 式的外圍再結出相應的直邊三角，將菱形紋包納在中間。a 式與 b 式菱形的中間，留有橫向的分割帶。c 式和 d 式卻沒有這樣的分割帶，斜對稱的色塊緊連一起。在菱形外圍構圖上，c 式與 b 式完全相同，它的外圍也是用交錯的黑白三角紋包圍著。從 c 式到 d 式又有變化，菱形的構圖相同，但外圍不再見交錯的黑白三角紋，而是襯著一個全黑的背景。

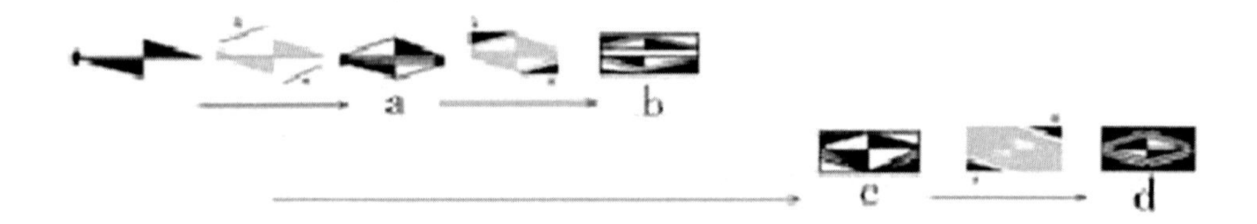

圖二三八　王仁湘說魚紋向菱形紋演變的另類推測

末了，王氏以為，魚紋向「符號」演進，不從「圖騰」說。依張光直言，半坡村瓦器魚紋可否視為考古者以為「圖騰」，尚難認定。

王氏察知，半坡村人面魚紋被一些研究者視為女性生殖崇拜之證。至半坡文化晚期，女性生殖崇拜變為男性生殖崇拜，姜寨遺址彩陶見男根圖為證。其他遺址同類紋樣也被視為佐證。趙國華先生力證彼時生殖崇拜論。趙氏否認圖騰說，他力證魚紋是女陰崇拜，魚尾象徵女陰。王仁湘視此舉為「論證不充分」、「推理過渡」。他講，將諸域遍見魚紋視為生殖崇拜之證，或許使問題「簡單化」。王氏推測，依半坡村彼時兒童死亡率高反測彼時出生率不低。人口增殖不是「社會關注的重要問題」，而過快人口增長能使他們感到有更大壓力。從大量兒童甕棺察看，半坡人也許以殺嬰限制人口增長。這導致兩性比例失調，使男多女少，抑制了人口增長。半坡人男女性別比 1.74：1，如此推測半坡人不應當有多產願望。以魚紋廣播於甘肅、陝西、河南與山西等地推測，魚紋絕非一部族族徽或圖騰，可能係更大集團徽識。此集團或係半坡人聯盟，或許是政治或軍事組織。為何半坡人擇此徽識，值得研究。彩陶魚紋圖表意還是一個謎〔註 171〕。

〔註 171〕王仁湘：《廟底溝文化魚紋彩陶論》（下），《四川文物》2009 年第 3 期。

3）史前彩陶紋右旋律說與半坡 P.4666 網格晝夜百刻說

（1）王政史前彩陶紋右旋律說

王政言，右旋律的形式之一是水的渦旋紋。水渦的特點是從周邊向渦心旋動，愈是到渦底，愈有「深扭轉入」的感覺。馬家窯出土過人頭壺，人面由雙目一嘴顯出。壺的腹部乃一渦旋紋，渦心突出，旋向為順時針，極度誇張。

圖二三九　王政說馬家窯人頭瓶

植物葉瓣亦襯托右漩渦紋，如甘肅榆中馬家坬出土彩陶盆，底部中間由 4 個花葉組成一個「十」字形的圓心，四周有三股旋流向中心斡旋，也為順向捲動。

圖二四〇　王政說四花葉成十字心匯周匝三股旋流

王氏又言，某種陰陽魚右旋圖紋，主要出現在屈家嶺文化紡輪上。王氏援陸思賢《神話考古》言，以為「太極圖式漩渦紋」，且「旋轉著的魚……黑白相間，可視為最原始的太極圖」。

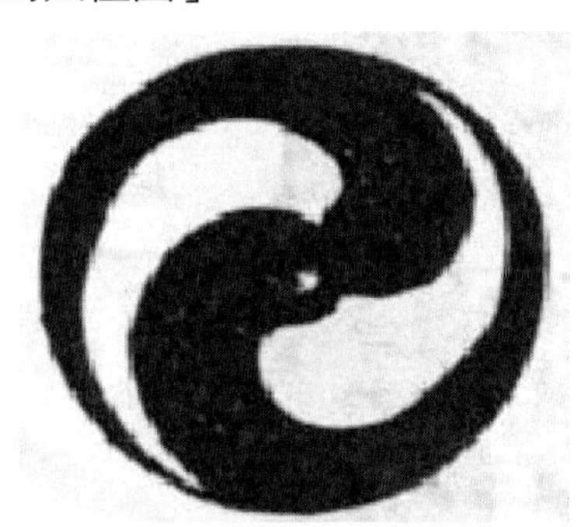

圖二四一　王政取陸思賢說原始太極陰陽魚圖

王氏舉彩陶紋「右旋」律又以花葉的形式體現，主要見於馬家窯文化。其特點是圍繞圓點紋用弧線勾畫翻轉式花瓣，形成旋轉式的花形效果。花葉紋右旋，後世文物圖案中仍多見。

王氏釋其察見右旋紋云，此乃中國古宇宙意識。華夏先民居於北半球，以座北朝南為正向，日月由東而西，自左達右，經行於天地間；長此以往，就自然內化為一種「順時針」的周行習慣。王氏以為，古人的右旋觀念當與日月周行有關〔註 172〕。

（2）張潮論半坡 P.4666 圖網狀百格晝夜刻數

張潮檢舊說人面魚圖，評云：太陽崇拜說與月亮崇拜說對原始思維方式下產生的人面魚紋，盡可能做出了還原歷史真實面目的設釋。但如前所言，人面魚紋是一種複合圖案，人面與魚紋似乎各有含義，透露出不同的信息，很難揉合在單一指向的信仰與崇拜之中，宜分別論之。張氏察半坡遺址 P.4666 見人面魚紋另外一種組合形式：人面魚紋上下相對，帶四角的網狀紋左右並列，每一網狀紋劃分 100 小格。舊說多認為網狀紋表示魚網，恐不確切。

張氏釋云：人面魚紋中人面眼部以上的半圓形和三角狀裝飾應看成一個整體，可能是傳遞天圓如張蓋之意。人面與天蓋的結合，便成為人格化的太陽神。魚紋是月亮的象徵。帶四角的網狀紋，意在形象地表示出大地，應該是「地方如棋局」的展現。所謂棋局，正如網狀紋的形狀。

〔註 172〕王政：《論中國史前彩陶紋的「右旋律」及其演衍》，《古代文明》2009 年第 4 期，第 74 頁～第 82 頁。

題涉方格形之疑，張氏援《說文》:「漏，以銅壺盛水，刻節，晝夜百刻」。又援《靈樞·五十營》:「漏水下百刻，以分晝夜」。謂古代百刻計時制，將一晝夜分為一百刻。這種計時制，一般認為起源於商代。出土的漢代計時儀器日晷，其平面大圓上均勻分為 100 等份，學者多認為是百刻製的表現，且日晷與漏刻是兩相配合使用的。由此來看，百刻製的計時法要求非常嚴格，於不同的器物上表現方式卻不盡相同。有趣的是，網狀紋上刻畫了不多不少正好 100 小格，似非隨意為之，很可能與傳統的滴漏計時中的「百刻」有某種內在聯繫，是「百刻」的又一種表現方式，隱喻白天與黑夜，暗合日與月。只要將彩陶盆內的圖案視為一個有機結合的整體〔註 173〕。

（五）新世紀第拾年迄今省見與磋見

1. 廟底溝文化彩陶藝術整體闡述與彩陶藝術初發同階及彩陶源自渭水上游說

1）王仁湘廟底溝文化彩陶藝術整體闡釋說

（1）依統一文化觀論廟底溝彩陶技藝

約在 2010 年，王先生嘗試依意識形態設論，試證了廟底溝文化彩陶迅猛播散，致其攜帶之「文化傳統」凝聚其散播之地民眾精神。散佈於域內人民統一了信仰與信仰方式，給統一局面奠定了文化基礎。廟底溝文化彩陶傳播標誌著文化認同。王氏推測，6000 年前之彩陶藝術浪潮標誌華夏歷史上一次文化大融合。此文納圖甚眾，此處不援取。

他言，廟底溝「文化」彩陶以影響大，技法精，為史前彩陶之首。僅「由裝飾藝術的角度而論，廟底溝文化彩陶應當是史前藝術發展到達的第一個高峰，當時已經有了成熟的藝術理論，題材選擇與形式表現都有非常一致的風格」。藝術表現上能見連續、對比、對稱、動感與地紋表現方法被視為廟底溝人有完備藝術原理之證。他甚至講，成熟的「象徵藝術法」是廟底溝人彩陶創作之最高準則。王先生以為，對比手法展示了色彩與線形之「力量」。他舉廟底溝文化彩陶黑、白、紅三色對比，以黑、白，黑、紅兩組色彩配合為原則，提升雙色對比效果，奠定了古代中國繪畫藝術之色彩理論基礎。王先生述色彩云：廟底溝文化彩陶有大量黑彩。與此相對者乃白色地子。「白色」係繪彩前平塗於器面，「黑色」乃「繪上去的彩」。陶工借用陶器自顯紅色，借用

〔註 173〕張潮：《仰韶文化人面魚紋與良渚文化「神徽」釋讀》,《中國歷史文物》2009 年第 6 期。

能使色彩生動。

他又言，紅、黑，或白、黑之配合致色彩對比度增強，圖案衝擊力增強。畫工用一種圖案元素構圖產生一種秩序，他們依「一定」秩序排列，產生形狀對比。將不同元素組合，增強構圖動感。圓形、扁弧形組合，象徵「整形與分割的對比」。「網格與弧形、圓點組合，象徵密集與疏懈的對比；圓形與單旋紋組合，象徵閉合與開敞的對比；圓形與葉片紋組合，象徵正與斜的對比」。

（2）王論構圖地紋反用色彩

地紋在王仁湘先生處係「表現方法」，而非含義獨特之紋樣。他講，地紋反用色彩，以間接表現元素之方式構圖，係一種複雜思維之體現。廟底溝文化多數彩陶採用地紋手法繪成。廟底溝人完善了地紋表現手法。對於地紋表述力，地紋彩陶在一定程度上隱藏了「紋飾」的含義。這種「含而不露的用意也許是為了更好地隱現紋飾的象徵性」。王氏舉「地紋」器圖來自多遺址，陝縣廟底溝、山西夏縣西陰村、華縣泉護村、華陰南城子、秦安狄宛。諸地圖案在王先生處並名「廟底溝文化地紋彩陶」。

（3）王論構圖秩序來自紋飾連續

紋飾之連續被王氏視為秩序之表徵。間斷構圖之規律被視為連續圖案行進之節奏。王氏言，彩陶紋飾多沿器物環周表現「適形構圖」。畫工在有限空間表述了一種無限的理念。二方連續構圖有循環往復、無首無尾、無始無終、無窮無盡的性質。連續形式能變無序為有序，變混沌為和諧，這種藝術形式後來成為歷代裝飾藝術採用的最基本的構圖形式。

題著「對稱與平衡」，王氏言，甚多精緻的紋飾採用對稱結構。彩陶圖案左右對稱，兩邊元素互為鏡象，中間有一個或意想中有一個對稱軸。大量的雙瓣或多瓣式花瓣紋，其左右完全對稱。

王氏又言，藝術設計之節奏感、韻律感是一種更高層次的創作。彩陶上多見富有動感的紋飾。從多變的構圖上，似乎可感慢板、快板、散板和進行曲式之別，律動構圖體現彩陶內在活力。

（4）王論彩陶圖案節奏依二迄八分

在二方連續圖案上，節奏最明朗。不加間隔元素之二分、四分連續圖案能使人產生明朗的快板印象。彩陶之四分式之二方連續圖案元素固定，構圖簡練，無修飾圖案。此係「快板式節奏圖案」。

王氏又舉二分式、三分式、四分式、六分式、八分式圖案為說。二分式下有陝縣廟底溝、靈寶西坡、華縣泉護村、翼城北橄、洪洞耿壁五遺址五畫作。二分式下僅舉隴縣原子頭遺址畫作。

四分式下，王氏舉廟底溝三器圖、山西夏縣西陰村四器圖、河津固鎮一器圖、汾陽段家莊一器圖、隴縣原子頭一器圖畫、秦安狄宛一器圖等為證。六分式之證在河津固鎮一器圖，而八分是之證在華縣泉護村三器畫。

王先生又言，史前陶工在陶器上有繪製始點與終點，始點與終點緊接一起，它們隱藏於圖案。某些特別圖案強調方向感。不少彩陶紋飾有固定的走勢、明確的方向感。

半坡文化彩陶之圖案化魚紋，約略都是剪刀尾向左，大嘴大頭向右。廟底溝文化魚紋類似，其簡化魚紋以圓點示意魚頭無一例外向右邊。鳥紋幾乎全是頭向右邊，尖翅與尾向左邊。

彩陶幾何紋方向不易判斷，但有跡可循。葉片紋基本上向右上傾斜。單旋紋旋臂無論向上、向下，一般都按順時針方向旋轉，係右旋態勢。頻見雙旋紋之兩旋臂也順時針而旋，與單旋紋方向相同。偶見雙旋紋旋臂逆時針旋轉。

（5）王論陶工以約定符號寫意以達大象無形

王先生論寫實、寫意：以形寫意係繪畫要旨之一。完全形似不被追求。畫工頻描繪動物一個特定的部位或約定的部位。此時能有誇張、變形，有時能完全迷失原形，最終繪得物或許是某一約定符號。這樣一個約定的符號便是無象之象的藝術境界。在此境界，形已隱，神已藏，僅存意象而已，此即「無象之象」。

王氏言：無論寫實、幾何形紋飾，無論有形無形紋飾，象徵性係彩陶第一要義，也是紋飾播散的內在動力。王氏述，廟底溝人表現彩陶紋飾的象徵性之途徑係紋飾簡化、分解與重組。所謂象徵性出自「預定」，本取自象生對象，後來漸抽出圖形符號。此等符號初多係象生對象之變形、變體和簡化圖形，一看便能知其象徵性。後來漸次以相關聯簡單的幾何形作預定的象徵符號，並不斷簡化，不斷分解又不斷重組。已歷了多次「邏輯思維過程，」而且已歷翻覆藝術加工。彩陶上諸多幾何紋多係人造符號。一個符號製作出來時，已歷認同。彩陶魚紋的變化已歷此過程。雖有魚義，但已無魚的形態。

王氏言，「符號化」的關鍵是提取與凝練象徵元素。原先的象生類圖形完成了一次昇華。原型無存，但原本意義保留，即象徵意義未變。王氏斷言：象徵類紋飾完成幾何化的轉變後，能煥發新魅力。史前人「要以一種比較隱晦的方式來表現彩陶主題，不僅要採用地紋方式，更要提煉出許多幾何形元素，也許他們如此才能讓彩陶打動自己，打動自己之後再去感動心中的神靈」。

他又言，不少幾何紋與魚紋有相同象徵意義。他依別說言魚紋係「圖騰標誌」，象徵「生殖力」，石興邦「魚龍說」。王氏以為，如此認識或許是揭示魚紋彩陶象徵意義的切入點。他言，集合廟底溝文化彩陶典型的十多類紋飾，自此取一兩個標本，比照周邊文化同類紋飾，此即廟底溝文化彩陶典型的紋飾系統。各類紋飾間存在一定的聯繫。王氏以為，「將廟底溝文化彩陶進行分類研究之後，我們大體可以構建起一個紋飾分類系統」。王氏又以為，已證明此系統即象徵紋飾系統，包括「大魚紋象徵紋飾系統」。此象徵紋飾系統體現了兩等意義：一是藝術的文化的意義，一是意識的思維的意義。又即廟底溝文化居民有象徵藝術形式，也有象徵思維意識。也有其他象徵紋飾系統，比如鳥紋系統。由前論，他導出廟底溝文化彩陶是一種象徵藝術，它不僅是一種器具的裝飾藝術。

涉及多域（相似）彩陶散佈，王氏言，此等「越界」繫傳播。不獨藝術形式，還有藝術含精神傳播到更遠地域。王氏謂，「我們感覺到」有一種強大的推力，將廟底溝文化彩陶的影響播散到臨近的考古文化中。此推力被王氏命為「浪潮」。

（6）王論彩陶整體闡釋

王先生檢廟底溝彩陶廣域分布，梳理舊說魚紋與旋臂紋之後，他欲由考古學、藝術史、文化史、歷史學試為「整體闡述」。言及考古學研究，王氏以為，考古者宜先給彩陶定性，明確其考古學文化歸屬。次宜判定彩陶大致年代。俟數據充足，方能建立彩陶演變序列。彩陶是評價某一考古學文化發展之「標誌」，恃此標誌可辨識考古學文化。

王氏言，廟底溝文化彩陶研究屬於藝術史研究。王氏劃中國古代藝術發展史為兩「階段」。前階段關乎神界、靈境，表達「幻象」，旨在娛神。後階段關乎人本與自然，師法現實，旨在娛人。兩段分界「應當在兩周嬗遞」之際。東周至漢代，係兩類藝術「混裝時代」。題涉「娛神」，王氏又言，娛神目的仍是娛人，愉悅人的「性靈」，彩陶仍表達「心之聲」主題。

王氏泛論彩陶技藝云，原始彩陶非原始，已達到「非常完美」之境界。文化史研究者在彩陶上發現時代精神，也發現史前人將信仰寄託於飲食器皿。

彩陶的藝術史、文化史意義遠超考古學意義。

王氏言，廟底溝文化彩陶浪潮般播散，它攜帶、包納的「文化傳統」也將其所到區域居民精神聚集起來。此區域人統一了自己的信仰與信仰方式，為當時大一統局面的出現奠定了文化基礎。廟底溝文化彩陶的傳播標誌著古代華夏族藝術思維與實踐趨同，也標誌深刻的文化認同。6000 年前以彩陶傳播為象徵的藝術浪潮，也許標誌華夏歷史上一次文化大融合〔註 174〕。

2）植物考古三題及仰韶文化彩陶日鳥紋飾與人面魚紋盆為瓦匏及紋飾藝術初發同階說

（1）俞為潔植物考古三題

俞為潔檢葬闕納穀物，云死者猶生者宜得穀物。又言葫蘆瓶入葬闕，乃葫蘆為「圖騰」之證。俞為潔援蘇秉琦說華縣泉護村遺址起出瓦器花紋，以告古華夏曾有「花圖騰」。俞為潔以為，薏苡應該系夏族氏族圖騰。

俞氏論社樹崇拜，選取民族志討論，後以社樹崇拜出自史前。山東莒縣陵陽河大汶口文化遺址 M25 起出陶尊，面刻圖下四方而銳端，端向上而有植物狀。王樹明辨識此圖乃甲骨文南字相似形，可能是漢字「南」之祖形。「南」字本義是任成或化育萬物。此字義最初大約來自祭祀社神，祈求大地豐收之舉。「南」字演化為南方之義，或涉及古代社神設置於居地之南〔註 175〕。

（2）龔曼仰韶文化彩陶日與鳥紋飾說

龔曼舉日與鳥以瓦器施彩圖樣。龔氏云，陝西華縣泉護村仰韶文化遺址發現的鳥紋彩陶中，有一個日與鳥組合的的紋飾形象。一隻烏背部上方有一個圓點，圓點上有一條弧線。此圓點應該象徵太陽，也就是烏背著一輪紅日，它與「金烏負日」的神話形象相吻合，烏是鳥的一種。這可以理解為烏負日傳說在彩陶中的體現。而圓點上方的弧線與納西族東巴文中「天」字的寫法有相同之處，應該是象徵天，天與鳥之間就是太陽，這至少反映了泉戶村人有關天象的一種理念，也是太陽神崇拜的另一種表現形式。係當時陶器農耕經濟的產物。陶器上的許多紋飾也是農耕經濟的寫照，原始先民所以對這些自然現象及天體特別關注，並進行藝術表現，是因為在先民看來，它們與農作物生長較為密切。

〔註 174〕王仁湘：《中國史前的藝術浪潮——廟底溝文化彩陶藝術的解讀》，《文物》，2010 年第 3 期。

〔註 175〕俞為潔：《中國史前植物考古——史前人文植物散論》，社會科學文獻出版社，2010 年，第 226 頁～第 249 頁。

龔氏後援經籍與民族志為說，並在河姆渡遺存及其他地域覓得佐證〔註 176〕。

（3）王可人面魚紋盆為瓦匏說

王可以為，人面魚紋產生於女媧伏羲時代。援聞一多說以為，女媧、伏羲二名而一實。女媧伏羲時代乃葫蘆時代。此時代乃母系盛期。又言，人面魚紋創意出自《離》卦。王氏釋人面魚紋盆文化內涵曰：為禮器，為祭日神器。援《郊特牲》「器用陶匏，就陽位也」，釋曰：陶匏即半坡類型人面魚紋彩陶〔註 177〕。

（4）郎樹德彩陶紋飾藝術初發同階說

涉甘肅彩陶傳播，郎先生謂「它具備獨樹一幟的鮮明特點」。「渭河流域」大地灣（狄宛）誕生了迄今已知中國最早彩陶。其紋飾多係赤色條帶。郎先生推測，此等紋飾的「原因」「可能是各地的社會經濟」，「以及人們的藝術思維都處在」「最初的相同發展階段」。此說即「社會經濟」、「藝術思維」「相同發展階段」說。

涉及狄宛瓦器施彩條帶，郎先生已述，狄宛條帶紋「發展成仰韶文化期」「寬帶紋」。郎先生曾估算，「甘肅彩陶的中心區加上影響範圍」，大約有六十萬乃至七十萬平方公里。

郎氏發數問：這些彩陶用於幹什麼？這些彩陶是日常生活用品，還是隨葬或者祭祀用品？先民在作畫時，想表達什麼樣的思想和信仰？使用彩陶的人們是農夫，還是牧民？

郎先生記述：發掘「房址」時在「灶坑」周圍起出不少彩陶器。諸物多係盆、缽。發掘狄宛（早期）葬闕時起出彩陶器，諸器有使用痕跡。仰韶時期葬闕發掘顯示，葫蘆瓶無使用痕跡。無此痕跡足證諸物專用於隨葬。

郎先生云：「在仰韶文化彩陶中，出現大量的植物性花紋正是農業定居生活的反映」。他又言「彩陶的問世及發展反映出當時人們認識自然、利用自然的程度，科學技術與生產力的發展水平，這就是彩陶的科學價值」。郎先生解讀紋飾依母題 5 種：魚紋、蛙紋、蝌蚪紋、舞蹈紋、神人紋。俱圖四顯魚紋演變跬步，末圖從王仁湘簡體魚紋說〔註 178〕。

〔註 176〕龔曼：《仰韶彩陶文化中的「日與鳥」紋飾》，《三門峽職業技術學院學報》2011 年第 2 期。

〔註 177〕王可：《彩陶人面魚紋新解》，《美術觀察》2011 年第 3 期。

〔註 178〕郎樹德：《甘肅彩陶研究與鑒賞》，甘肅人民美術出版社，2012 年，第 3 頁～第 156 頁。

2. 廟底溝彩陶本渭水上游與彩繪線形象及研究之三觀與黑衣壯嗣承人面魚紋及其新月說

1）廟底溝彩陶屬本渭水上游說與彩繪工以線形象說

（1）張宏彥覓證廟底溝彩陶於渭水上游

張宏彥以狄宛系若干遺存瓦器圖樣論證，廟底溝彩陶之源在關中西部乃至渭河上游，也認定，廟底溝遺存「彩陶」僅可謂廟底溝期，猶如半坡遺存「彩陶」堪為半坡期，而不足以為類型說。廟底溝遺存瓦器彩繪屬遲於半坡期彩繪。

張氏以三事夯實了故基。第一，魚紋以渭水流域為中心，包括晉南、豫西和漢水上游等邊緣地帶。仰韶文化特徵、分期等方面的研究宜以中心區典型遺址的資料為主，否則會出現偏差。第二，從寫實性魚紋到圖案化魚紋，再到構圖元素拆解與重組的演變過程看，廟底溝類的彩陶花紋的構圖元素，主要來自圖案化魚紋，而這一演化中心應該在關中西部和渭水上游一帶。由此看來，所謂的「廟底溝文化」源頭和中心區域也應在關中西部和渭水上游一帶。第三，從仰韶文化魚紋的演化過程、彩繪工藝技術和象徵意義等方面看，渭水流域半坡類遺存和廟底溝類遺存應該是一脈相承的同一文化前後相繼的兩個發展階段。那種認為「半坡文化」和「廟底溝文化」是各有源流、不同族群的兩支文化的觀點很難成立〔註 179〕。

（2）羅瑩察論線形象便於彩繪生成

羅瑩以其著作《線形象——中國繪畫的起源與形成》檢討「線形象」於繪畫起源之功。以原始崇拜之需證「形象的起源」之必。創造形象是人類文化發展之必然。

此著作第四章「中國繪畫」「線形象」的起源下有「早期起源的例證」、其第二節述仰韶文化與「線形象」。羅氏云，「目前，國內新石器時代文化遺址在各地已發現 7000 餘處。最具代表性的當屬中原地區的仰韶文化、黃河下游的大汶口文化、西北地區的馬家窯文化及東北地區的紅山文化」。「這個時期的視覺形象以陶器上的圖案紋飾為主。其中形成於 7000 年前的仰韶文化是中國新石器時代（距今約 10000～5000 年）文化中延續時間最長，影響最廣泛的一支，是中國視覺文化中承上啟下的代表。它大量地繼承了原始岩畫中

〔註 179〕張宏彥：《從仰韶文化魚紋的時空演變看廟底溝類型彩陶的來源》，《考古與文物》2012 年第 5 期。

的螺旋紋、菱形紋、網格紋的圖案，同時其日趨熟練的線描表現技法和視覺樣式，徑開啟了後世中國繪畫的風格類型。仰韶文化的彩陶工藝達到了相當完美的程度，是中國原始彩陶藝術的典範。

羅氏述仰韶彩陶紋飾：幾何紋（弦紋、菱形紋、鋸齒紋、三角紋、方格紋、圓圈紋等）、雲紋、花瓣紋、鳥獸紋。羅氏察覺幾何紋似乎與岩畫的抽象形象有著某些承繼關係。在花瓣紋下，羅氏言梅花紋、柿蒂紋、卷草紋等。鳥獸紋下，羅氏言龍紋、鳳紋等，諸圖騰形象來自合併〔註 180〕

（3）程金城彩陶研究宏中微三觀說

程金城論彩陶研究三等：第一，宏觀研究。第二，中觀研究。第三，微觀研究。他以「把握整體意義」命宏觀研究。彩陶作為與喪葬、信仰、早期宗教和審美意識，乃至部落活動、民族遷徙等方面特殊的「史書」，其重大意義只有從「整體宏觀的歷史角度」才能定位。程氏抱怨，中國彩陶研究未達到應有水平。對其在人類文明發展史上的整體價值和理論意義的把握和探討仍嫌不足。宏觀研究應展示，中國彩陶在人類歷史特別是人類文化史、藝術史上的獨特地位和意義。

程氏述中觀研究乃還原歷史語境之研究。研究者宜結合考古、歷史、民族、審美等不同領域的知識、理論和方法，分類研究彩陶的不同文化區系、不同類型的現象，揭示彩陶不同類型及其變異背後的歷史文化信息。

從彩陶是集實用性與審美性於一體的器物出發，對彩陶紋樣的過度闡釋和以己度物的推測，有可能背離其真實性和歷史「語境」。但有些特殊的彩陶器物和紋飾，可能作為某種標識或某種信仰和精神的象徵反覆出現，形成某種「母題」，其反覆性構成特殊的「原型」現象，背後可能有特定的含義。這種同中有異或異中有同的現象，或許與相關的部落活動、民族遷徙、審美觀念的變化相關聯。中觀研究能回答相關問題。

程氏謂微觀研究功在解釋具體含義，即「破譯」個體彩陶「器物」的「紋飾密碼」。謀達此階，應當找到破譯紋飾圖案意蘊的科學方法，改變一般的猜測、推斷的研究手法。在宏觀視野、中觀背景觀照的基礎上，找到器物紋飾的「字、詞、句」及其「語法結構」，真正接近彩陶紋飾的「全文」，理解其潛藏的意義。需拓展理論視野和創新研究方法，綜合運用考古學、歷史學、文

〔註 180〕羅瑩：《線形象——中國繪畫的起源與形成》，武漢大學出版社，2013 年，第 58 頁～第 115 頁。

化人類學、藝術人類學、民族學、宗教學等知識，特需借用圖像學、符號學等新的理論和方法，而後進行文化和藝術的人類學還原。同時，研究彩陶紋飾的文化起源的意義、藝術發生學的意義、審美意識發生的意義、藝術形態學的意義。從這個意義上說，彩陶的微觀研究，主要解釋人與文化、人與藝術的具體關係。

宏觀研究著眼於大的歷史視角，進行「遠觀」與「俯瞰」，以求其巨大空間和漫長時間中的定位，把握其整體意義，這在一定意義上是一種歷史文化觀的建構。微觀研究重視彩陶器物的具體考證和紋飾的辨析，所以要「實事求是」，不怕零碎，切忌脫離實際的推測和過度發揮。而介乎二者之間的中觀研究，則是避免宏觀研究大而無當、微觀研究主觀臆斷的必要保證〔註 181〕。

2）半坡人面魚紋教化嗣承於廣西黑衣壯與人面魚紋新月說

（1）伍弱文黑衣壯傳人面魚圖舊教說

伍弱文辨識半坡人面魚紋云，陶盆是紅色，盆上花紋是黑色。人面魚紋盆內壁的人面作圓形，頭頂有三角形頭飾。「五官部分近似人面的形象」，口銜雙魚。人面的耳部各繪一條魚，銜著人耳。半坡人為何刻出如此獨特的人面魚紋？這個謎團，也一直困擾著古民俗研究者。伍氏自言，曾歷十餘年的研究考證，迄察知「黑衣壯」佩戴的奇特雙魚對吻飾品，始勘識半坡人面魚紋盆圖隱秘。「黑衣壯」生活於廣西那坡縣，總人口 5 萬餘。

伍氏察知，人面魚圖案是藝術化了的雙魚項圈、雙魚耳環、立魚頭飾。黑衣壯婦女佩戴的銀項圈，兩端都製成魚形狀，有如雙魚對吻。黑衣壯的雙魚吻飾來自半坡人面魚紋的嘴部有對吻的雙魚，半坡人用藝術化圖案表現出來的雙魚項圈即此物。黑衣壯婦女雙耳佩戴魚形耳環來自此圖。半坡人面魚紋盆上的人像，「簡直是一個現代黑衣壯女人的翻版」。長篇史詩《布洛陀》述布洛陀造天地、造日月星辰、造火、穀米、造牛等。也有地區壯族人認為，「姆六甲是布洛陀的母親」，司生育，稱花王聖母。

伍氏推測，倘壯族最早祖先是半坡人，進入黃帝、炎帝、蚩尤三祖並立時代，已是男權時代。黃帝部落占駐中原黃河流域，其信仰發展為以男權為主的中原道教，與巫教並存。他們於炎帝前期及蚩尤時期占駐著長江流域，其信仰發展為與巫教並存的師公教。蚩尤戰敗後，其部眾分兩股分別向南方、

〔註 181〕程金城：《中國彩陶研究的宏觀、中觀與微觀之辨》《中國社會科學報》2012 年 11 月 21 日，B01。

北方邊地逃竄，南遷的人被稱為蠻，北遷者被稱為胡。其信仰裂為二：南巫北薩，即南方仍以巫教性質的師公教為主，北方以巫教性質的薩滿教為主。古代稱壯族有「沙人」的稱謂，說明壯族的族名讀音與「薩滿」有諧音的關係。薩滿教的師公儺頭與南方師公教的儺頭，有一模一樣的蚩尤頭像。

伍氏猜測，黑衣壯可能從陝西到昆明，再遷到廣西，也可能從陝西遷到湖南，再南行翻越五嶺到廣西。黑衣壯具體的遷移路線尚待研究〔註182〕。

（2）付維鴿人面魚紋新月說

付維鴿否認陸思賢言半坡「人面魚紋」為月相圖說。陸氏曾以為，此圖案「寓意上弦月亮呈半圓形，在天穹的右方」。付氏認為，白色部表示娥眉月。娥眉月別新月娥眉月、殘月娥眉月。新月出現於月初傍晚，見於西方天空，月面朝西呈反 C 狀。殘月則見於月末黎明，見於東方天空，月面朝東呈 C 狀。但上弦月指農曆初七八月相，此時月球位於太陽以東約 90°，日落時出現於南方天空，中午月出，夜半月落。可見部位為月球正面西半，呈大寫的 D 狀。對照人面魚紋白色圖案，可見人面魚紋圖案不見完整 D 字狀，相反更近反 C 狀，故此認為，檢圖表現新月，為初二夜到初七日許，0°到 90°。作者由此聯繫伊斯蘭教新月效狀，謂穆罕默德認為此狀代表著一種新生力量〔註183〕。

3. 幾何圖案四種附對稱與半坡割圓廟底溝割球及狄宛仰韶魚圖演變五階與鳥紋演變等說

1）彩陶幾何圖案四種與半坡人面魚紋盆沿渾圓分割及廟底溝球體分割說

（1）代欽幾何圖案四種及其對稱四種說

代欽先生別彩陶幾何圖案數種。代氏識頭等曰「以點為主題」圖案，倘若一個三角形、菱形或餅圖案占面積過大，內部顯得空洞，此時採取點綴手法，在圖形合適位置上繪製一個點或幾個點，代氏舉證「點紋鷹形壺」、「四大圈旋紋壺」；次等曰「以線為主題的圖案」，云彩陶上的線一般呈現為平行直線或波浪線即曲線，多為與水平面平行，波浪線產生運動感。彩陶圖案上摺線有萬字形和三角形狀的折線。萬字形一般表達人類的繁衍發展和生生不息。其次等曰「以直線形為主題的圖案」，謂彩陶上直線形主要有三角形、菱形、正方形以及這些圖形的組合圖形，組合圖形以不同顏色相間而成。很難斷定中國古人先畫

〔註182〕伍弱文：《首次破解半坡人面魚紋之謎》，《文史月刊》2013 年第 12 期。

〔註183〕付維鴿：《半坡「人面魚紋」的內涵再探討》，《十院校美術考古研究文集》（羅宏才主編），上海大學出版社，2014 年，第 103 頁。

四邊形還是先畫三角形。但從直線形的數量看，似乎四邊形居多，三角形少些。再次等曰「以圓為主題的圖案」。史前時期，中國先民畫圓、四邊圖案多於三角形圖案。彩陶圓圖案有單圓、三個圓或四個圓組合，同心圓組合圖案。

代氏概括彩陶圖案三樣：第一，軸對稱圖案，軸對稱圖案占彩陶圖案多數。在軸對稱圖案中，蛙類、人物、魚類抽象圖案較多。另有不少抽象幾何圖案也顯軸對稱圖形；第二，中心對稱圖案，彩陶上也見中心對稱圖案，即在圖形合適位置取一線段，在線段上取中點，即見中心對稱圖形。彩陶圖形之中心對稱圖案一般為魚類等幾何抽象表達。代氏又言：史前，人類文化尚未見大差別。中國以外，非洲原始文化幾何圖案有中心對稱特徵；第三，完全對稱圖案；既有軸對稱、又有中心對稱圖形被命為完全對稱圖形。黑白相間矩形圖案即完全對稱圖案；第四，旋轉變換圖案。一些彩陶有旋轉變換圖形，旋轉非隨意，而有旋轉角數。旋轉角一般為 120°、90°等特殊角。譬如萬字形圖案為 90°旋轉；

代氏又辨彩陶其餘數學「特徵」有二。第一，器皿上有「3」。代氏以為，史前先民認識了「3」有穩定性，製作陶器時利用了此理，即三個點確定一個平面。譬如「寬帶紋圓底彩陶缽」、「雙鉤紋單耳鬲」。第二，彩陶上有特殊比例關係，測得不少彩陶呈現二分之一、三分之一、三分之二等特殊比例關係。二分之一即陶罐形狀或水平帶狀之上下部被等分。三分之二系黃金比例之近似值，三分之一系黃金比例之補充。史前先民按照自己身體比例直覺地製作彩陶，而非學習了黃金分割知識後能獲得此比例。這是一種本能，係超理性創造〔註 184〕。

（2）錢志強半坡人面魚紋盆沿圓面及廟底溝球體分割說

錢志強先生從視見瓦盆周圈為圓出發，以「人面魚紋」為割圓「符號」。又述陶匏：《禮記‧郊特牲》「陶匏以象天地之性」。錢氏曰：「陶匏就是用陶製作的葫蘆，用它作祭祀天地及神仙神靈的器具」。

錢氏重述「人面魚紋」（P.4691）係割圓術，又以為，半坡「彩陶人面魚紋盆」在圓口沿與內腹畫彩。內腹彩繪紋飾為兩頂頭戴尖帽、口銜雙魚的人頭，與另兩條魚以四組紋飾均勻分布在陶盆內腹一周，並與口沿符號有對應關係。

盆口沿圓形，均布八個符號，四個為「I」形，四個為「∨」形。四個「I」形符號正與腹內兩個人頭及兩條魚紋形成四組紋飾對應，口沿上四個

〔註 184〕代欽：《中國彩陶上的數學文化——以幾何圖案的解析為中心》，《數學通報》2014 年第 6 期。

「⩛」形符號與四個「I」形符號均布，形成將人面魚紋盆口沿圓形八均分的器形與紋飾布局。連盆口沿四個「I」形分割符號，能形成一個「十」狀符號。將口沿另四個「⩛」形符號連屬，形成「⋇」狀「符號」。依傳說伏羲、女媧開天闢地，又依畫像石等圖像，伏羲持規狀似「Y」、「Ψ」、女媧持矩狀似「T」「⊾」，此二者與半坡人面魚紋盆口沿八等分圓之「十」、「⋇」狀符號形態相同，都有開闢劃分渾圓的功能。由此，推測伏羲、女媧形象及傳說，其源頭可能是半坡人面魚紋盆口沿「I」與「⩛」形及組成的「十」、「⋇」的割圓符號。

錢氏又云：廟底溝彩陶具「立體割圓法」。他講：半坡人面魚紋盆以「I」、「Y」形符號分割圓物口沿之法廣泛傳播。到廟底溝時代，形成以「十」、和「⋇」形分割符號為骨架的彩陶紋樣。半坡期彩陶紋飾多在盆口沿及內腹，廟底溝期彩陶多畫在口沿與外腹。廟底溝陶盆上外腹分割更細。廟底溝彩陶割圓係「立體割圓」。此期彩陶頻由數個單紋樣構成單元紋樣，再由幾個單元紋樣連或重現形成彩陶「裝飾」。廟底溝期彩陶承襲了半坡彩陶分割與繪製技巧。

錢氏又言，廟底溝遺址起出某種被呼為勾葉圓點紋之「紋飾」構造特點是，以兩或三條斜線為兩或三個單位紋樣「主體」。又以兩個彎月狀紋樣在斜線兩端相背形成。此等繪製依據規整分割。此等紋樣多由三組紋飾連綴。此紋樣形成：先將盆外腹三等分，並規劃三個連綴長方形紋飾帶，三個長方形對角線成為三組紋飾肩架線。外腹圓形等分較難，但自口沿割圓並引導分割線向外腹易行。由此能見廟底溝期勾葉紋圓點紋仍基於半坡彩陶分割瓦器口沿之法。依此口沿割圓法分割瓦器外腹，以「S」斜線為紋飾骨架，在後世影響了馬家窯文化彩陶。

廟底溝代表性「紋飾」即花瓣紋，此等紋飾利用露底與彩繪穿插、對比技巧。花紋似由弧三角形黑紋構成，又似露底空白形成。此等黑白相間虛實相連的花瓣頂端都有黑點。倘使展開繞陶盆「花瓣」，能見連綴花瓣諸點構成縱橫交錯之方格網，花瓣頂端點依某律散佈於網上。倘使以弧線連諸點，塗抹弧線外部以黑色，能見黑白俱係畫之圖案。錢氏推測，廟底溝此等花瓣紋也先從陶盆陶罐口沿分割，並依此分割瓦器外腹。此等分割法系兩次割圓。由此形成「立體割圓」。

半坡中晚期彩陶多畫於瓦器外壁，人面魚紋已被各種魚紋與變體魚紋替代。此等魚紋或變體魚紋或三組或四組環繞瓦器外腹，同器三條或四條魚長、寬、頭、尾幾乎相同。此等幾乎重現魚如何繪製？關聯人面魚紋繪製，其畫技如後：自分割器口沿之定位點印象盆外腹，能將盆腹等分。此時期陶盆有突出垂直肩部，形成繞盆裝飾帶，從口沿引下垂線即可將此裝飾帶等分。如此，在幾個相等長方塊畫相同魚紋較易。

錢氏云：以往研究者講，半坡彩陶魚紋趨向「圖案化」。但未究緣故。似乎當時人借圖案化魚表現字和類字分割符號。半坡中晚期到廟底溝期能見器外腹紋飾，頻以「十」字或類「十」字符號為紋飾骨架。如山西芮城出土一件彩陶盆，外腹畫 24 個陰陽三角紋，三個「米」字形符為骨架。此等以「米」狀符將方形等分成八個三角形之法，與半坡人面魚紋盆口沿以「十」等重合形成「米」狀符八等分盆口沿之律數不異。廟底溝花瓣紋出自「米」字符號紋骨架，此乃「米」字網格定位點分割。

錢氏述「從割圓到割球」云：廟底溝遺址起出某種彩陶盆。底著地時，自肩部以下，在下腹部收縮，狀上大下小。下腹面畫紋。倒置能見諸紋。有人推測，此等盆倒置使用。檢此等紋飾構成之律，可認為它是從口沿、下腹兩面分割布局紋飾。先從口沿分割形成紋飾肩架，再倒過來從盆地面分割，形成第二紋飾布局肩架。這兩種紋飾肩架能系統一，也能不統一。半坡彩陶後，廟底溝與馬家窯彩陶豐富，多變，是單位紋樣豐富多變導致，也與多次分割形成多重肩架有關。譬如，馬家窯文化馬廠類型彩陶之某種單耳大口罐，口沿內繪六組連弧紋，口沿外繪四組直線紋，腹部繪留個菱形方塊，而下腹周作露底六個三角形。謀畫四組紋飾於一件陶器，須對四個裝飾面進行不同分割與設計。此等從口沿、腹部、底部對陶器通體分割已接近對陶器圓形球體的分割。由於諸陶器「形制」或盆或壺或缽，都極近乎球形。

大汶口文化某種彩陶缽，小底小口鼓腹，似扁球。其口沿外有四個等距點。近底部外腹也有四個對應點，鼓腹部周有八個等距點。八個內四個與口沿與下腹四個點對應，其餘四個點降器腹部再次四等分。

此分割呈現「米」狀符號作骨架等分球體趨向。倘使將此等彩陶缽視為扁球，以口沿為一極，底部為另極，口沿與底部四個等分點與間隔點恰形成等分扁球兩極之兩個「米」狀骨架。腹部八個等分點不僅與口沿與底部四個等分點對應，又將陶器腹部再次四等分。

湖北松滋縣出土陶球。球體雖小，但中空，內盛砂粒或小石子。球體外以錐刺三角形等分陶球。此陶球通體被等分為 24 個等腰三角形，每兩個等腰三角形合成一個菱狀花瓣。由 24 個等腰三角形合成 12 個菱形等邊花瓣，恰構成以「米」字為骨架的六個花狀紋飾，六個紋飾之任一對應者都能作陶球的上下兩極，其餘四個環繞陶球一周。如此，六個花狀紋飾恰將陶球等分。大溪文化這種發達的數學與幾何學知識與分割球技巧基於半坡人面魚紋盆以來彩陶繪製時陶器球體分割技巧。

錢氏述半坡彩陶人面魚紋盆口沿規矩符號與先民宇宙觀及宇宙模式曰：仰韶彩陶紋樣辨識及所含割圓技巧使人聯繫到「開天闢地」傳說。此前，宇宙形同圓球，譬如「天地混沌如雞子」。不少民族起源都與圓狀物相關。夏朝生民傳說，「禹母修己吞薏苡而生禹」。「契母吞玄鳥卵而生契」。錢氏又援《說卦傳》「乾為天，為圜」云：圜今讀還，古音讀旋。由此知古人言天體宇宙是旋轉圓形。錢氏言《漢書·賈誼傳》稱天為大鈞，而大鈞即陶輪〔註 185〕。

（3）邵耀峰狄宛第二期彩陶魚紋演變五階說

邵耀峰以為，狄宛第一期「彩陶」呈現較多「原始性」，紋飾單調，彩繪顏色俱係紅色偏暗，呈紫色，施加於「缽形器」口沿內外。其「第二期文化」即仰韶早期文化，距今 6500～5900 年。他言狄宛「彩陶上的魚紋」，係人們精神文化的綜合表現。此期魚紋具代表性，其數多、變化大，生動逼真。其學術研究價值可與西安半坡、臨潼姜寨媲美。魚紋初係寫實魚紋，魚身各部比例勻稱，後來由頭部開始簡化，變得不易分辨。不乏誇張之例，而其神態生動。魚紋多繪於盆形器腹部，兩條魚繞盆一周，也檢見兩魚夾一條小魚彩繪，似在追逐嬉戲。魚紋由頭、眼、鰓身、鰭與尾部組成，大小比例適中。尾張的魚嘴，傳神的眼睛，修長的魚身，形象的魚鰭，構成一幅栩栩如生的魚類暢游水中畫面。他釋魚紋僅見於盆形器，不見於缽類器云：可能由於盆形器口徑程多在 30～50cm，容積大，捕獲的魚類便於存放於盆中。受鮮活魚生動體態啟發，先民們萌發了藝術創作的激情。

邵氏言，仰韶早期魚紋多為魚體俯視圖。依郎樹德說，別狄宛魚紋變遷五階：第一，圜底侈口盆，魚紋眼睛橢圓，眼眶偏上部的眼珠，使魚被生動表現。魚鰭不全，也無背、腹鰭。但口、眼、鰓、身、尾俱在。譬如 H310：1，口徑程 34、高程 13.8cm，侈口疊唇，腹微折，圜底，黑彩，口沿外見一周條帶，上腹部繪魚紋。係寫實魚紋。

〔註 185〕錢志強：《「觀象制器」與中國史前器物符號文化傳統》，《西北美術》2015 年第 1 期。

第二階，魚頭開始變長，畫技使魚頭部費解，多以直邊和弧邊構成近三角紋填充頭部，魚身近完。多數魚紋胸腹背尾鰭俱全。其變化之故，各部含義，引發思考，但無一致「意見」，抽象畫技引入魚紋畫。譬如 F310：1，器口徑程 44、高程 16.8cm。底銳，魚頭呈長方形，下頜部以弧三角構圖，似牙齒，兩魚間用小魚補缺。

第三階，盆仍係疊唇，但口徑益大，而腹淺。魚頭變得簡單抽象，僅以上下相對兩條弧形紋組成。魚鰭由斜三角紋變為直三角紋。譬如 M206：2，口徑程 40、高程 14cm，圜底，腹外鼓。魚頭狀近三角，魚身多單線。

第四階，疊唇盆變為卷沿盆，圜底。魚紋胸腹臀鰭合一，與拉長背鰭上下相對，尾鰭前部出現隔斷線。魚上下兩部對稱，線條流暢。口沿外一周施條帶，譬如，F1：1，器口徑程 51.2、高程 14.8cm。黑彩，反映「仰韶早期」藝術水準。第五階，依甘肅合水、陝西岐山王家嘴遺址同期同類器彩繪推測，狄宛瓦器殘斷魚紋益簡，魚頭以圓點表示，魚身簡化為四條弧線，上下魚鰭不畫，僅存誇張、舒展之尾鰭〔註 186〕。

檢邵氏言甘肅合水縣某遺址，地望在合水縣板橋鄉瓦崗川。依甘肅省文物局網站述，此遺址地層含文明層限於 1.5m，調查者在此地採集「黑彩葉紋彩陶罐、盆，魚紋彩陶缽、泥質紅陶杯口尖底瓶及夾砂紅陶繩紋罐等器物殘片」。依採集鑒別，此地遺存屬「仰韶文化」〔註 187〕，郎樹德撰《甘肅彩陶研究與鑒賞》第 24 頁，圖 018 即此器，郎氏未言器源地望。我名此器 HSWGC：C1。前部謂地望，後部 C 謂採集，圖二四二乃其圖拓。

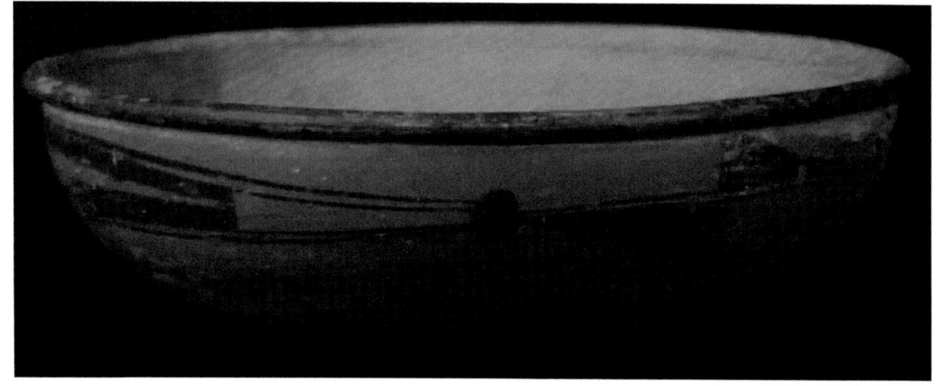

圖二四二　甘肅合水縣瓦崗川遺址彩繪瓦盂 HSWGC：C1

〔註 186〕邵耀峰：《淺析大地灣二期彩陶魚紋的演變》，《絲綢之路》2016 年第 8 期。

〔註 187〕https://kuaibao.qq.com/s/20200506AZOYA400?refer=spider。

邵氏承用郎氏援陝西岐山王家嘴遺址遺存彩繪推測，當無謬誤。此遺址函納文明史地層厚及 4m，北去京當鄉不遠。京當鄉雙庵遺址以龍山文明早被聞知。郎氏推測援據此遺址屬廟底溝期彩繪二件，器樣 T4④：1、器樣 T1H4：13，試掘錄圖六之 5、6。器俱圜底，口徑程 17～19cm 許，深程 6cm 許。圖二四三系器樣 T1H4：13 與原圖圖拓〔註 188〕。

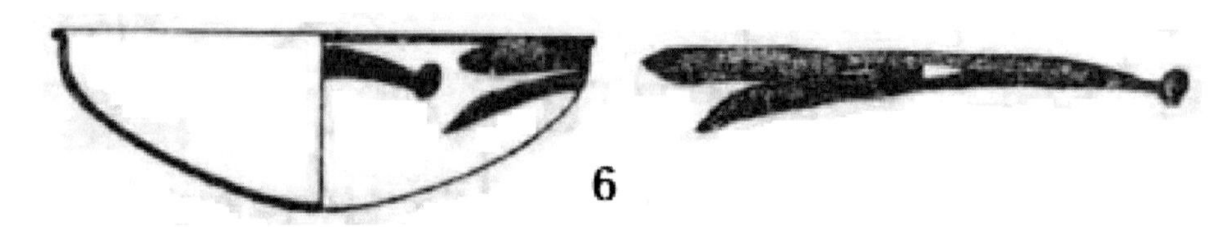

圖二四三　岐山王家嘴遺址瓦盂 T1H4：13

2）朱乃誠鳥紋演進三規律說

（1）鳥紋圖樣省見

朱乃誠先生檢「仰韶文化鳥紋」首援《廟底溝與三里橋》圖版陸，10，圖二四四，1。今給此殘片編次，器樣 MDG：10，朱先生以為此圖「是在由弧邊三角形黑彩圍成的一個橢圓形空白的中部繪一正視的呈展開雙翅飛翔的陽文鳥紋」。此係仰韶文化廟底溝類型彩陶陽文鳥紋的最早發現。次之，援華陰西關堡遺址瓦盆彩繪，器樣 T101A：5：35，圖二五。援泉護村遺址 1958 年～1959 年自早期地層起出 H165：402，圖二四四，2，識見其狀係「側視飛翔鳥紋，鳥首中還表現了微啟的嘴和眼睛，十分形象生動，鳥背上繪有大圓點，似表現了鳥在晴空萬里的太陽之下高空飛翔的意境」。

後援第 II 段瓦盆 H245：01 殘片，識見側視之飛翔鳥紋，圖二四四，3。後援同段 H14：180 瓦缽彩繪，識見側視飛翔鳥紋，圖二四四，4。

朱氏援同期第 III 段 H22：04 殘片彩繪，識見側視鳥紋，圖二四四，5。同段瓦盆殘片 H1005：274 彩繪，識見側視站姿（行走狀）鳥紋，圖二四四，6。識見同期段瓦盆殘片彩繪，器樣 H1052：01 彩繪係側視飛翔鳥紋，圖二四四，7。同期段瓦盆殘片彩繪，器樣 H1060：1，係一足站立、一足微抬啄食狀鳥紋，圖二四四，8。器樣 H190：1 殘片有側視站姿抖動雙翅鳥紋，圖二四四，9。續之，朱氏援 1959～1961 年晉南考古調查時在芮城大禹渡遺址採集殘瓦彩繪，器樣 HB25：40，圖二四四，10。又援臨潼鄧家莊遺址某殘瓦彩繪，以

〔註 188〕西安半坡博物館：《陝西岐山王家嘴遺址的調查與試掘》，《史前研究》1984 年第 3 期。

為細鳥紋主體部，側視呈站姿喙食狀，伸脖下視，圖二四四，11。援原子頭遺址殘瓦盆彩繪，器樣 H99：5，其首上伸、雙翅形象，圖二四四，12。原子頭遺址殘瓦彩繪，器樣 H99：8。係側視站姿鳥紋，今存鳥紋後半段，尾部。站姿雙足及雙翅特徵尚可分辨，圖二四四，13。

朱先生後援扶風案板下河區遺址殘瓦器樣 H4：40 彩繪，識見鳥首、上半身及一對展翅，嘴銜圓物，圖二四四，14。又舉援案板遺址 H3：41 殘瓦片鳥紋，照前舉華陰西關堡遺址盆面紋樣，即圖二五，言此紋樣係飛翔長尾鳥紋。

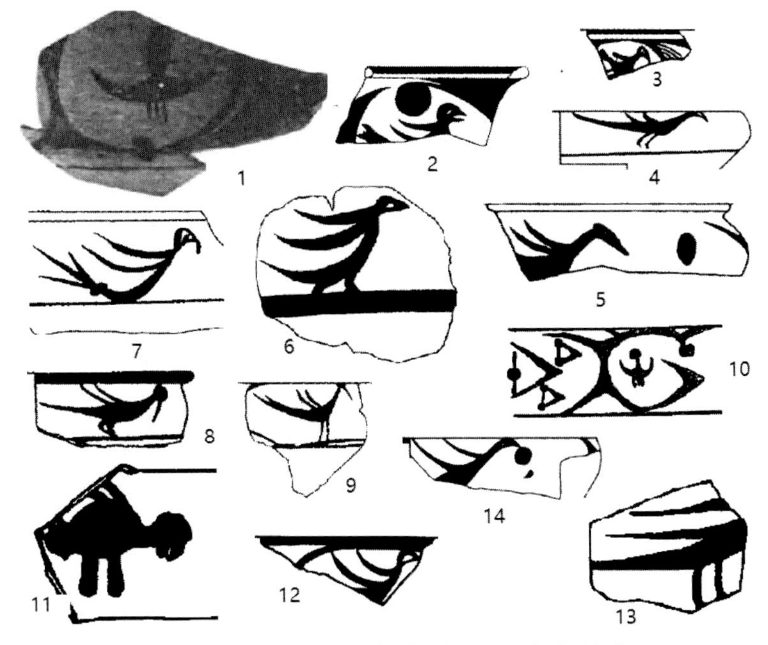

圖二四四　朱乃誠說仰韶文化陽文鳥紋之一

續之，朱氏舉 1997 年泉護村遺址第二次發掘起出似禽彩繪二圖，俱屬泉護村遺址第二期，第一圖全，呈側視飛翔狀。鳥尾分叉。第二圖殘，呈側視飛翔狀，圖二四五，1、2。殘片器樣不詳。第三期殘片鳥紋呈側視站姿展翅狀，長尾與雙翅飄逸，器樣不詳，圖二四五，3。續之，朱氏援 1997 年～1998 年三門峽南交口遺址起出第二期第四段瓦盆彩繪，器樣 H22：22。朱氏識見其圖係鳥紋圖。殘存三個稍清晰的鳥紋圖，其一可識見分叉尾部與站姿雙腳。一個完整鳥紋圖案。腹下飾一圓點，圖二四五，4。此遺址第二期第六段殘瓦器樣 H21：32 彩繪被視見「形態異樣」，圖二四五，5。對比此圖、圖二四四，1 與 10，及前圖 10，南交口 H21：32 殘片動物圖案或許表現正視之展翅鳥紋或側視站姿鳥紋。

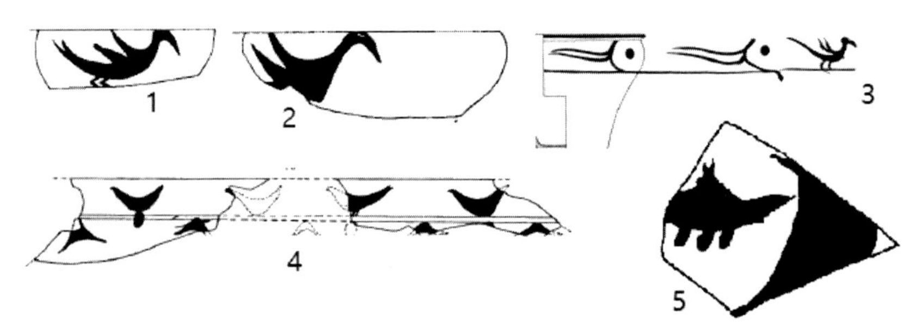

圖二四五　朱乃誠說仰韶文化陽文鳥紋之二

續此，朱氏述云，2002 年再次發掘廟底溝遺址，起出一例陽文鳥紋。器樣 2002H9：47，圖二四六，1。他識見殘片陽文鳥紋呈正視飛翔狀。它已十分抽象，僅以一圓點與兩側弧線表示。朱氏後舉 2002 年迄 2003 年初發掘陝西黃陵縣黃帝陵博物館擴建地段起出 2 例陽文鳥紋。其一系器樣 H1：6 瓦盆兩鳥紋。其一系側視飛翔紋，其二系正視飛翔鳥紋，圖二四六，2。第二例係此地起出 H1：4 缽殘片鳥紋，呈側視飛翔狀，很抽象，不屬寫實陽文鳥紋，圖二四六，3。

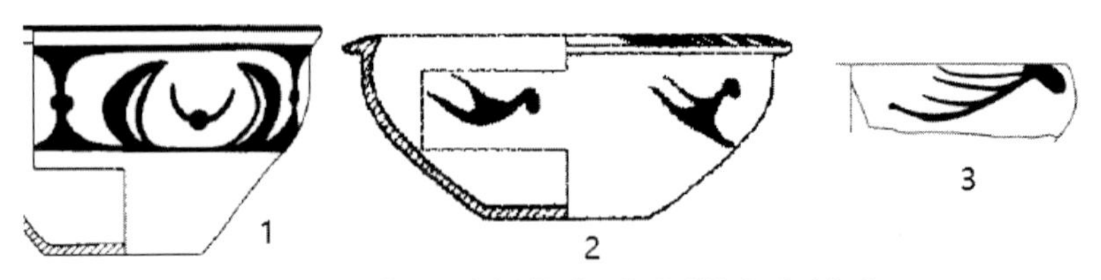

圖二四六　朱乃誠說仰韶文化陽文鳥紋之三

朱氏述鳥紋檢討史，舉石興邦初於 1962 年檢討馬家窯文化彩繪鳥紋圖案之源，識見廟底溝類型陽文鳥紋向幾何形紋飾演變〔註 189〕。1965 年，蘇秉琦依泉護村遺址起出彩繪鳥紋之單位與層位，別廟底溝類型陽文鳥紋四式，分作早晚演變三期。指認了一種鳥紋演化及消失之圖案。歸結廟底溝類型陽文鳥紋圖案演化過程在於從寫實到寫意，到象徵。1990 年，張鵬川附議此說。王仁湘依此認識，依泉護村遺址兩番發掘收穫，排列了廟底溝類型陽文鳥紋由象生向幾何形演化的脈略〔註 190〕。

依泉護村遺址陽文鳥紋，朱氏嘗試給廟底溝類型陽文鳥紋分期：西關堡鳥紋、原子頭 H99：5、原子頭 H99：8、案板下河區遺址 H4：40、H3：41、

〔註 189〕檢原文第 326 頁，無「陽文」二字。朱氏強附此二字於原作。

〔註 190〕王仁湘：《史前中國的藝術浪潮——廟底溝文化彩陶研究》，文物出版社，2011 年，第 461 頁。

黄帝陵 H1：6，黄帝陵 H1：4，形態接近泉護村第一期第 III 段，不早於泉護村第一期第 II 段或新二期。朱氏又以為，廟底溝類型彩繪陽文鳥紋流行年代在泉護村第一期第 I 段、第一期第 II 段、第一期第 III 段。寫意抽象陽文鳥紋在泉護村第一期第 II 段出現。

朱氏依此線路，續檢廟底溝類型彩陶之陰文鳥紋。他承認，此等圖案甚夥，紋飾龐雜。既往檢討依陽文元素將此等圖案別「真螺旋紋」、「流動的曲線帶紋」、「圓點勾葉弧線三角紋」、「迴旋勾連紋」、「弧線三角紋」、「鉤羽圓點紋」、「單旋紋」、「雙旋紋」等，或依整組陽文單元圖案，命之「花卉紋」，別為「菊科」、「薔薇科」兩種。朱氏以為，廟底溝類型彩陶陰文鳥紋，由陰文與陽文表現，故在此類型見於多遺址。依此念頭，朱氏展示泉護村新一期某瓦盆（器樣不詳）三組陰文鳥紋。並拆解一組。圖二四七，1，2。他釋云：首部以圓點、弧邊三角紋表現陰文鳥首形態。圓點象徵眼睛，圓點下部弧邊三角紋一角弦紋伸至尾部與表現前翅翼之半月形旋紋之一延伸弦紋節連而形成陽線陰文的彎鉤。此「陽線陰文的彎鉤，或許是象徵鳥身與鳥尾的簡化所致」。陽線陰文彎鉤後面飾弧邊三角紋，此弧邊三角紋與前面一個翅翼紋、與後面一組陰文鳥紋鳥首勾連。又與象徵鳥身鳥紋之陽線陰文彎鉤呈上下勾旋狀。倘使不知鳥首與鳥尾本由鳥首線條連接之陽線陰文彎鉤表現，易於將此弧邊三角紋釋為鳥尾及其演化形式。或解讀為其他各種象徵紋飾。其實，此弧邊三角紋是連接前組陰文鳥尾與後組陰文鳥紋間補白紋飾，由於鳥身與鳥尾紋特徵在紋飾演化期漸消失，弧邊三角紋醒目而演化多變，漸為陰文鳥紋主體紋飾之一圖案。翅翼部以兩個半月形右旋紋表現，但兩個半月形右旋紋有區別。後面一個半月形右旋紋內留有一短條彎弧陰線，以表現羽毛間縫隙，應是表現翼翅。前面一個半月形右旋紋為陽文實體，與表現陰文鳥首鳥身外側輪廓線有關。全陰文鳥紋簡略又有動感。此係廟底溝類型彩陶陰文鳥紋圖案較為完整，視覺舒展而又較為簡潔之一種。

其後，朱氏行此徑以釋泉護村第一期第 I 段殘器 H5：192、第一期第 I 段器 H1046：858、第一期第 I 段器 H351：01 彩繪，圖二四七，1～3，以為第 3 例乃陰文鳥紋首部構圖形式，與此圖 1 相同。其鳥身消失，以陽文與陰文同表現一個圓球，其央為陽文方塊，陽文方塊四邊各形成一個陰文拱橋形紋。全圓球猶馬賽克拼圖。此圓球前有一個半月形右旋紋，後面為弧邊三角紋。此三者間即圓球之左右兩側形成相對陰文半月形旋紋。此圖案圓球紋飾在廟底溝類型彩陶罕見。

朱氏又舉泉護村彩繪第 5 例（器樣不詳，第二期），泉護村第一期第 II 段器器樣 H14：01，第一期第 II 段器器樣 H205：01，及同期同段器器樣 H14：02，及泉護村第二期、第三期各一例（器樣不詳），以示陰文鳥紋。

此後，朱氏舉興樂坊遺址器樣 H24：2、北劉遺址器樣 H2：5、H2：26、H10：1、岐山王家嘴遺址採集：1、狄宛第三期器樣 T309③：11 為例，展示諸圖陰文鳥紋識見。又舉正寧縣周家鎮宮家川遺址盆 ZNGJC：01 彩繪，以說陰文鳥紋，圖二四七，4。

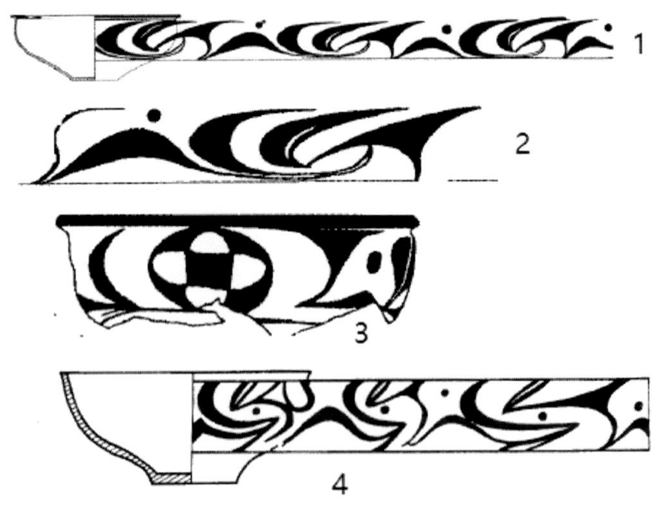

圖二四七　朱乃誠說廟底溝類型陰文鳥紋之四

朱氏釋：此陰文鳥紋構圖簡略，但陰文鳥紋清晰而形象。以弧線陽文勾畫陰文鳥首與鳥身。鳥首中象徵眼之圓點位置適中。鳥身上部即北部繪雙陽線陰文翅翼。鳥尾上部飾圓點。鳥紋後上方飾弧邊三角紋並與翅翼勾連。這個弧邊三角紋在圖案中的作用易作為鳥尾紋飾辨認。其實是應連接這組陰文鳥紋與後面一組陰文鳥紋鳥首間補白。鳥腹下有兩條短斜線，一條斜線與尾部相接。這兩條短斜線似象徵一對鳥足。這是目前所見仰韶文化側視陰文鳥紋之最形象而又繪製簡潔之陰文鳥紋圖案。但在此盆上繪製者不是兩組或三組完整的陰文鳥紋。而是兩組半陰文鳥紋。其一組陰文鳥紋之畫面空間已很小，不足以繪製一組完整的陰文鳥紋，所以壓縮圖案單元，又無繪好鳥首與鳥首前弧邊三角紋。此彩繪盆上不全陰文鳥紋的狀況，表面繪製者未掌握好畫面比例、大小，彩繪技術不精湛。與其他陰文鳥紋比較，這例陰文鳥紋可能是目前所見廟底溝類型彩陶陰文鳥紋中的原始圖案。

此後，朱氏舉靈寶西坡遺址殘盆器樣 H36：16、器樣 H22：71、廟底溝遺址 H379：86、廟底溝遺址第一次發掘起出瓦器器樣 A10dH379：86，圖十，下左 2，及另一殘器彩繪（器樣不詳）、廟底溝新一期器器樣 02SHMT21⑨：95、新一期器器樣 02SHMT34H102：5、新一期器器樣 02SHMT17⑧：36、新一期器樣 02SHMT59H346：1、新一期器器樣 02SHMT21⑨：88、新一期器器樣 02HMT21⑧：33、新一期 02HMT21⑨：89、新二期 I 段器器樣 02SHMT34H122：19、新二期 I 段器器樣 03SHMTG230H901：8，以告陰文鳥紋例。後舉三門峽南交口遺址第三段器器樣 H49：2、同段器器樣 H09：1、夏縣西陰村器器樣 H34：40、郥縣大寺遺址器樣 H85：3 為證。

續此，朱氏舉 35 例彩繪，以廟底溝類型納之。諸彩繪出自 11 遺址，有遺址相去 500 餘公里。構圖同異參差、繁簡不同。朱氏別諸圖八類，圖二四八。

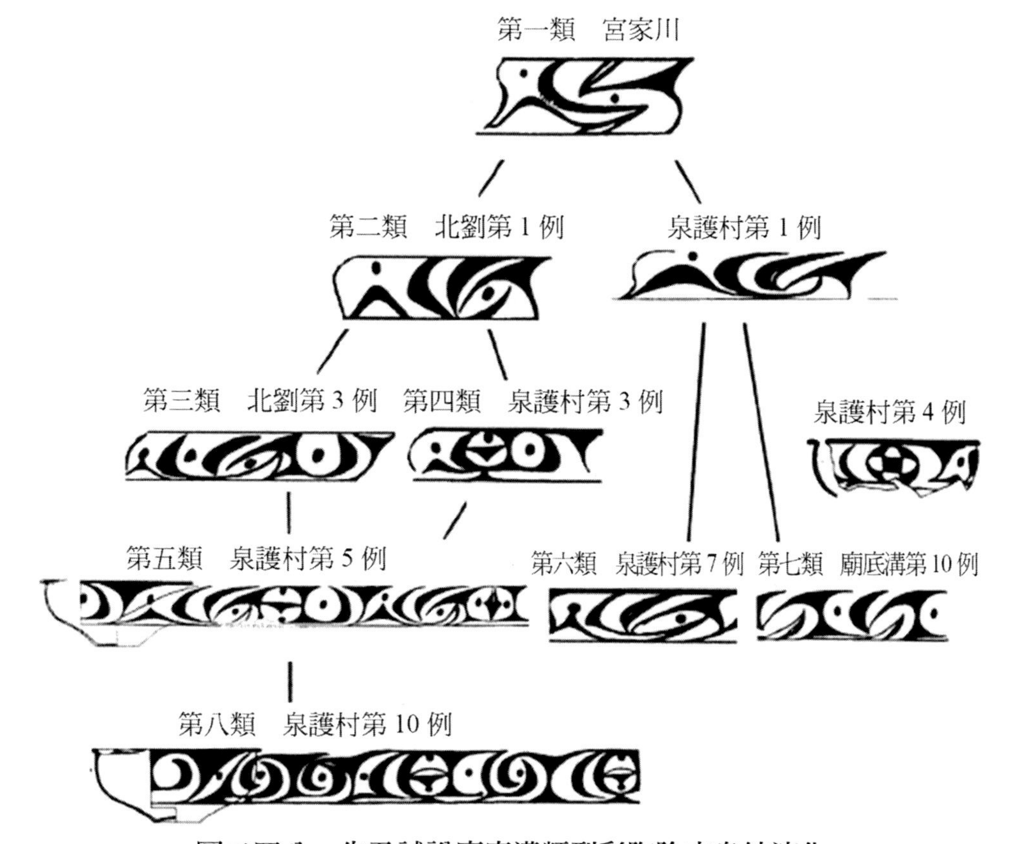

圖二四八　朱乃誠說廟底溝類型彩陶陰文鳥紋演化

（2）鳥紋演進三規律

朱氏歸納陰文鳥紋演進「規律」：第一，陰文鳥紋形態與形象由鮮明向模糊演化。第二，陰文鳥紋圖案由簡潔向繁縟演化，在演化之程產生了圖案由繁縟而簡化之變。第三，陰文鳥紋圖案元素組合，由固定組合向靈活組合演化。這反映了繪製者謀求圖案裝飾美感之願望。

朱氏又檢廟底溝類型彩陶陽文鳥紋之源，以為最早者大抵係泉護村遺址第一期第 I 段器器樣 H165：402 彩繪。此例乃陽文鳥紋探索基點。

更早的陽文鳥紋係臨潼姜寨第二期瓦葫蘆瓶與武功遊鳳遺址 WGYFV：01 蒜頭形彩陶壺上。姜寨遺址第二期 ZHT14H467：1 器口繪黑彩，腹兩面繪圖樣近同，繪兩組以鳥首為題，別上下兩圖案。鳥首在近方形筐內，呈橫置側視狀。鳥眼及喙特徵顯著，易於識認。鳥首外，有弧邊彎形三角紋、「曰」字形紋等。但兩方框上部繪一組三個長直邊三角形及正對角尖的兩個小圓點。兩側面上也繪圖案。一側面上以器耳為中心，繪上下各一條、頭部相對魚紋。另一側邊以器耳為央，繪規則、上下左右相對應之直邊三角形組成之上下兩組條帶紋。此外，姜寨 ZHT5M76：10 葫蘆形瓦瓶也繪鳥首圖案。前者係寫實象形圖案。武功遊鳳遺址蒜頭形瓶 WGYFV：01 肩腹部繪魚紋，以鳥首為主題圖案。構圖似 ZHT14H467：1。鳥首周匝係弧形。姜寨器與遊鳳遺址鳥紋屬半坡類型史家期，應是廟底溝類型陽文鳥紋的直接源頭。由此可定，廟底溝類型陽文鳥紋由半坡類型史家期彩陶陽文發展而來。

宮家川遺址陰文鳥紋早於泉護村新一期。迄今，僅見北首嶺遺址 M52：（1）蒜頭形彩陶壺。肩腹部繪一隻水鳥啄一條大魚尾部圖案。鳥眼以不規則橢圓表示，頸以格子線條表示，身以弧線條表示。似象徵羽毛。短小的鳥尾與鳥爪也很清楚。此畫以陽線陰地表現。似宮家川陰文鳥紋表現方式。但 M52：（1）繪鳥形態比宮家川瓦盆繪鳥形態更逼真、寫實、北首嶺這見水鳥啄魚圖應是宮家川陰文鳥紋的源頭。

朱氏識見，M52：（1）鳥喙魚是「魚鷹捕魚圖」。遊鳳遺址蒜頭壺彩繪以鳥為主題，此圖疊壓魚紋魚嘴部分，似反映了鳥喙魚，係抽象的「魚鷹捕魚圖」。此義被汝州閻村彩繪缸「雚魚石斧圖」表現。朱氏發問，廟底溝類型彩陶陽文鳥紋反映了鳥與人們生產、生活中哪方面的關係？朱氏認為，泉護村太平莊 M701 鷹（鴞）鼎係人們崇尚鳥的意識發展而來。由此，他推斷，泉護村第一期第I段迄第一期第III段瓦器寫實陽文鳥紋表現的可能都是鷹〔註191〕。

3）彩陶文化新論與彩陶藝術遊戲精神及彩陶類型二等說

（1）王仁湘彩陶文化新論

2017年，王先生嘗試新論「彩陶文化」起源。重申仰韶文化時界與域界，以距今6000年前為時界，使甘肅青海東部屬仰韶文化之域。他承認，廟底溝文化來源問題既往未解決。他發問：地層學、類型學編年學途徑不當，抑或學者自己「頭腦中」出現了偏差？他言，半坡人不用三足器，由此論半坡人截斷了關中使用三足器的傳統。

他在文末承認，張宏彥2012年論廟底溝彩陶之源在關中西部乃至渭河上游說給彩陶起源確立了著力點。從仰韶文化魚紋的時空演變看廟底溝類型彩陶的來源。認定半坡期「仰韶文化」為廟底溝期仰韶文化的先驅。也認定，廟底溝文化起源於關中西部至渭河上游區域〔註192〕。

（2）張凌千等彩陶藝術遊戲精神說

張凌千、蔣燁檢討彩陶藝術之遊戲精神：遊戲係一種自願活動或職業，它在特定時間地點下，依自願接受但有絕對約束力之規則下進行。諸遊戲者能擺脫煩惱，達到精神絕對自由。遊戲使人發揮創造力、想像力。儀式與遊戲聯繫緊密，兩者俱有自發隨意與嚴格規矩。原始時期，人們在祭祀儀式時佩戴的誇張面具。盛食物或酒水彩陶器上繪製的紋飾圖樣，都暗示著遊戲係藝術生長點。遊戲存在於現實生活理性外，與實際需要、職責或真理沒有關係。這一點對於藝術也同樣成立。譬如，原始彩陶紋飾的創作受超越於邏輯理性之外之價值決定，甚至超越了可見、有形的理念。又云：原始彩陶紋飾作為一種工具長期使用並服務於宗教或政治，其出現與創作有一定程式化和規則。藝術家迫於壓力，僅能在很小範圍內發揮自己的想像力。但規則多，挑戰多，彼時藝術家用其遊戲精神闡述著遊戲與藝術間關係。康德將藝術視為一種「遊戲」，指創作心態，並非以此否定藝術本身有規矩與嚴謹。他強調「美的藝術不同於快適的藝術」。藝術儘管沒有直接功利「目地」，但有「促進心靈陶冶情操的能力」。藝術家遵守規則，但絕不因規則而使精神受阻，遊戲精神是一種自由的精神。用遊戲精神突破既有秩序與規則，超越現實種種約束，逃脫功利目的，最終進入一個更加「自由」理想的世界。原始彩陶紋飾

〔註191〕朱乃誠：《仰韶文化廟底溝類型彩陶鳥紋研究》，《南方文物》2016年第4期。
〔註192〕王仁湘：《中國彩陶文化起源新論》，《四川文物》2017年第3期。

不僅是「符號圖案」，更是藝術家內心思想情感的表達〔註 193〕。

（3）朱雪菲彩陶類型二等說

朱雪菲嘗試適用類型學於「彩陶」，將彩陶別為 A 型、B 型。以風格而別此二者，A 型「幾何風格」、B 型「圖像風格」。A 型下別 Aa、Ab、Ac，即直線、弧線、圓點三風格。B 型下別 Ba、Bb，即符號風格、象形風格。檢者行此研究之途仍不能述釋圖畫含義。但是，我遍檢其說，未見一器一圖含義得一清言〔註 194〕。依此得知，其立論失功。

4）彩陶魚紋女神崇拜說與庫庫特尼——特里波利文化彩陶近似廟底溝彩陶紋飾說

（1）柴克東彩陶魚紋女神崇拜說

柴克東假域內紅山文化女神研究，域外 80 年代女神崇拜研究心得，為文學考古檢討。「初步證明其神話內涵與新石器時代廣泛流傳的女神崇拜有關」。柴氏依人面魚紋的二元對立模式，欲確定人面魚紋的神話內涵。又檢鯀、禹的「魚女神」原型，檢討比較神話學和民族志視域下的「魚女神」；柴氏認定，西元前 3000 年之前的大傳統時代黃河流域曾流行過女神崇拜現象〔註 195〕。

（2）李新偉察見黑海畔庫庫特尼——特里波利文化彩陶似廟底溝馬家窯彩陶

庫庫特尼——特里波利文化是分布在黑海西部和北部的重要史前文化，時代與中國仰韶文化廟底溝類型和馬家窯文化馬家窯期大體相當。李新偉舉其彩陶與廟底溝類型和馬家窯期彩陶的多種相似性。

顧及在此兩大文化體之間的中亞地帶沒有發現可以起到橋樑作用的文化，故不能斷定這樣的相似性是文化交流的結果。造成相似性的原因和兩大文化體不同的發展歷程都是值得深入探究的問題〔註 196〕。

〔註 193〕張凌千、蔣燁：《原始彩陶紋飾中游戲精神的闡釋——對藝術創作自由與自律的反思》，《藝海》2017 年 8 期。

〔註 194〕朱雪菲：《仰韶時代彩陶的考古學研究》，文物出版社，2017 年，第 31 頁～第 32 頁，表 1.1。

〔註 195〕柴克東：《仰韶「彩陶魚紋」的神話內涵新解——兼論中國古代的女神崇拜》，《文化遺產》2019 年第 5 期。

〔註 196〕李新偉：《庫庫特尼一特里波利文化彩陶與中國史前彩陶的相似性》，《中原文物》2019 年第 5 期+。

5）點藝術釋彩陶與日影為彩陶紋飾構建本原

（1）蘆珊點藝術構成彩陶說

蘆珊依康定斯基論點云，「點」作為圖像的最初要素，是圖形構成的基本單元，為一種最簡練的形式，它代表最簡潔、最恒定、最內在的確定性。中國彩陶圖式對圖像形式的「抽提」，首先從點元素出發。來自於書寫工具對陶器表而的接觸，即可為工具（如獸毛、石器、樹枝等外在工具呈現）在器形表而以按壓或捏造、繪製形式創造的點。也可為陶匠靈活的雙手（身體工具的呈現）直接於器表的繪製。一旦這些創造物與彩陶面而接觸，便開始孕育圖像。仰韶文化、馬家窯文化，大汶口文化等出土的彩陶，不難見到繁多的「點」的表現。

蘆氏述點的藝術功能與流變云：第一，點作為圓心、旋心，功在定位。第二，點以數量聚集呈現出有規律的裝飾。第三，點作為主體紋飾組成，舉「鳥紋」為證。第四，「點」在成組的紋飾中起到連綴、過渡作用。第五，依張朋川點有紐扣作用。將內外包裹的兩組圖案以點連扣。第六，點有不同呈現方式，擴大為圓，露空為圈〔註 197〕。

（2）李林賢彩陶紋飾日影說

李林賢先生以天水市二分二至日的日影圖為基，分解狄宛彩陶紋飾，察知表影與表影組合而成的三角形、束腰四邊形、半橢圓形是彩陶紋飾基本構成元素。他認為，「大地灣」（狄宛）人是仰韶文化的開拓者。

圖二四九是依據虛擬天文館（Stellarium）採集數據畫出的天水地區二分二至日日影游移圖。

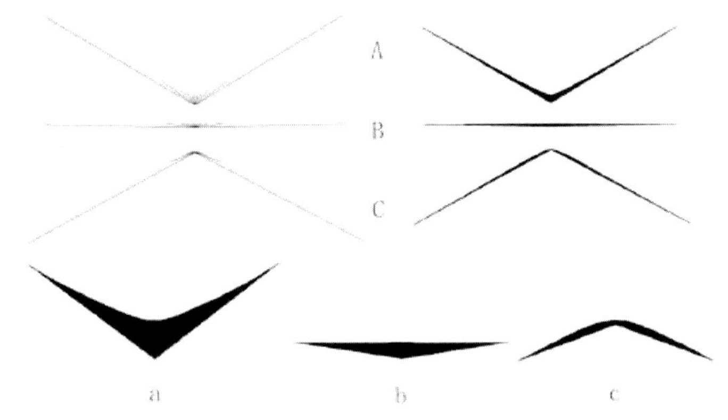

圖二四九　李林賢繪二分二至日表影游移區域圖

〔註 197〕蘆珊：《從「點」元素出發——試析中國彩陶圖式對圖像形式的「抽提」》，《中國包裝》2020 年第 5 期。

他講，A、B、C 左側是按照表 1 數據畫成冬至日、二分日、夏至日表影線段圖，右側是按照線段圖畫出的全天表影游移區域圖；a、b、c 是不包含初末線的表影游移區域圖。雖不完全，意在呈現中心區域的細部特徵。

前圖能顛覆常識中日影的既有認知。雖然有人曾以實驗驗證二分日的日影軌跡是一條方向為正東正西的直線，但三個區域都如此狹細，出乎意料。這三個區域示意圖，乃釋讀仰韶文化彩陶紋飾的一把鑰匙。

他補釋云：由於太陽初升時，表影的長度會很長，囿於圖片尺寸的限制，極長的初線和末線，會影響日影圖的細部表現，但是考慮到要反映表影的整體特徵，表中統一以當日天水市日出日沒時刻為基準，在日出後（日沒前）15 分鐘左右建立初線（末線）。但在作圖時，分別以包含和不包含初線（末線）作圖，從而盡可能呈現日影圖全部特徵。

李先生依此說解析狄宛紋飾構圖元素，諸器 10 圖次第於圖二五〇：狄宛第二期 B 型 III 式 T340③：52，B 型 I 式 F310：5，A 型 II 式 H347：8，A 型 F1：4，A 型 H714：P38。狄宛第三期，C 型 I 式 T309③：11，C 型 II 式 H302：5，狄宛第四期 B 型 I 式 F820：15，華縣泉護村第一期第 II 段 6A 缽 H163：02，龍山期陵陽河遺址出土刻紋，計 10 圖為例。

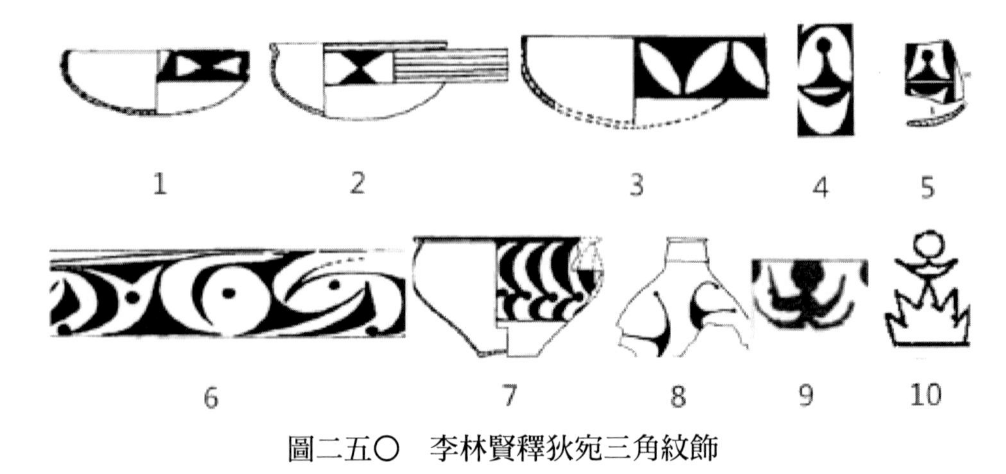

圖二五〇　李林賢釋狄宛三角紋飾

他檢討三角紋云，圖二五〇，1、2 中的三角形三邊都為直邊，所以用二分日的日影圖來表示播種和收穫的時節。但狄宛遺址中更多的圖紋型式是圖二五〇，3、4、5 中的一邊為直邊，其他兩邊為弧線的三角形構圖。李先生質詢，這種三角的構思來源何在？它與表影相關嗎？他答云：圖二五〇之 1 三個圖影各代表了太陽表影三個臨界點。夏至日是日中表影最短之日，冬至日日影最長。二分日表影橫向（東西）直線運行之日。三個圖影互不替代。於是，有了三圖組合。

當三個圖影的立表點相聚，並將三個影圖旋轉使立表點的對邊相錯相接，圖二五〇，2，3，誕生了狄宛紋飾一邊直、兩邊弧狀之三角。T340③：52 中三個影圖是一年中四個特殊時點的以天為週期的影圖，這種一直兩弧的收腰三角形，就代表了以年為週期的影圖特徵。

這種三角圖飾後來廣泛用於陶器。圖二五〇之 6 紋飾中三角的變形使圖飾充滿了動感。圖二五一之 7 不是三角形，而是二至日日影圖，是收腰三角形中兩腰的組合。前圖之 8 的構圖極具想像力，這種開放的構圖方式使整個器皿充滿簡潔飄逸之感。

此圖形或許正是出土於陵陽河遺址的刻紋的原型，圖二五〇之 10 這組龍山時期的刻紋，正確地釋讀應該是日影圖或者太陽曆的標誌，而不是什麼「日月山圖騰」。

其中「月形」腹部尖頂的存在，就否定了月亮這個推測；圖二五〇之 10 刻紋中的「山形」，以精簡的原則，倘欲表現山的意圖，五個尖頂多餘。從一個圖案其整體構成需要一個內在邏輯的角度來看，這「山形」用表影來表述，或許更具有合理性。

但這種表尖的影子以圖中的山形分布，不是圖二五〇之 1 中圭表表影的顯示方式。倘用地平式日晷的表影描述，就非常契合。央尖頂是冬至日中午的表影，第二層是二分日晷面兩側的表影呈現，第三層則是夏至日早晚的表影位置。故此，圖二五〇之 10 應該是以太陽、圭表表影和日晷表影的組合，表現本族具備精準定曆的自豪感。從體現週期性原則，其中的「山形」，和圭表表影所表達的含義，略見重複，所以在陵陽河遺址中也出土了太陽與表影兩相組合的刻紋標誌。

圖二五〇之 9 與圖二五〇之 7 相似，用兩個相接的弧代表二至日日影特徵。不論是圖二五〇，9 的造型，還是兩個三角符號同向疊加組合，這種圖紋構成極可能就是圭字的原因。因為測影是為了施政的需要，但由於在不同的緯度，圭的刻度也會有不同，所以測影的實施最少需要兩年，第一年來確定刻度，第二年則是在驗證的同時依據刻度來測時以施政，這就是圭字需要兩個土的原因。

李氏舉狄宛紋飾 10 樣，次第於圖二五一：狄宛第二期：1.A 型 III 式 T332

③：14、2.B 型 III 式 H227：22、3.C 型 II 式 T330③：P32、4.III 式 M1：1，6.B 型 II 式 H6：1，7.B 型 F709：23、10.A 型 I 式 QD0：19；狄宛第三期，9.B 型 I 式 TG30O：1；狄宛第四期：5.E 型 II 式 T703②：46、8.E 型 II 式 H846：3。

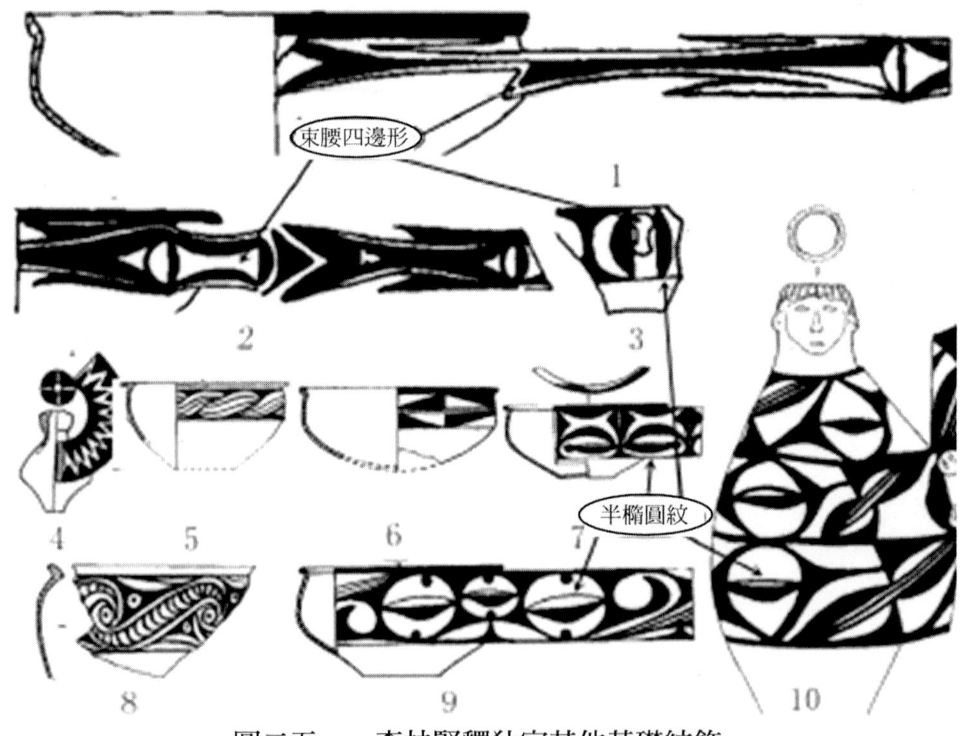

圖二五一　李林賢釋狄宛其他基礎紋飾

李氏釋束腰四邊形紋飾，半橢圓紋飾，用此「基礎紋飾」曰：狄宛彩陶紋飾的著色基本以影為黑色，這似乎成為構圖基本規範。但束腰四邊形是個異類，它以邊緣勾勒的數量占多，這可能出於清晰表達的需要，譬如前圖二五一之 1 中實心黑四邊，就不如圖二五一之 2、之 3 在視覺上更明晰。

他講，束腰四邊形構成很簡單，是另一種全年週期的表達方式，即全年的表影游移區域圖。收腰三角形以二分二至日的日影區域圖為代表，採用一種典型替代的方法，組合成表示全年的日影游移圖；而束腰四邊形，則用寫實的手法，塗抹了全年日影的游移區域。其畫法就是將圖 A、圖 B、圖 C 中初線與初線、末線與末線的頂點分別相連，構成一個類似大骨頭的束腰四邊形。

李林賢因為，狄宛第二期已有日晷。自此推測出發，他釋半橢圓紋飾云：

日晷表影在一年週期內，會產生一次正反面的轉換，而且表影都在晷面下半部。

他認為，依狄宛紋飾表影以黑色表現的樣板，半橢圓形紋飾是一種影子。以表影為構圖主題的原則，他推測，日晷的表影基於晷面係圓形，其尺寸有限，每日中間時段外，其他時間表影一部游移於晷面外，晷面記錄的表影軌跡係弧形。這段弧與當日表影覆蓋的晷面結合，即見橢圓形存在。

圖二五一之 9、10 中所有的橢圓形黑色部分，都處於下半部，二圖示日晷表影投在晷盤面的下半部分。此二圖樣中，這種兩個半橢圓形組合，如果僅為了表示表影，那麼上半部分似乎沒有存在的必要，但從表達日晷表影的角度出發，上半部白色橢圓的勾勒，可以恰當表述晷面上半部不承受投影的事實。

日晷表影在晷面的轉換時間是春分日或者秋分日。根據表影游移區域圖，圭表立杆的表影在二分日是三角形，圖二五一，6（H6：1）中上下兩個陰陽三角形組成的菱形，這種黑白變換發生在二分日。只要有轉換，就排除了圭表表影的可能性。H6：1 中雖然用圭表的表影特徵來表述日晷的表影不大貼切，但日晷在二分日的表影會因為二分時點的差異，其軌跡將產生不確定性，所以用圭表的表影來表現日晷表影在二分日的轉換，就成為最合適的替代。

圭表表影移動的特點是不論正反面，都從西往東移動，如前圖之 7，以兩個小圖的接觸點為縱軸對折，圖中兩個作為起點的圓點會重合，正好與日晷的正反閱讀方式一致。

李氏認為，縮小圭表的需求使地平日晷產生，「赤道式日晷則兼有圭表小型化和當日測時的全部功能，是當時尖端科技的展現」。他又以為，QD0：19 係赤道式日晷。此人形壺全身係日影組合，蘊含圭表和日晷文化，此人是世界最早的智慧女神。

李氏釋雙螺旋結構紋飾曰：QD0：19 紋飾中有一個雙螺旋結構，這種紋飾是狄宛遺存中唯一的立體結構紋飾。與 T703②：46 雙螺旋結構紋飾相比，QD0：19 雙螺旋結構有一個不同點是這種螺旋的黑白組合。其基礎是河圖洛書，以空間和時間為基本單元的陰陽模型。半坡人面魚紋盆也涉及此題。

李氏釋 S 形漩渦紋云，如 H846：3，S 形漩渦圖飾，其基礎仍是三角形紋飾，看上下兩個相附的傾斜黑色三角形，這是漩渦圖紋建構的依據。李氏以為，仰韶文化的彩陶紋飾基本都是以黑色日影為構圖主體，S 形漩渦的方向是兩個三角形中表影的運行方向，即初線走向末線的方向。

李氏述十字紋云，M1：1 瓶口的十字紋是方位符號，也是陰陽文化的體現。李氏釋魚形紋飾云，T332③：14、H227：22，二圖包含各種表影區域圖與半橢圓、束腰四邊形的不同搭配組合。魚紋不是基礎構圖元素，它與彩陶紋飾能夠關聯的原因有兩點：魚尾是標準的二至日日影圖；它的游動能夠表達太陽在南北回歸線之間的游移。李氏以為，狄宛魚形紋飾，除第二期有一例出現世俗化的魚眼，其他全盡是符號化組成。這顯示，狄宛彩陶紋飾的繪製一直保持著避免世俗化和生活化的趨向。它提示我們，彩陶紋飾的繪製在當時當地是一種莊重、嚴謹、規範化過程。表達的一致性、承繼的一貫性，透露一股極端濃烈的信仰色彩。

李氏在求索圭、或晷證據時認為，刻度的證據難以起獲，推測彼時使用木料為圭或晷面。推測缺證後，將目光投向紋飾。他舉狄宛第四期器壺 2 件、北首嶺壺 2 件，泉護村第一期第 III 段盆紋飾為證，謀求日晷佐證。諸器如圖二五二：1.A 型 III 式 H366 乙：29，4.QDV：2；寶雞北首嶺：2.壺 M98：(3)；3.III 式壺 M52：(1)；華縣泉護村第一期第 III 段：5.1B 盆 H1052：01。

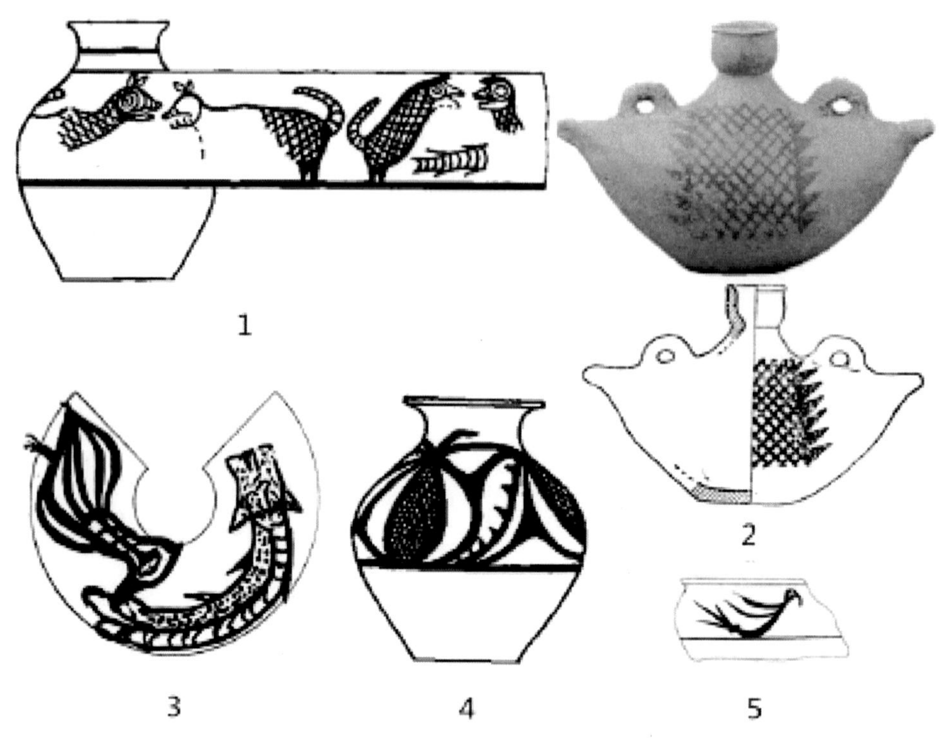

圖二五二　李林賢釋寶雞北首嶺兩壺紋飾與日晷關係

圖二五二納寶雞北首嶺兩件壺圖，其一紋飾是魚鳥銜尾圖，另一是船型壺身的網狀圖。鳥形紋飾來自泉護村。圖二五二之 5 是泉護村出土的鳥形紋飾，係鳥形紋飾最初形態，也是表影進行週期化表述的另一種方式。以鳥脖為起點的大三撇，其走向無對稱分布，故是表影在一年中二分二至日日出或者日沒時的三條表影記錄，而尾部三個線條的走向，呈現了一天中日出、日中、日沒時表影的走向。這是一種大小週期的結合。它符合年與日的涵蓋關係。此鳥形紋飾圖也是一種太陽曆符號。後來彩陶中其他鳥形紋飾，是此圖世俗化的表現，其本是對表影的週期化陳述。

李氏言北首嶺壺 M52：(1)「魚形紋飾」也是表影的陳述方法，突出了表影游移特徵。所以此圖中鳥與魚所表達的核心思想是一致。但此圖特點在於，魚為什麼是單頭（或並頭）雙身？如果涉及日晷的存在，這種並頭雙身的魚形紋飾易於理解，它是指日晷的表影不論是落在上晷面，還是下晷面，都從西邊起始，東邊結束。另外魚身呈半圓弧形態，也在排斥圭表的表述，再加上雙魚身用陰陽對比來描述正反晷面的意圖十分明顯。此為日晷存在之證。

李氏又舉北首嶺 M98：(3) 為晷面之證。此器向來被稱呼「船形壺」。他釋云，壺身兩側均畫有漁網紋，結合獨木舟的造型，此器是捕魚技術的真實寫照。李氏敵解此說，認為倘是木質，重心過高的空船不能行駛，倘欲宣揚船文化，以漁者的常識、本能，此等低級謬誤很難渡過模型篩選。此外，以忌諱論，船型不能做水壺狀，船與喝水聯繫起來，即成詛咒。由此，李氏重回仰韶文化主題——日影。他講，菱角狀的壺形與日晷表影的半橢圓形一致，鑒於表影為黑色，乃一構圖規則，壺的半圓形可能是日晷的一種簡化造型。壺身前後兩片，正是日晷的正反面。

網狀紋飾兩側各有 7 個尖頂形紋飾，這種尖形紋飾就是表尖的真實投影。這種尖頂形和 7 這個數字並非孤例，狄宛遺存中也曾見到，比如圖二五二之 4 的 7 個尖頂紋飾，具有網狀結構的前之 1。狄宛之外，此等圖飾乃罕見的動物圖飾，其尾巴呈 7 道 6 節。

從手繪圖中所見，最上端表尖其尖頂小且分叉，這種現象只可能在日晷的表影中出現。所有表尖向上傾斜，說明網狀圖倒置，二分日的表尖處在最遠端，符合日晷在二分日表影最長的特徵。所以，圖二五三 2 中的尖頂形紋飾，就是日晷表影的表現。

由於日晷表影的轉換在二分日，從時序上講，日晷正（反）面第一個（上）

表影與反（正）面第一個表影在時間上是承繼關係。在此壺的紋飾中，兩側日晷表影之間有網狀結構，由於左側第一個尖頂與右側第一個尖頂之間沒有連線，所以左右兩側的日晷表影，不是指日晷正反面表影的組合，而是指一側晷面表影變化與時間的關係。

在網狀結構中，左側第一個尖頂與右側最後一個（下）相連，右側也是第一個與左側最後一個相連，再加上兩側都是第一個日晷表影特徵，都呈變小和分叉。可以確定，右側日晷表影排列是左側的表影的假想延長，它說明日晷表影在回程中，在晷面上指示的刻度與時間上的延續關係。

即使沒有另一邊壺身的網狀圖紋資料，僅從一側的紋飾就可以判斷，不論從 7 影 6 間，還是封閉式網狀結構上下的各六個節點，都可以說明這種日晷，可以對一側晷面上顯示的表影變化區域，進行 12 個時段的細分。最晚在「仰韶中期」，二十四節氣的曆法已經存在了。

李氏釋半坡遺址 P.4691 人面魚紋云，此圖「人面中嘴部兩個二分日的小三角是白色（或者是質地的紅色）；頭部右側上部的鐮刀紋」，本是收腰三角形的紋飾，因為頭是球形，從正面看，只能看到收腰三角形的一半（折半法構思遍見於仰韶文化紋飾）。顯然，在人面的整個構圖中，只有一個週期化表達的表影圖形，就是這個折半的收腰三角形。那麼，作為構圖中最重要的紋飾，這個鐮刀狀的紋飾也是白色。此圖紋特點在於，設擬小孩從下部能夠完全看到收腰三角形的全圖。它出現了一個醒目的冬至日符號，這個符號與狄宛遺址的一種葬式極其相似，就是用豬的下頜骨陪葬。它預示著冬至日之後的陽氣將升，是一個充滿美好願望的還陽符號，圖二五三。

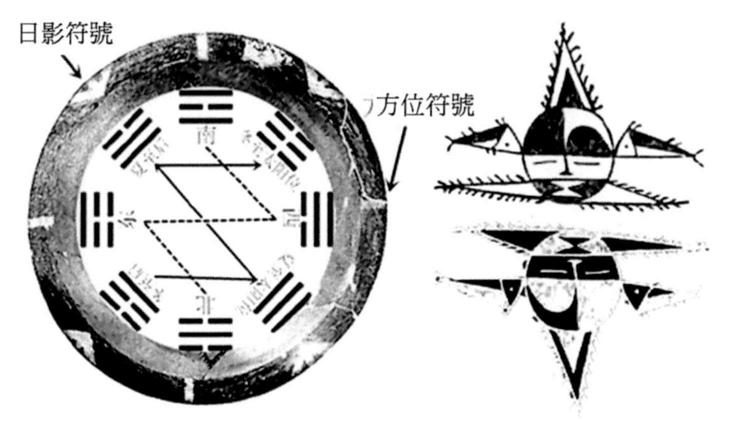

1：盆沿的時空符號　　2：人面魚紋及反色倒置圖

圖二五三　李林賢釋半坡 P.4691

人類最初分辨方位來源於太陽，比如日中時表影的指向為北，二分日表影呈東西方向移動。所以在圖二五三之 2（下）中，構成嘴部的兩個二分日小三角和兩側二分日大三角的顯現，對於還陽重生的孩子來說非常重要，它們保證了孩子不會迷失方向，而在反色以後的圖紋中作為耳朵的黑影就成為兩個二至日日影，使其靈魂隨時光輪迴。這個人面加小魚紋的圖飾，就是一個陰陽輪迴圖〔註 198〕。

三、壹世紀已來掘理者器殘紋識見與檢者省見磋見檢評

（一）掘理者器殘紋識見檢評

1. 六十年代前器殘紋識見檢評

1）五十年代前器殘紋識見檢評

（1）安特生及袁復禮本傳識見

袁氏譯安特生著作，於域內考古者乃重大貢獻。地質調查之細緻助勁掘理，始於安特生、袁復禮奠基。安特生論「畫」、「狀紋」乃基名。惜乎譯者不諳東方、西方塗汁曳膏事同，以及工程乃人類通學，不遑勘理，致滅工為與工料之界。此無心之謬同致考古者困頓。

彩者，工料之名也。繪者，工為之名也。畫家得名以其工，不徒恃其料。中國考古界言彩陶，乃貴工料之名也。貴料則賤用料者。如是，古畫匠之能隱沒，其心其察物之力隨之隱沒。

（2）李濟器殘紋識見檢評

李濟器殘紋識見是非參半。今舉七題展評。第一，李濟言其第玖版之 1「一排斜線帶三角」，此識見不塙。檢係三角兩斜邊之側各有從邊斜線。故此紋樣以三角為首為央，以斜線為從為附。

第二，「凹弦三角」謂弧邊地色配黑色。黑色塊縱向邊界垂直。兩黑色塊間係縱向陽區，其廣有限。色塊垂邊線以內見色塊與陽區配圖。殘器口唇為橫線一條為端。色塊下有橫線為界。黑色塊配陽區圖位於兩線內。

第三，第玖版之 2，李濟言凹三角，此名不塙，圖樣實係橢圓局部。第四，第玖版之 5，李濟言「拱下點上的初月」，此識見不塙。宜問：實心黑圓謂何？以為星，何星？以為日，即謂日月並出，底色為陽，陽即晝。晝不得並見初月

〔註 198〕李林賢：《日影是仰韶文化彩陶紋飾的構建本原》，《西部學刊》2020 年 5 月（上半月）。

或27日或28日月狀與日。

第五，「鐵十字」說非是，檢見兩組三角狀黑彩每組對頂角與另組對頂角相交。第六，「圓點」說乃圓點紋、三角紋說之本。第七，「寬條」、「削條」說。寬條者，廣程大之謂也。「削條」者：匠人之言也，使斧斤削板狀木料，側視條狀有削凹邊，乃平面畫說側翼。「格子」說乃網格紋先聲。「月形」乃月狀或月相說之源。梁思永以為，李濟曾名「西陰紋」為「流動的曲線帶」，近似螺旋紋。此識見難以跡歸。

（3）夏鼐與裴文中器殘紋識見檢評

題中夏鼐識見，今限於三事。第一，夏鼐承襲安特生裝飾說，以十種總寺窪山遺址「紋」樣：垂帳紋、四條以上橫列並行線、鋸齒紋、葫蘆形中填方格、方格紋另種、螺旋紋、弧線三角紋、平行直線或弧線數群、倒立三角形一排、圓點或橢圓點。第二，依夏鼐言，倘將這十種花紋折散成橫線、垂直線、曲線、寬條、圓點或三角，即能在河南仰韶彩陶中找出類似例子。但這些簡單個形太普通，採用幾何圖案，恐能在世界任何地方都能見此等簡單個形代表。於此，夏鼐以為「個形」用幾何圖案而普通，以其普通而不求其他，又基於此而以為此等紋樣無特點。第三，夏鼐花紋「十種」之總，傳及後輩學人。

裴文中彩陶類別依瓦器地色。譬如，色如紅磚者表面磨光，黑彩，網格紋。橙紅色瓦，局部磨光或不磨光，口緣頻見「輪紋」，花紋為淺黑色，多見螺旋紋，中有一圓點，器形多長頸，翻口下為球形物。此外，輪紋說湮沒於此後考古文獻。而網格紋之名存於考古文獻。

2）五十年代器殘紋識見檢評

（1）半坡廟底溝元君廟遺址器殘紋識見檢評

半坡遺址1955年掘理者言，起出瓦片有「谷葉紋」。此後，此名全湮沒。第二，掘理者言「籬笆紋」（圖七，4），此名也湮沒於此後文獻。第三，「人面形花紋很逼真，眼、口、鼻皆全，頭上有交叉的尖狀紋飾，可能它就代表當時人頭上的一種裝飾」。此說給「人面魚紋」之名奠基。「彩色陶器」之名見於此文。

依廟底溝與三里橋遺址掘理者識見，瓦器面初畫者無計劃致增補之瑕。此係謬識。掘理者又言，畫匠無從斷開紋樣。此推測謂不曾識見畫終始。掘理者又言此遺址紋飾圖案複雜多變，無結構規律。元君廟遺址掘理者由幾何形圖案推測，元君廟古人知曉術算「十」數。

諸地掘理者雜名一指。眾交線交圖之名存三：李濟說格子紋。裴文中言網格紋、1955 年半坡遺址掘理者言籬笆紋。梁村掘理者言方格紋。名類之亂包藏寬容，也包藏不究或苟且。

（2）芮城渭南磁縣等地遺址器殘紋識見檢評

掘理者已知，芮城東莊村、西王村遺存瓦器彩繪紋樣涉及半坡紋樣。華陰橫陣遺存掘理者識見彩繪的花紋係三角形，或波折紋，或魚紋。而三角形構造多樣，其元素係窄條、寬帶、弧線、圓點等。三角形彩繪被視為此地模範紋樣。

磁縣下潘汪遺存器殘紋奇異，用色、紋樣俱能引發檢討。「睫毛紋」說甚難屬類。此名使人推知，掘理者未曾用功於紋樣辨識，此欠缺如長安五樓遺存踏勘者於器物辨識未嘗用功。

清水河縣西北棋子峁遺址發現菱形紋，此發現本當引發矚目。而華縣等地遺存踏勘與掘理者以地層分期研究為首題。張忠培推測，老官臺文化為半坡文化前身。此推測不誤。但彩繪構圖檢識被掘理者視為重題。

滻灞沿岸遺存掘理者納陳紋樣識見用名：「黑色寬帶紋、圓點紋、網紋、弧線紋」等。諸名似已屬考古者術語。華陰西關堡遺存紋飾圖案兩等：幾何紋、動物形。幾何紋下別：圓點、鉤葉、弧線三角、曲線線條與方格紋等。動物形下別鳥紋與蛙紋。

（3）寶雞鬥雞臺邠縣下孟鳳翔彪角淅川下集遺址器殘紋識見檢評

鬥雞臺遺址掘理者識見紋飾別三角形紋、圓點紋、折波紋、網紋。M98：（3）得名船形壺（或菱形壺）。細頸瓶（M52：1）上圖案被視為魚紋、鳥紋。涉及葬式，掘理者以目睹納骨殖之器告中國考古界不知自省名類：缽扣於大口小底罐上，或兩缽互扣。聯此虧欠，菱形壺之名鮮被珍視。

依下孟遺存掘理者言，圖二九，3，BXXMC：13，單線條繪成雞尾狀紋飾。此器紋罕見。照原圖，「雞尾狀紋飾」依狀依朝向俱不塙。乃糙撓格之名。掘理者不曾檢紋義。鳳翔縣彪角遺存殘瓦片（圖三〇，3）紋樣罕見。遺存踏勘者不曾深究。弧線、圓點紋諸言失在粗疏。

淅川下集遺存直線傾斜構造之菱形圖未引起重視。掘理者識見此地圖案與河南廟底溝遺址圖案相似，此辨識不誤。西陰村器殘紋也見於此遺存，圖三一，13，紋樣即李濟曾言「鐵十字」狀。

3）六十年代器殘紋識見檢評

（1）洛陽王灣赤峰西水泉遺址器殘紋識見檢評

王灣遺存掘理者檢見弧線三角與圓點聯合成母題。此說引入「母題」名。「X 形紋、S 形紋」、「眼睛紋」等被引入，眼睛紋識見乃新見。「波紋」並於舊言「折波」。但引入者不曾究其義。而「眼睛紋」名引發考古者趣味。如「母題」名，「波紋」名含前提隱匿。

掘理者識見趙窯遺存仰韶下層器殘片網紋（T4⑤：28，圖三二，2）不使人驚訝，但梳紋（器樣 T9③：24，圖三二，1）使人醒目。斜交並行線紋頻見：器樣 T9③：25，圖三二，3；器樣 H21：9，圖三二，4；器樣 T17④：19，圖三二，6。此地昔聖膏汁縱橫、斜交施曳使人印象極深。

赤峰西水泉遺址掘理者識見，此地有「紅頂碗」式紅口灰腹缽，其數甚夥。圖三五，1，器樣 T7②：20，腹部深紅色為一例。此等「紅頂碗」也見於中原遺址。此交流如何發生，能使人深思。兩種罐面彩紋貌似而不同，以其留地色多寡而異。圖三五，4，器樣 T13①：22、圖三五，5，器樣 63 彩：11。直線數條平行，但彎而似三角。某種小口罐外壁紋樣地色為菱角狀，陣列而見。圖三五，6。而圖三五，5，器樣 T53①：20，口下飾黑色菱形紋。菱形、三角形依幾何學互可改變。在中原之外，同地見兩種可互變改圖樣，擬能引發檢討趣味。趙窯遺址掘理者命「斜交平行線紋」，而「斜交」得紋樣為三角，此狀不得否認。兩地此等紋樣狀似三角，此乃與狀。掘理者何故用異名？清水河白泥窯子殘紋（圖三三）被視為花草紋，此識見使讀者難堪。

（2）唐河茅草寺巫山大溪遺址器殘紋識見檢評

唐河茅草寺遺存掘理者識見，圖三六，4，器樣 T5：127 壺面彩繪係魚頭狀。自此掘錄不能察知，掘理者「魚頭繪」出自辨識，抑或援引。

巫山大溪遺址掘理者猶識見圖三四 M11 面繪「半月形」色塊。西水泉遺存殘紋之並行線紋、渦紋、菱形紋、鱗形紋等俱宜檢討。

唐河茅草寺遺址彩繪壺，圖三六 4，T5：127，面繪圖被檢者視為魚頭。此說草率。圖三六，3 殘紋得名禾葉紋，石興邦曾言「谷葉紋」。對照而見茅草寺遺址掘理者給名抵近類名。

（3）半坡遺址掘錄器殘紋識見檢評

《西安半坡》（1963 年版）自發行迄今被考古界奉為掘錄之範。其函納寬泛，述器細緻。此文獻含疑或致疑者隨檢讀遍數增益。今略舉數端，留存前舉眾圖舊說為檢討之質。

《西安半坡》掘錄題瓦器面紋樣足顯二事：第一，掘理者以繪畫藝術指施曳膏汁於瓦器，並賦予裝飾之功。第二，掘理者以「意識形態」統類藝術、樂器、裝飾品、器面勒刻、葬埋制度與習俗。如此名物之兆為三：其一，裂器畫如二，器、畫；其二，繪畫假途紋樣而功飾。其三，「意識形態」烙志掘理。此三者施於中國大陸掘理之誘導難以估量。掘理者貴重繪紋彩與著彩部位格式、規律辨識，未嘗以「器著彩表義」為題。

如掘理者言，人面形花紋幾盡繪於瓦盆內壁。但 P.1002 人面形紋繪於外壁。今問：先在外壁繪，抑或先在內壁繪，而後改繪所於內壁？基於此問再問：繪於內壁、外壁，於繪者有謂否？

掘理者述人面形花紋至少含四謬：言眼用兩段直線表示。唇露地作「Z」形。兩嘴角邊有兩道交叉斜線，或各銜一條小魚。頭頂有三角形髮髻。檢 P.1002 似口部地色上下邊平置，左右邊弧狀內凹。似目部無弧線。檢似嘴角邊無繪似小魚圖，似小魚圖位於耳朵擬能在之所旁。檢圖三七之 5，僅見三角有黑點似魚頭部處於似臉頰下部。

掘理者不曾檢，如何放置似人面圖寄器，便於識見圖義。掘理者察見，寬帶紋絕大多位於圜底缽、平底缽口外。讀者許問：寬帶紋為何不似人面形紋，繪於內壁？掘理者見，魚紋多飾於卷唇折腹圜底盆肩上。讀者許問：為何在圜底盆外面，而不繪於圜底盆內壁？

掘理者言花紋與器形關係（所際），此所際之察僅限於某花紋存於何等瓦器。器形即一器屬類，罐、缽、瓶、盆、甕、壺等俱是類名。所際之檢不延及花紋寄某器之寄故。掘理者言某某形紋，俱出自徑見，決非出自考見或以考見佐證徑見。括半坡遺址掘理者述花紋識見與猜見，弊在失考它類遺存旁證。

2. 七十年代迄八十年代掘理者器殘紋識見檢評

1）七十年代器殘紋識見檢評

（1）呂家崖遊鳳北首嶺遺址器殘紋識檢檢評

呂家崖遺存勘察者識見，此地器殘紋之弦紋、線紋、網紋、方格紋多飾於器上腹外壁，又識見「陶器的器形，彩陶的紋飾等」與西安半坡、陝縣廟底溝遺址起出同類遺物基本相同。由諸言窺知，勘察者以某地新見器殘紋屬類為首務，無比較見異之念。

武功遊鳳遺址掘理者識見，壺 WGYFV：01 小口如花苞狀，頸部細長，上腹部呈圓弧狀，腹中腰以下向內收斂。在口唇上繪輻射狀的條形花紋，中腹以上繪有魚紋。此識見不敷器面圖樣。

北首嶺遺存器表紋樣甚夥，器形亦眾。瓦器紋樣難以備細括納。掘理者故此不曾述紋樣。以此地器樣與紋樣堪為狄宛系瓬疇圖體釋之鏈，後將格檢。

（2）安新莊姜寨遺存器殘紋識見檢評

安新莊遺址掘理者識見紋樣有：三角、寬帶、菱形紋。新識見此地彩陶在彩繪「花紋間」再用尖狀器刻畫直線紋。彩繪與刻畫轃於一器之事值得深究。

姜寨遺址以其函納深廣而難於此處細檢，留待體釋。今擇二題為評。第一，姜寨遺存掘理者舉鳥魚紋器，器樣：ZHT14H467：1，ZHT5M76：10，ZHT5M76：8。掘理者言，鳥、魚形象已抽象化與圖案化。掘理者以此言述彼時考古者某種基不開示又不曾陳證之意同。

第二，掘理者言，ZHT28M312：1，係變形豬紋。此紋以連續圖案形式出現，豬五官突出鼻部，給人以一種新鮮感，使人不因豬的相貌不佳而厭煩，反覺其十分可親。「豬鼻」說來自猜測，不見掘理者旁證。此猜測或出自聯想大汶口等遺址掘理者起出豬下頜骨、豬頭骨乃至豬骨架，由豬骨架而聯想全豬與生豬，由生豬聯想豬頭部。

2）八十年代器殘紋識見檢評

（1）梓里狄宛青臺與晉南諸遺址器殘紋識見檢評

掘理者在華縣梓里村仰韶期 M16 起出瓦缽 4 件，其外壁口沿下俱見寬黑帶。檢此掘錄圖六，M16 骨架理陳朝向與瓦器置陳使人醒目。

狄宛發掘者僅聲言：第二期「黑色寬帶紋圜底缽」「與一期的」「紅色寬帶紋圜底缽在器形和紋飾上存在著一定的聯繫」。何等聯繫，不清。

青臺遺存第二期迄第三期瓦器紋甚夥，掘理者識見睫毛紋。此名來自磁縣下潘汪遺存掘錄。青臺遺存掘理者未援引。此地變形魚紋何狀，掘錄不納。

掘理者言，器面繪繩索紋、橫人字紋、直線、弧線、草葉紋，三角紋、網紋等。諸名似映器紋模樣，但諸名義無一清白。

掘理者言晉南諸遺址器殘紋別二題。第一，近直角三角形紋、圓點紋、寬帶紋與魚形紋等屬類半坡類型。第二，圖案似甚複雜，多由弧線三角紋、網紋、圓點紋、平行條紋與動物形紋等組成。此等紋樣被歸屬類廟底溝類型。

（2）臨潼白家村南鄭龍崗寺遺址器殘紋識見檢評

臨潼白家村遺址掘理者恒言「寬帶紋」、「窄帶紋」，但不言寬帶、窄帶。基於「功飾」之念，掘理者以為施彩紋圖美。此蓋見識紋，睹紋以為美感之類。如此美感之念本於現代人加美感於古人念頭。而掘理者不作它想。

於白家村掘理者，識見三足瓦器之三足被抹光塗赤膏汁。但不曾問為何。白家村遺址掘理者言，白家村晚期圜底缽內壁有某種「梳形紋」，圖六八，1，器樣 T102②：3。先是，趙窯遺存殘瓦紋被掘理者識見「梳紋」，圖三二，1。白家村、趙窯兩地「梳紋」同異之題必招檢討。

龍崗寺遺存頗豐，而器樣繁多。掘理者命器用名遵從俗謂，器形源流不曾為題。此際使人察知古器、今器名類溝壑深廣。故此，龍崗寺器殘紋釋讀宜納器釋，後將為此。

（3）福臨堡西園中山寨泄湖遺址器殘紋識見檢評

福臨堡遺址掘理者識見，第一期紋樣有圓點紋、勾葉紋、弧邊三角紋、弧線紋、網狀紋等。識見器樣 H5（7），圖七八 3，有圓點與弧線等構成花苞形圖案，中間一圓點，似花蕊，左右括以弧線，外有三角紋似花葉。又識見器樣 T3③，圖七八，5，有圓點與弧邊三角紋等構成臉面形圖案，外有弧邊三角紋及弧線紋，內作橢圓形，中間有三圓點，上二似雙目，下一似口，大形似人或動物面部。又識見殘器樣 H59，圖七八，7，有圓點構造豆莢形圖案，中間一圓點，似豆粒，上下各有一條弧線形似豆莢。掘理者識見福臨堡第二期殘紋有：圓點垂弧紋、花瓣紋、連弧紋、齒狀紋等。由掘理者第一期、第二期器殘紋識見得知，掘理者謀求象生紋、植物紋範例。

包頭西園遺址掘理者識見缽 BXT1（6）：99，圖八〇，1，口沿外有寬帶紋深褐彩一周。又識見器樣 BXTI（6）：107，圖八〇，3，腹飾花草紋黑彩一周。此處見「花草紋」名，但不見掘理者指出名源。

中山寨遺存掘理者識見第二期瓦缽口沿施黑彩窄帶，又識見其第三期紋樣以圓點、弧線三角為主，另有葉子紋及條紋等。掘理者歸此期文化類型於廟底溝類型。照圖八一，器樣 T104②：3，掘理者識見其腹部七組花紋係葉形圖案，由黑彩弧線三角組成。我檢此圖，知掘理者未識見所謂葉形圖案上下朝向參差。

藍田泄湖遺存掘理者識見遺存殘紋依地層時序別四等：半坡類型、史家類型、廟底溝類型、西王村類型。譬如，半坡類型以線紋、寬帶紋、幾何形魚紋等為證。史家類型殘紋有變體魚紋、鳥魚紋、大黑點紋、黑窄條紋。掘理者識見瓶殘片 T1⑧：8，圖八四，5 腹飾黑彩變體魚紋。殘片紋樣被識為「變體魚紋」，亦從舊說。

3. 九十年代掘理者器殘紋識見檢評

1）師趙村西山坪林西水泉灘小關原子頭等遺址器殘紋識見檢評

（1）師趙村西山坪林西水泉灘小關等遺址器殘紋識見檢評

掘理者識見師趙村遺址第三期花紋有：黑彩條紋、圓點紋、弧線紋、漩渦紋、弧邊三角紋、勾葉紋等。諸名無一陌生，俱係頻用紋名。識見西山坪遺址第二期缽片殘紋有寬帶紋，變體魚紋，器樣 T1⑥：2，圖八八，2。又識見器樣 T1⑥：40，圖八八，4，殘盆腹上部飾變形魚紋。掘理者言變形魚紋、變體魚紋，「變形魚紋」「變體魚紋」指變形、變體何以別？

赤峰林西水泉遺址掘理者識見器表有並行線與渦紋，器樣 T19①：5，圖九〇，2、識見並行線紋，器樣 H11：1，圖九〇，3、識見三角紋與寬帶紋，器樣 H17：5，圖九〇，4、識見放射線紋與半圓形紋組成的傘紋，器樣 T17①：3，圖九〇，5。檢「傘紋」名謂撐開之傘，頗能指殘紋寄器球面。殘器器口器腹間黑線塙似傘撐開時龍骨。但腹部黑色塊狀未被照顧。

鞏義灘小關遺址掘理者識見，圖九一，2，器樣 TG：55，肩部繪褐色花卉紋。檢花卉紋一名雜指，而褐紋側視頗似葉片。卉者，草之總名。由此名用得知掘理者崇尚雜指。

西陰村遺址晚近掘理者言，器殘紋係上下或左右雙勾葉紋構成主體圖案，也有類似蔓藤類植物莖葉之變體勾葉紋。掘理者終境未給「植物莖葉」說之本。

（2）原子頭等遺址器殘紋識見檢評

原子頭遺址起出器殘紋甚夥，今唯擇三題檢評，留存餘者為體釋之質。其一，掘理者識見，器樣 F27：8，圖九三，3，口沿外為黑彩帶。上腹部飾黑彩魚紋圖案，計有兩條魚形，一大一小相逐，有黑線相聯，魚形象趨於圖案化。倘不顧魚形象趨於圖案化之辨，僅察口沿黑帶，連此遺存「仰韶文化第一期」器口沿黑帶，即知 F27：8 圖形生成前，存黑帶形變一題。掘理者不知此事。

其二，掘理者言，原子頭第三期器面有變形幾何紋，即弧邊三角形與變形三角形。此論出自花紋幾何紋、象生紋之別。又察掘理者言，此期見變形魚紋、幾何紋、變形幾何紋、花瓣紋與圓點等圖案。於此，檢見掘理者名類不連。幾何紋、變形幾何紋，俱係幾何紋。幾何形或幾何紋蘊藏變形之基，或線或面，俱可為變。掘理者並列幾何紋、變形幾何紋，使檢讀者認知，掘理者不以幾何紋蘊藏變形之性。其三，掘理者述此遺址仰韶文化第四期器器紋云，彩繪以黑色為首，黑口彩與弧邊三角、圓點、勾葉等並見，也見動物圖案。弧邊三角紋多，勾葉紋少。鳥紋罕見，但識見簡單勾畫出鳥頭及鳥身、翅膀及尾巴，圖九九，3，器樣 H104：6。前既未見鳥紋，今僅恃此圖言「簡單勾畫」出鳥頭鳥身、翅膀與尾巴。掘理者不覺名物偶然。

眉縣白家村遺址掘理者識見，器樣採：5，圖一〇〇，2，唇緣塗黑彩，腹飾變體魚紋。口沿黑色與「腹飾」紋樣可被對照以檢，但掘理者不曾謀此。

2）狄宛大李家坪小趙遺址器殘紋識見檢評

（1）狄宛遺址器殘紋識見檢評

狄宛文明遺存厚重，遺跡類全而難檢。以其文明久加誘導於多地文明，故為器殘紋體釋之基。今僅題四疑，檢評掘理者識見。留存餘者體釋。

其一，掘理者識見狄宛第一期器彩紋可謂清澈，但於圜底瓦器度程之深程與徑程比蒙昧。其二，自圖一〇六以下，掘理者依從舊說，述器殘紋繁雜而無體，目睹狄宛瓦器而言半坡瓦圖。其三，倘認可掘理者魚紋、非魚紋類屬，即見此二者義不相連。倘以為，如此義不相連乃昔聖自為，即謂昔聖為畫而不操心表義。圖畫俱恃偶然而成。倘循此念而思，昔聖枉費顏料而目不見周遭物象連屬。今問：此思公平否？其四，圖一一二，3。器樣 T341④：30，器底殘。掘理者識見其腹飾「較寫實」並繪有魚目魚嘴之魚紋。依掘理者識見，幾何紋、魚紋間存「似魚紋」之紋樣。魚紋俱被默認寫實魚紋。但問：魚紋不納幾何線段乎？何故獨欲「全見魚」而不察魚紋之魚背魚腹為凹弧哉？

（2）大李家坪垣曲小趙等遺址器殘紋識見檢評

大李家坪遺址掘理者識見圖一四〇，器樣 MH16：2，有圓點、弧線、弧邊三角形。新安太澗遺址掘理者言圖一四二，1，器樣 H17：1，有「內弧三角」與「圓點」紋。垣曲小趙遺址掘理者識見，圖一四四，2，器樣 H11：3，肩飾彎月紋、圓點紋、弧邊三角紋、橫槓紋、火焰紋及弧線紋。

新安槐林遺址掘理者言，圖一四六，1，器樣 Y1：6，中上腹繪斜三角紋、空心勾葉紋和斜線紋。識見圖一四六，3，器樣 H8：9，腹部施黑彩繪扁半圓形紋、勾葉紋與弧線紋。掘理者言「內弧三角」，頻見於狄宛第二期圜底器外壁。「空心勾葉紋」之空心來自對比黑色條勾葉。依此名，檢知掘理者依舊紋名識見器殘紋，減省勞力若干。察垣曲遺址掘理者「火焰紋」，難免驚問：摹記火焰狀，有無定形？案板遺存掘理者推測，圖一四七，1，器樣 H4：40，口沿飾以黑彩，腹飾黑彩鳥銜圓點（太陽？）紋，此猜測使人深思。

4. 新世紀迄今掘理者器殘紋識見檢評

1）老墳崗關桃園水北河里範遺址器殘紋識見檢評

（1）老墳崗關桃園遺址器殘紋識見檢評

西峽老墳崗遺址掘理者識見，圖一四八，4，器樣 T11：⑤：96，腹以黑彩繪圓點紋、垂帳紋與勾葉紋。夏鼐曾用名「垂帳紋」再現，但掘理者不曾給讀者此紋樣名源。

關桃園遺存以其文化層深，器形古樸被人聞知。掘理者識見瓦缽口沿施彩。狄宛第一期、第二期文明凡涉瓦器施彩變遷，紋樣變遷，猶存先後文明裂隙。關桃園遺存瓦缽等器紋樣——倘欲彌合狄宛兩期文明裂隙——宜被珍視。

（2）水北河里範遺址器殘紋識見檢評

邠縣水北遺址掘理者識見第一期器面圓點紋黑彩，又識見第二期弧邊三角紋與圓點紋，弧線與圓點紋，黑色窄帶紋與圓點紋黑彩、圓點和弧線組成的黑色圖案。器樣 H76：1，圖一五二，4，殘紋被視為弧線與圓點紋。但檢邠縣下孟遺址，器樣 BXXMC：13，圖二九，3，其紋樣被下孟遺址掘理者視為「雞尾狀」紋飾。二紋樣以數條線蜿蜒而相似。水北遺址掘理者未檢舊文。

河里範遺址掘理者識見，第一期黑彩繪於盆、缽口沿及外壁。紋樣複雜，係圓點、弧線、弧邊三角等構成各種圖樣，乃至花卉紋。TGH1：13，圖一五五，8，紋樣怪異，引人深思，而掘理者圖錄而不著一言。

2）北牛楊官寨興樂坊遺址器殘紋識見檢評

（1）北牛遺址器殘紋識見檢評

掘理者於北牛遺址仰韶文化地層起出殘瓦若干，識見器殘片口沿飾以黑彩。又識見深腹盆口沿施柳葉紋、窄條帶紋、腹施弧線三角黑彩。識見另一斂口盆沿施平行弧帶紋。另見一斂口盆沿施黑帶，腹飾葉紋黑彩。柳葉紋見於姜寨第二期器 ZHT42④：6，圖五九，1，四組黑彩柳葉紋施於殘器蓋面。

平行弧帶紋之名似屬新見，但檢《陝西臨潼零口北牛遺址發掘簡報》圖八，4，得知此名不塙。口沿面地色為帶狀，兩邊弧狀，但兩邊不平行，自右向左變窄。

（2）楊官寨遺址器殘紋識見檢評

楊官寨遺址掘理者言，器樣 H776③：83，泥質紅陶缽，表面磨光，肩部飾以鬼臉紋、弧形三角、弧線組成的一組黑色寬帶。檢圖一五八，2，掘理者言「弧形三角紋乃黑色塊圖樣。在似三角黑色塊間，見柳葉狀地色東北—西南向斜陳，其央有斜線，斜線央有一黑圓點。

檢此圖案「臉」部曾見於福臨堡第一期，器樣 T4④：3，圖七七，1。但福臨堡掘理者識見圓點、弧邊三角紋及斜線紋。此遺址掘理者識見福臨堡器樣 T3③，圖七八，5，「大形似人或動物面部」。

再察原子頭遺存第四期，器樣 H99：1，圖四九，1，圖案寄於「斂口深腹缽」，此遺址掘理者識見，此器唇部有黑口彩，上腹由黑紋帶，圖案由弧邊三角、三個圓點組成倒「品」字形和燕尾形。此處見三紋樣基貌甚似。福臨堡遺址掘理者、楊官寨掘理者識見參差，此猶堪以異地異掘理者得慰，但福臨堡遺址掘理者面對同基紋識見參差之紋。

（3）興樂坊遺址器殘紋識見檢評

面對器樣 H30①：8，圖一五九，2，興樂坊遺址掘理者識見沿面黑彩繪弧邊三角形，腹部黑彩弧線、圓點、弧邊三角等紋飾組成花卉紋飾。又識見器樣 H6：145，圖一五九，6，上腹部黑彩弧邊三角、弧線、圓點等組成花葉紋飾。也識見，器樣 H28②：2，圖一六二，2，唇部帶黑色，上腹部黑彩繪似鳥形紋飾。

前二識見出自花卉紋說誘導，而第三識見堅持者無論出自何等信仰，必面對詰難：器樣 H28②：2 紋樣之多岔棘刺決不似鳥紋，而丸狀黑點不似鳥首。讀者許問：掘理者自信己言乎？

（二）器殘紋檢者省見磋見檢評

1. 七十年代前器殘紋省見磋見檢評

1）五十年代器殘紋省見磋見檢評

（1）安志敏論甘肅馬廠期圖案

安志敏論馬廠期圖案曾云，馬廠期圖案以黑色為主，罕用紅色，有加塗紅色陶衣之例。圖案有簡化傾向。他識見大圓圈紋、人形紋、貝形紋、並行線內夾大三角紋、交叉並行線紋、平行波浪紋。安氏識見「貝形紋」乃重大發現，惜乎未被珍視。

（2）石興邦應老武詰

石興邦評老武鑒別不曾遵循發掘資料，此評無誤。但石先生言「頭兩旁伸出的人形直線」，是何直線，我考而未得其旨。由此，可略石先生未嘗疑心其察圖義與圖謂，由此而及圖義與圖名之和應。由此，可謂石先生寡疑而檢。顧石先生於渭水流域文明揭露之功勞，以及此功勞發揮誘導力，圖名之定遂成「鐵案」。

2）劉敦願人面魚紋與安志敏石興邦它說檢評

（1）劉敦願人面魚紋紋身說

劉敦願詰難老武說，其言不謬。劉氏言，斷髮文身不絕於新石器期，商周經籍又饋嗣承之證。我以為，劉敦願屬文宜含兩題：詰難老武說堪為題基。以紋樣表義或紋樣形式檢討為「上造」：依紋身之紋檢而達表義之檢。惜乎劉氏不曾以此念為首務，使其論老武謬見限於小是，而不及紋識與體考。

（2）安志敏猜測廟底溝文化早於半坡文化

安志敏猜測廟底溝文化早於半坡文化。此猜測合乎彼時「政治」氣候。辭別安特生「彩陶」西來說，考古者取道東方，挖掘遺存而謀求立說「彩陶」自東西傳。安志敏諸言猶如過敏者應和周遭殊異聲氣之顫凜。此言語背後，不外弱小文人一種自衛或自安之欲。

欲達此的，安志敏進言各地學人宜與用「仰韶文化」一名，清除「彩陶文化」一名。安志敏以為，後者函納雜糅。我以為，安氏進言函納堪憂：以仰韶村發掘之偶然性與遺存覆時代之有限而為「文化」之範，必限止研究者向其他文化或文明探究之跬步。

（3）石興邦與檢社會狀況助鑒廟底溝半坡文明先後說

石興邦進言加深研究中石器期考古文化。他以為，宜依發達的新石器文化特徵，溯跡早期氏族社會狀況。此二念頭俱堪採。他言氏族公社基於馬克思等人類社會形式說，輔以其他材料。此說出自猜測，而非心念與實物考察之和應。父系氏族制度向階級社會過渡說來自此流派社會段別說推演。於上世紀 50 年代，其動作合「潮流」之向，但非格知與故念。石先生言，仰韶文化以半坡、廟底溝遺存為代表，此二者足以括納黃河中下游仰韶文化系統。此說於彼時不誤。他又進言覓得遺址地層重疊之證，以別半坡、廟底溝仰韶文化先後。石先生以此進言回應安志敏廟底溝文化早於半坡文化之猜測。石先生此言旁證，彼時考古者研究區域文明時首謀先後次序，以遺跡「輩分」

而求心安，瓦器器形生成與遺跡函納文明之檢步出視域。

石先生又以為，欲妥識半坡仰韶文化、廟底溝仰韶文化先後，宜警惕以瓦器花紋繁簡或差異判定先後之念，戒懼以繁瑣瓦器圖樣為早期圖樣之念。石先生認定仰韶文化發達地區在渭水流域。此認定初使「仰韶文化」之名內涵顯狹，善思者擬能由此而察「仰韶村」地名象徵文化狀況與社會期段之力衰弱。

3）六十年代器殘紋省見磋見檢評

（1）楊建芳碗缽紋飾母題十一等說評

楊建芳用紋名多承用夏鼐說，但未告紋名之源。此為作方式不妥。楊氏以「母題」命紋樣，使人混沌而不辨紋樣與紋樣表義。誘導檢者足於「母題」之別。檢楊建芳「文化相」名源，依域外文字釋義，察楊先生言 facies 出自地質門之岩相名。而其英文釋義在於 appearance，即現。倘依佛家「相」說，必前置「相」者之力或相者之能，捨棄物貌與物狀自在。故此，宜慎用此名。

（2）石興邦花紋圖騰說檢評

石興邦以為，幾何圖案源自動物圖案，也係動物圖案演化之果。但石先生未能饋證。他又言，半坡文明圖案基於單純直線，而廟底溝圖案基於起伏曲線。此辨識不誤。他括舉紋飾之要十一等：傾斜並行線紋、羽支狀線紋、S 形紋、方格紋、C 形弧線紋、平行直立弓形紋、平行相交彎鉤紋、螺旋紋、波浪紋、垂帳紋、圓或橢圓同心圓及圓點。

他以為，西東鳥紋俱見，而西部鳥紋屬遲，東部廟底溝鳥紋為早。他最早將廟底溝、馬家窯紋樣之似鳥紋者與鑒為同類鳥紋。

石先生徑取「鳥」，而不取「禽」或「烏」，致考古者限其念其名於鳥察與鳥見、鳥釋，睹圓圈為鳥目。而鳥紋之源於石先生不為宜考重題。

（3）蘇秉琦花紋鳥紋省見檢評

蘇秉琦為花紋鳥紋說。他言，北首嶺、元君廟下層遺存別於半坡類型。他別紋飾為三等：一曰魚紋。二曰植物花紋圖案。三曰鳥形花紋。別半坡魚紋以「簡化寫實魚形」、「圖案化魚形」。前者鱗紋簡化，畫在盆裏壁。「圖案化魚形」，魚鰭小時上下對稱，繪在盆腹部外壁。所謂圖案化魚形即幾何圖案紋。他發揮了《西安半坡》魚圖演變說。其說基於失考舊說。幾何圖案於蘇先生猶於他人一般，不曾被細察。三角圖如何產生之題，似乎是不須考證之題。

於植物花紋名下，蘇先生識見植物花紋構圖二等：一曰薔薇科復瓦狀花冠、蕾、葉、莖蔓結構成圖；二曰由菊科合瓣花冠構成之盤狀花序。由此而照見其陰陽紋畫技。他於鳥形花紋名下判別五式，圖一七二。如此用功，出自蘇先生謀說華族名稱之源。由此念頭聯其用功，得知蘇先生求索輻轃黃帝時代或少前時代。至於紋樣起源，未足以引發蘇先生檢討趣味。

4）七十年代器殘紋省見磋見檢評

（1）谷聞起居環境便俯視側視口沿下彩繪說評

谷聞察見盆裏壁光滑，盆外壁粗糙。由此推論造器者匠心運於上側裝飾花紋帶。此言是。谷氏見器狀異而查飾所異，此見屬泛瞥。谷聞言，幾何形圖案含義，迄今仍不能理解。此言亦是。谷聞別器五等而察飾帶所際，此察精細。於當時檢者，此功力已屬上乘。谷氏認為，察圖者兼察器。此言似可視為，察圖者宜察圖案寄器。此認識難得。谷氏論基在於，彼時日用器皿置於地上使用。

今詰問：啜於瓦碗者，舉器時飾帶上下匝線豈非與視線相交？依審美說，今問：舉瓦碗時，用器者固不審美乎？今再問：蹲踞者亦能俯視器底，瓦盆小平底堪被清睹，為何又不施圖飾於器內底？以諸問，今顯谷聞說不塙。

附此，吳力察覺，楊建芳給廟底溝文化分期嘗試基於「與屬」之類謬誤。依花紋母題設組，宜使純一。此說無誤。

（2）嚴文明甘肅彩陶源自關中說檢評

嚴文明言甘肅廟底溝期彩陶畫紋母題是垂弧紋和迴旋鉤連紋，也有圓點、窄帶、豆莢、花瓣和網格等。嚴文明識見，甘肅地區廟底溝類型彩陶，與陝西、山西、河南廟底溝類型彩陶屬同體。儘管「老官臺」遺存三足瓦器甚寡，又無勒刻或施彩曆志，嚴文明推測老官臺文化為半坡類型之源。此推測在當時不算謬誤，僅缺系統佐證。此狀況無礙識見嚴氏等敵抗安特生瓦器施彩為畫西來說。在彩陶本土說念頭之下，存在廟底溝文化為源說，也存在渭河流域彩陶本源說。嚴文明且選擇彩陶源自關中說。

於嚴文明立說時，狄宛遺存文明早於仰韶村遺存文明之事不被人知。它地掘理者在遠去廟底溝某遺址理出廟底溝瓦器彩繪紋樣，很難敵抗廟底溝彩陶為源之猜想。顧此情狀，嚴文明猜測在彼時猶空谷足音。

（3）張力華簡化魚紋之抽象畫技說檢評

張力華識見，飾在口沿部位紅色的寬帶紋平視如帶。此識見不塙。器物可正視、側視、俯視、仰視。但口沿外壁為弧面，彩繪寄於周圈弧面，此周圈不堪平視。倘言平視，即謂平視口沿面，此時口沿面與視線在同平面上。但色帶乃弧面色帶。涉及抽象紋鑒識，宜別幾何紋與抽象畫含幾何構形。抽象畫之抽象畫技不能消滅畫作的照讀把柄，故抽象畫技說不能給瓦器施彩為畫釋讀奠基。

（4）肖兵人面圖致魚入網說檢評

肖氏將人面畫釋為人頭，此乃換志。更換物兆謂之換志。似面之畫乃一志。人頭畫乃另一志。北首嶺、半坡、姜寨似人面畫不得視為似頭畫。似面畫至少無髮膚描摹，不得視為似頭畫。既非似頭畫，益不得言此畫乃人頭畫。如此不修基念，而事猜測，塙非宜舉學行。此外，羅格畫固使人聯想漁網，但聯想漁網不得視為考見漁網。聯想變為暢想，大抵係此類文獻與疵。

2. 八十年代器殘紋省見礎見檢評

1）雚銜魚圖騰與編織紋致彩陶及殘片天文圖說

（1）嚴文明雚銜魚圖騰說

嚴文明命圖二八，下，器樣 M52：（1）圖，用水鳥銜魚之名。此名給予彼時學人檢討方便。學人以己檢之便從用此名，不覺嚴先生未曾體考，未覺嚴先生之言無證。

先是，張紹文名臨汝閻村缸外畫作「雚魚石斧圖」。嚴先生識見，此圖雚乃白雚，魚乃鰱魚。他言，雚魚圖出自尚雚習俗。他又言雚、魚俱係「圖騰」。雚、魚兩圖騰部落敵對。而雚部落英勇降伏魚部落。諸言俱係猜測。題涉烏雚崇尚及其曆義，詳《祖述之二》烏韻檢，以及烏雚喜好於為歷者之義。另見鄭傑祥以為，臨汝仰韶墓地或許是古代驩頭族遺跡。此猜測無其他佐證。

（2）吳山彩陶紋樣源自編織紋說

吳山以為，彩陶源自編織，此說不可靠。瓦器口沿「彩帶」——無論紅帶——黑帶，俱基於膏汁施曳，以及線狀加寬。而編織本乎植物莖稈之變向折覆與收頭。倘言編織依數，則施曳膏汁於器面也依面小大之數。但植物莖稈、膏汁與器面，乃異物而不類。而且，壓印不算施彩為畫，乃印紋之源。施彩為畫乃光影技藝創造，而非壓痕或印痕技藝。吳氏言網紋乃編織紋形式之發展，此或是，但屬它題。

（3）李昌韜大河村彩陶片日珥紋說

李昌韜舉圖六紋樣，以為暈珥紋。我檢圖一七三諸紋非暈珥紋，而是某年合朔曆算曆志。紋樣央乃日，近半環紋兩個在旁。此二者一端係黑點，而且相耦，但不相連。每半環如月牙，月牙相耦。前者乃月初三月狀，後者乃月末第二十七日或二十八日月狀。如此，月長之日數盡得。

2）老官臺文化生成彩陶與魚鳥紋圖騰及簡化說與玫瑰花暨花龍尋根說

（1）彩陶萌芽於「老官臺」類型說

張朋川等言狄宛彩陶萌芽於第一期。此說不誤。他們使狄宛文明附於「仰韶文化」。此舉反映發掘者並檢討者「歸宗」之念，不免使老官臺遺存之名化為瓦器類型名。

（2）魚紋鳥紋圖騰暨其簡化而致彩陶發達說

張朋川述，簡單紋樣出自何等意識支配，係複雜難解之題。此言述務懇切。他猜測簡單紋樣「脫胎於」既往某形式。既往形式是何形式，張氏無考。他又猜測赤寬帶紋出自匠人手指磨出鮮血。倘從此說，白家村、元君廟遺址下層、西山坪等地造器者俱曾慷慨獻血於造器。倘不從此說，檢者面臨窘境：帶狀赤色為物，而霞光之赤雖可名赤，但不得把抓，何得而用？

張氏言半坡類型彩陶上魚頭紋和人面紋各自經過變形而成為同一種紋樣，不詳張氏如何見得「各自變形」，而後為一種紋樣？張氏言人即魚，魚即人。此說質地乃畫匠擬「更生」，即為生物而想見自改狀貌而如它生物。畫匠之念既屬畫匠更生，畫匠必不謀作畫以表孤義。敢問：畫匠謀更生而不求作畫傳孤義之說，信乎？

張氏言魚為圖騰說：言魚和人面相結合的花紋，已不是描繪自然界的魚，而是一種人格化的魚紋。魚類可能是此區域當時氏族的一種主要圖騰。然則人食之魚，不能護祐邑人。此蓋人、魚往來存心之類。由此推導，言魚為圖騰，可指河川之魚。如此，河川之魚以畫作類舉。敢問：何地河川魚圖寄託庇祐之禱？張氏又言，依 WGYFV：01 之例，言鳥頭寓於魚頭說。此說彷彿《西安半坡》述殘紋 P.4422 變樣再現。

張氏察漢代陽鳥紋三足，又聯廟底溝彩繪，舉三足鳥紋，似欲言某種義聯。張氏此識雖不精細，但可採納。張氏言大汶口文化彩陶受大河村和廟底溝類型彩陶影響，此說未必是。大河村去大汶口較遠，濮陽東去大汶口不遠。

（3）蘇秉琦玫瑰花傳播說

此際，蘇秉琦先生嘗試釋證「花」題於民族精神一統之必，非謀體考諸夏文明源流。其說乃「意識形態」支脈。我不欲褒貶，不欲對照。

3）錢志強等分圓周與王仁湘說彩陶圖案母題三類說

（1）錢志強等分圓周與定位說

錢志強言半坡時代古人能米字分割圓周。此識見可採。但錢氏未以器內壁畫作檢驗，不曾察覺畫作內外之別。錢氏數學檢討導出八等分圓，此說乃畫技便易說，非科學史界說。錢氏言東莊村器外壁三角紋畫技，此固是，但三角紋畫技為何被畫匠選用，錢氏不曾操心。錢氏言間隔選點法，此或是。倘問：昔人先選點，抑或先畫弧線？一弧線與兩弧線終端圓點能表何義？諸問似為難作者，但諸問彰顯：現代畫家目視昔人畫作，竟似無旨施曳膏汁。康樂遺址原圖，較之錢氏給圖參差顯著。原圖三角狀不及圓周，但錢氏使三角分割圓周。錢氏識見選點畫技，於中國畫史檢討者或係功補之論。倘聯思文藝復興以來西方畫技，又著眼畫家矚目「彩陶」，迄錢氏此論，不見一人論「仰韶彩陶」畫匠透視法。而此題乃畫史重題。光學、色彩、畫布、畫器諸題，倘無透視連屬，其階高之性罔存。我察錢氏選點法之論頗似柵網透光試驗之別述，但錢氏終境未著一言於透視法。

（2）王仁湘彩陶圖案母題類別與組合說

王仁湘類鑒「彩陶圖案母題」。其察舉圖案母題三類以三等：象生類、圓弧類幾何形圖案、直線折線類幾何形圖案。此類別許問：圓弧類幾何形圖案之名似乎出自檢討習俗之討，而非名類之精詳。任一人不得否認，圓弧類幾何形圖案乃一孤在名稱，而幾何形圖案之三角圖案被剔除，其故不清。

王檢圖案組合，使其檢討落在古人曾欲「表達他們特定的心理」與「意識」。我檢「特定的心理、意識」猶如色譜不清之光環，而「特定」即謂未定。未定又謂未知。如此，圖案組合檢討能得識見必等於廣泛而深遠之認知欠缺。

4）人面魚紋義磋討與裝飾藝術起源舊說敵解

（1）劉夫德人面魚紋華族月圖騰說

劉先生識見人面魚紋為華族月圖騰說。他言半坡時代固無歷史文獻記錄，但被後世追記，此說可採。他承襲蘇秉琦「華族」說。他言魚紋象徵月。他又言人面魚紋乃月亮意象摹寫，亦難佐證。他以半坡所謂人面紋推測存在月族，以廟底溝文明承襲半坡文明而推測華族即月族。此族名推測毫無基礎：族何時出現乃一考古重題。劉先生察見昔聖尚月，此為是。

劉先生昌、章音訓甚佳。他釋《山海經》得局部舊義，但其言限於月圖騰說。劉氏謂半坡時期人們視月為兩條並列之魚，此說不能成立。月圖自在，如魚圖自在。喻月不必借魚形。他以為，顓頊「以月為號」，可釋如顓頊「以月為圖騰崇拜」。我檢此釋謬甚。「以月為號」之「號」宜訓令。令者，節令、時令、曆法之命俱可。究竟為何者，宜考而定。此乃經籍檢訊重題，此處不展陳。

劉氏訓「人面魚紋」為魚婦，不能通釋。凡言此瓦圖外廓圓，能象人面，持此說者不可並言此圖為魚。「婦」如何能聯於「人面魚紋」，劉氏不能給故。我檢婦字從帚，帚字字源在北首嶺 77M17：（1）面黑識，乃母系為治之兆，後將體釋。劉氏言顓頊乃蟾蜍音訛，無證。言顓頊代表月，非是。以某人代表月、代表日之說，乃中國大陸上世紀五十年代迄七十年代末以毛氏象太陽說之別樣。不可附議。另外，依物象循環說，古人命「死即復蘇」者，決不限於月。日也能死而復蘇，譬如日食。劉氏言月崇拜，則是。劉氏言月族崇拜月，恐無證據。崇拜月與崇拜者人眾而為族，此乃二題，劉氏不別焉。即使人眾，此眾人不必為族。

（2）馬寶光「人面魚紋」狀摹潛水摸魚人羊角帽說

馬寶光言人面魚紋狀摹摸魚者形象。他言，畫面上似人嘴狀是折射變形後人嘴的形象，此說難通。讀者許問：在何處察見人嘴如此變形？在水裏，在水外？依馬氏言，在水下察看，嘴部形狀折射說不通。人在水面下，如何能查對方嘴狀？此外，潛水說也不塙。

他依此圓圖周遭布黑圓點為潛水圖說，以為黑圓點為「雨」、「水」，類比隸定字「雨」。此說必謬。雨水乃天降之水。甲骨文雨字源不涉地上之水，其謂今人「降水」，乃引申義。馬氏言兩人對擠摸魚，或是，但對擠摸魚，不必繪於盆內壁，可在盆外壁，也可加畫水紋，迄今不見如此圖樣。

（3）辛夷「人面魚紋」漁網發明說

辛夷以為，半坡遺址彩陶盆（P.4666）內壁位於所謂「人面紋」兩側似「漁網圖」宜名罾，以細杆和長棍做支架，網上撒誘餌，沉落入水中捕魚，似今日弔網，不是拋網。他以為，此等漁網被半坡人發明。此圖係中國最早漁網圖。

倘欲附議此說，難免古人發明權益紛爭：北首嶺古人也曾發明此等漁網，證在北首嶺遺址器樣 M98：（3）外壁也見此圖。言此為漁網圖者，使人疑心古人不識輕重難易：較之結網，施曳膏汁於瓦坯，焙燒成器，後者乃難事。倘以為，古人必以此難為之器記錄日每能睹而不必復蘇記憶之物。讀者許問：以壽命之短對比如此奢用光陰，古人蠢笨如此乎？

（4）熊寥敵解李澤厚圖騰生發紋飾說暨編織紋生發紋飾說

熊寥言，魚、鳥、蛙三種紋樣說不足以解決族眾 totem 多樣性訴求。言人以魚為 totem，即敬畏魚。敬畏魚，擇不敢捕魚、食魚。既能以大量魚魚叉、魚鉤取魚，又起出不少魚骨，則食魚者不得被視為敬畏魚類者。此說真切舊說之弊。如此，熊氏不獨拆除了李澤厚彩陶紋飾「寫實」向「抽象」演化說檯面，而且使考古界言彩陶圖案由寫實向抽象演變者立地崩塌。

倘將話題限於施彩瓦器產生前，熊氏述製陶工具烙印致太初「裝飾」，由此而論瓦器器底草席紋樣源自編織物紋樣，熊氏裝飾說可採。但瓦器施彩較之植物印痕非同類話題，前已檢評，不再贅言。

（5）吳耀利彩陶源地關中再題

吳耀利承襲嚴文明說，貴重張忠培等掘錄與檢論，以關中為彩陶源地。他輕忽要題：試掘元君廟遺址時，自曆闕 H403 起出三足圜底瓦盂 H403：318，口沿施朱紅色，三足素面。器施彩之域寡於狄宛第一期、白家村早期三足圜底瓦盂。此外，吳氏以老官臺文化為核，抑白家村遺跡文明。依掘錄，白家村早期施彩三足器非罕見，晚期內壁見若干似西文字母徽志，其義難知，為艱深檢題。此狀況反證元君廟「彩陶」源說搖晃不實。

5）盆沿紋歲曆及象生紋生殖與太陽神崇拜及嬰產圖與廟底溝類魚紋本花紋及魚鳥紋非圖騰說與彩繪花瓣紋說

（1）錢志強盆沿符號當甲癸合略天干與口宣歲曆餘五日說

錢志強為半坡彩繪盆沿符號當甲癸合略天干與口宣歲曆餘五日說，此論乃醒目之論，能入佳論之列。其論細部猶可詰也。其一，檢錢氏言北斗七星逆時針旋動不墒。斗魁天樞星指向北極星，但斗杓每歲右旋，春夏秋冬四方而指。周歲而見此七星周旋順時針。而錢氏謬察乃其半坡「人面魚紋」等圖曆法說之基。此基既流，其曆說難正。

其二，錢氏猜測甲、癸為曆，言 ✕ 乃甲、癸合數，此言可採。但謂此乃天干曆算，曆日算式源流體統不具。他以為，半坡先民用十天干首尾兩字代替十天干。此說於術算似可行，但「天干」名無證。在半坡盆口沿徽志曆數、天干名生成之間，猶存鴻溝。

我檢未得錢氏言《周髀稱經》堪為此圖佐證之言、圖，不詳錢氏援自，不敢妄言。錢氏言「八分曆」，以其圖樣，「八分」乃平面圓周切分術。我以為其說可採而不盡是。錢氏言，言半坡期盛行陰陽三角形構圖以 ✕ 為骨架。檢錢氏此說將正三角混淆於弧邊貌似三角圖。此乃謬見，於狄宛瓦畫圖史無據。錢氏言圖變字即五，也難坐實。《甲骨文編》援字或作 X 或作 X〔註 199〕，上下俱見「一」。但錢氏援圖，刪去上下兩「一」。我雖承認，甲骨文隸定五字源涉及半坡 P.4666 瓦盆等內壁圖似人口部圖，但此圖部右側或左側圖樣見弧狀內凹。依諸證得知，錢氏不曾體察「人面圖」。

錢氏言，人嘴外，人面魚紋盆人頭頂見 X。「有時也有 X 」透露。錢氏視此狀同X狀。我檢二者參差：錢氏「有時也有」「圖」之說，來自錢氏更改彩繪似人面頂部非協方兩線相交。錢氏將此非協方交線改為協方交線。此乃篡改便己。

錢氏援據所謂半坡陰陽三角紋結構 、 為隸定五字源，我檢此言出自謬識。此二狀皆係橫向，另有其本，詳後半坡遺址瓦圖體釋。錢氏援姜寨文明第一期腹深瓦盆 T254W162：1 內壁似人面圖「頭頂符號」X（《姜寨》圖版六七，4、5、6），釋以五。我檢此說非是。此二線相交構造日日冬至、夏至交線，而非五字。於古人，由一歲日照變遷鑒識而增益為 365 日陽曆曆法。但日照一歲變遷不得等於 360 日加 5 日之 5 日。陽曆歲 365 日為日曆法，另有其源。

錢氏言姜寨「人頭頂符號」之源在半坡勒刻。其本狀恰是石興邦等言半坡遺址「刻符」圖第 16X之水平反向圖（《西安半坡》圖一四一，第 197 頁）。此勒刻之源乃半坡遺址 P.1002 外壁圖冥色交線（《西安半坡》圖版壹壹貳，4）。姜寨兩線交後大口在左，半坡交線交口之大者在右。兩交線交口參差，乃一重題，錢氏不睹此二狀之異，必不知此重題。

錢氏文配圖 5 盆內壁四角獸圖非似半坡遺址腹深盆 P.4692 內壁圖（《西安半坡》圖版壹壹柒）。錢氏將獸足線改直，每獸足線能聯鄰獸足線。此乃篡改便己之舉。

錢氏言舊曆年正月初一迄初五為日段，言破五為初五後，而後勞作。此言是。關中塙存此農事曆法。但錢氏由似口圖南北弔之狀展開推測則非。曆法之平中氣從緯向橫線，此線平行於黃緯 0°。其背後存紀年之法乃春秋紀年，而非孟春紀年。

錢氏猜測民俗過年用魚年畫象徵祈年相連，此乃猜測。言餘、魚音通，也可附議。此外，紋罔存於《西安半坡》黑白圖與圖版。

〔註 199〕中國科學院考古研究所：《甲骨文編》，中華書局，1965 年，第 540 頁。

馬寶光等與為廟底溝類型花紋以魚紋化致說，此說不可從。他們未事辨識而事更改，指望以改舊說而謀貫坐其說，謀得立說廳堂之座次。

（2）趙國華象生紋生殖崇拜文化說

趙國華為男根、女陰崇拜說，謀證生殖崇拜說。蘇秉琦曾言，H165 乃鳥紋。趙國華言烏鴉負日。我雖不附議蘇秉琦說，但問：金烏之烏被趙氏視為烏鴉，不知趙氏如何識得烏鴉？趙氏言原始先民盛行女陰崇拜。女陰崇拜反映了人類自身生產，即人口問題。它決定人類社會能否延續。這種迫切的需要，導致原始人類產生了熾盛的生殖崇拜以及生殖崇拜文化。此乃欲物眾面物寡而祈禱益眾說之別樣，此說又含循環為說。趙氏言生殖崇拜無所不包，惠及後世。此說題域張揚不稽。

（3）巴家雲等敵解魚鳥紋圖騰說

巴家雲等否認魚為圖騰說，以為 M52：（1）面圖告水鳥銜魚，別鳥為戰勝者，魚為戰敗者之圖。倘以魚為某種寄託，則為寄託落空。此言可通。巴氏等又言，它反映人們戴面具跳舞、祈求豐收或表示對動物精靈謝罪的場面。此言決難通達。面具之識必恃用者之用，以為人們戴面具，即宜告「人們」所在。言謝罪，即宜答何罪之有。言動物精靈，即宜言何種動物今為精靈。對其施加影響一說最虛幻。巴氏等無證而言，類在隨欲陳念。

（4）蔣書慶人面魚紋太陽神崇拜說

蔣書慶以為，人面魚紋乃太陽神崇拜之證。蔣氏猜測三角紋象徵火焰，此猜無據。蔣氏言芒刺象火散射，雖不精詳，但局部不謬。

（5）李荊林原始嬰兒出生圖說

李荊林以為，半坡遺址及姜寨彩陶盆上繪「人面」和「魚」紋飾，是一幅「原始嬰兒出生圖」，人面頭頂上尖狀物和嘴角兩邊長三角帶短線之狀乃女性生殖器。此說出自聯想、暢想而非識見。

李氏言姜寨彩陶盆一幅畫人面紋耳部有對稱草葉狀物、枝葉向上翹。以為此圖案或與姜寨婦女祈求懷孕之類的藥草有關。此言非出自識見，仍系聯想。「雙魚娃娃」剪紙乃後世剪藝，為證之力甚弱。

（6）王仁湘新石器時代彩繪花瓣紋說

王仁湘識見新石器時代彩繪花瓣紋，他檢「花瓣紋」始於大汶口文化瓦器彩繪，此等瓦器施彩貴多色。王氏未檢此紋樣之源，貴目覺色彩應和。王氏言蘇秉琦花卉——華族聯言推導之論點不易驗證，但王事認為可取而不疑。

3. 九十年代器殘紋省見磋見檢評

1）人面魚紋巫師面具與月相圖說及仰韶文化彩陶紋源紋類紋約略括

（1）劉雲輝巫師面具說

劉雲輝時述人面魚紋舊識，採李荊林面具使用，試證人面魚紋為面具，替代巫師祭祀器具上圖案。魚紋象徵魚豐收，又象徵穀物豐收，也象徵人類繁盛，或許能驅災避。諸言俱無佐證。劉氏言，人面魚紋係面具的形象。但問：半坡遺址面具何在？

（2）陸思賢月相圖說

陸思賢言人面魚紋為月相圖，其說為新識，但存疑如後。第一，上下黑色為何夾地色？陸氏未釋。第二，陸氏不察錢氏舊說，此乃罔顧。第三，陸氏說配圖 1，今問：何必南面？北面亦可西向察月初出。第四，陸氏說圖 3，謂額部右側塗黑，左側底部作半圓弧面，其餘留白，寓意下弦月也呈半圓形。言半圓月乃上弦、下弦月，乃失察之言，不可從。第五，陸氏言頭頂上，用三角狀的半條魚，有魚身無魚頭，乃頭頂有魚說。此說輕忽所謂三角外見單側毛刺狀短線，而且罔顧上部圓側上翹線弧狀。第六，言外廓線盡畫芒刺，為魚刺，寓意魚紋畫月亮。檢畫匠畫月不必如此麻煩。

第七，言第四種人面紋不加芒刺紋，謂虛無不見。此說貌似可採，但無證。第八，檢五圖「額部」無月相變動圖。第九，言萬物有靈，靈何本？匱乏考證，不必是。第十，言月有生身之母，此論出自「常羲」「生十有二月」含「生」被視為「產子」之產。諸圖無一顯「方」，無一告「浴」。第十一，陸氏言姜寨人面圖「表示既望」月相，檢此推測不塙。

（3）張朋川仰韶文化彩陶紋源紋類紋約略括

張朋川以為，彩陶源自老官臺文化。他復唱魚紋舊說，又從《西安半坡》說 P.4422、寓人於魚而轃舉器殘紋言魚紋統類之力，又為廟底溝鳥紋說，云彩陶器形制約花紋本乎器以實用而存之義。

張朋川系狄宛遺址與掘者之一，在工藝美術之域造詣某階。其潛念集於裝飾。張氏言狄宛第一期彩陶處於萌芽階段，不外謂施彩之瓦器處於萌芽階段，或謂施彩技藝加瓦器，二者處於萌芽階段。其言不及施彩於口沿之源，施彩於此之義。張氏言彩陶起源，舉諸地而不言白家村瓦盂口沿周匝赤帶。張氏言魚紋自寫實向寫意變遷，如《西安半坡》推測花紋演變，未顧西安半坡遺存下層起出器畫本狀如此。張氏從此演變推測說輕忽半坡早期幾何畫。張氏統論三角紋，其論旨不外三角。強附「紋」以顯藝能之細，但不察三角告何。張氏亦用圖騰說。此說不得視如罔顧巴家雲等敵解圖騰說，其《研究篇》定稿（1983 年 4 月）早於巴氏等刊發文章。但張氏不曾清見半坡期文明瓦畫內涵，也未澄清所謂鳥紋起源。張氏言鳥紋尾部雙翅上翹，屬烏鵲類鳥，舉《圖譜》1581 為證，猜測鳥紋圖寫鳥類，此猜測是。張氏言器形制約花紋，此說函納空泛，毫無旨趣。張氏不曾究問瓦器形源與形義，徑以「實用」二字統言器形，而器形之形似成古人用欲之把柄。張氏猶他人，俱不檢「實用器」細部。如此罔顧瓦器細部，必出自輕忽創造之艱。

2）魚紋變花卉與人面魚紋嬰首圖說暨人頭崇拜說與魚紋分類系統

（1）楊建華魚紋變花卉說

楊建華為魚紋變花卉紋說，此說基於構圖方式說。楊氏謀求紋飾分析之道。而其途徑在於，以畫匠之目為效目，非畫匠效目無以識見畫義。依此說，狄宛第一期以降瓦器圖錄文明史非畫匠莫能清言。楊氏言魚紋自寫實向寫意變遷，乃寫實——幾何化魚紋變遷說別樣，非新見。

（2）李仰松人面形圖案嬰首圖暨分娩巫術說

李仰松為人面形圖案嬰首圖暨分娩巫術說，他言姜寨似人面瓦盆內壁畫反映嬰兒頭頂毛髮別左、右、上三片。敢以黑色為推測毛髮之基，推測者定以半坡早期古人為黑髮黃種人。敢問：彼時人皆黑髮黃膚色嗎？何以證之？李仰松言，頭像兩側未畫耳朵，而畫兩條小魚，這應該是生育巫術的反映，它象徵嬰兒出生就能聽到巫師的呼喚，知己是魚圖騰的後裔。李氏以何證告異聲波之在，此聲波又堪被嬰兒聞知？李氏恃何證敢將彎曲線段單面芒刺視為女陰之兆？生理學、醫學等不支持此說。李氏言巫術助順產，此說出自推測彼時孕婦難產。我以為，新石器時代，生殖醫學最大死敵絕非難產，而是臍帶染菌，所謂「四六風」。難產出自孕婦體力不支，體力不支出自羸弱。但新石器時期孕婦勉力勞作，其體力必大於現代孕婦。故此，我推測孕婦產子不似現代孕婦艱難。

（3）王育成人面魚紋人頭崇拜說

王育成為人面魚紋係人頭崇拜說。此說混淆了陶塑人頭模樣、何家灣骨雕人面，與半坡、姜寨似人面圖之界。此俱類屬「學術」抹界求解之「巧」。不得以營窟地平下納顱骨而斷定人頭崇拜。倘如此，半坡遺址 F1 下也納瓦器，即必認定，彼時存在瓦器崇拜。王氏混淆葫蘆狀瓦器、瓦盆兩等瓦器彩繪所別：在內壁異於在外壁。內凹面與弧凸面乃兩等瓦地與施彩之所。去瓦器而言面上彩繪，不妥。王事言臨潼史家遺址人面圖齒狀不塙。我檢似口畫內塗黑者別上下，上下部不聯。上部兩弧狀相連，下兩弧狀相連。下兩弧狀似半月，上兩弧狀似少半月。上兩弧疏間，下兩半月緊聯。上下圖異，義必異。王氏言頭頂有角，可附議。言此角係被人「神化」之崇拜形物，「被人神化」說可採，但王氏失考何物被神化。王氏以北首嶺遺址 77M17 論人頭被割去為證。此證擇非是，故其猜測不能貫坐。讀者許問：倘言人頭崇拜，崇拜任一人頭，乃媚世人之論。倘言崇拜蚩尤頭顱，何以見得蚩尤在北首嶺早期或中期生存？放射性材料年代測定不支持此說。王氏謀證人頭崇拜說，援 ZHT5M76：10 為證，檢《姜寨》彩版一三，黑色塊對照地色不能構造雙目。覆此器如王氏，右側芯圖似截球上下部而去其央。左側芯圖不似眼，其狀非睜、非閉、非眯縫。但王氏顛覆此器，告顛覆用瓦葫蘆狀器。此說不塙。顛覆以用葫蘆狀瓦器，能致新見，但屬另一話題，後將檢論。若干似人面圖不見魚，不得謂人面圖俱以魚祭，故此祭魚說難以貫坐。

（4）陳雍半坡文化魚紋分類

陳雍試給半坡文化魚紋分類。他言姜寨 ZHT5M76：10 葫蘆瓶上圖案，黑圈內見禽頭。此說可從。但禽頭即禽頭，豈可強言眼珠？陳氏言屬誣指。陳氏捨棄彼時為畫者面對之瓦器地色乃赤磚色，而言白色，其言損失畫底之色。以黑白圖為真圖。此蓋視它物，而非檢材之類。

3）半坡 X 與米字紋生殖崇拜及魚紋消失故求暨人面魚紋義新檢與彩陶源新探及彩陶圖案略舉

（1）王昌魯彩陶「X」與似「米」紋生殖崇拜說

王昌魯為彩陶「X」紋、似「米」字紋告生殖崇拜說。他舉「蒪」字甲骨文狀不涉「X」狀，不涉「X」勒刻或色描。後者固可釋為五。為何此圖樣能謂「五」，王昌魯未考得其證。王氏言此類圖借魚類旺盛生殖力表現人類多生想往。檢「人類」二字無基。我檢彼時人貴宗，後貴族，但不貴人類。王氏論人面魚紋似人口部係兩魚對頂，係舊說。言此狀係五字別樣，係謬指。此似口部交線四邊皆封。圖也不見魚眼、魚身之弧線狀。檢口部對頂兩魚說，米字分割圓周說來自錢志強，王氏承用而不援舉錢氏識見。

（2）袁廣闊半坡類型魚紋消失故求

袁廣闊求索半坡類型魚紋逸亡之故，言男性生殖崇拜剛剛出現時（或萌芽時)，正是半坡魚紋的衰敗期。此說難證。言男性生殖崇拜證在男生殖器圖，此乃強勉指證。言崇拜，即必許問：男人崇拜自己的生殖器，抑或女性崇尚男性生殖器？此乃二事，不得混淆。袁氏不能貫坐其說。我不否認魚圖能謂怡然自得，由此而使人覺樂。倘言魚紋象徵女性生殖器，此說出自強斷而非故求。言魚圖告女性生殖崇拜，此題又含子題，倘無考證，即為猜測。袁氏言此圖魚頭寫實，此言猝然。我以為，不得以魚目當魚頭。倘畫魚頭，必見魚雙目在魚頭畫面，又見對稱或似對稱，又宜見外廓狀似魚頭。倘言畫匠抽象魚目，取其省略狀，擇眾物圓狀或橢圓狀俱堪被命指魚目。眾物、魚目固無別乎？袁氏言，魚代表女性生殖器，故它與男性生殖器繪在一起。袁氏此言粗糙不堪。圖僅見似魚尾狀黑色塊。倘言似魚尾部與似男生殖器圖鄰近，則是。但袁氏識見「全魚」。倘以似魚尾、似魚目部為魚圖，則魚身被視為省略。讀者許問：何故省略魚身？

（3）王宜濤半坡人面魚紋含義新識

王宜濤論魚圖騰之源含新見，此論輔以商縣紫荊遺址掘理見蛙骨存於瓦器（圖一八九），由此檢見魚崇尚之源。他從人乃兩棲動物無尾狀出發，對比蛙類。由此而及蛙變態。檢見蛙由似魚之態變而長出四肢，脫去尾巴，為兩棲動物。似魚之蝌蚪為蛙祖先，由此推測古人擬能將蝌蚪、似魚、蛙視為兩棲動物——人的變態——求得物種之源。此猜見於似魚圖訓釋功莫大焉。但王先生言半坡類型圖樣傳達隴東說不塙。此外，王氏不別遲早而並論人面圖表義，致人面圖傳播、變遷難跡，北首嶺、大溪文明時界淪喪。我檢魚祭僅發生於大溪文明期。而半坡器樣 P.4666 等不納魚骨，也未見半坡葬闕顱骨或頜骨傍魚骨。

（4）石興邦中國彩陶起源新探

白家村彩陶內彩如西山坪、狄宛器內彩，石興邦先生不曾檢討。他推測下川文化是白家文化前端。白家村文明承襲下川文明。石先生言下川遺址，即山西中石器期遺存，地跨山西垣曲、沁水、陽城三縣〔註 200〕。彼地中石器遺存豐富。而石先生援據石磨盤等為論承襲，證據不足。況且，山西下川遺存區去白家村甚遠，白家村文明無同所連續性佐證。石先生未嘗識見或通釋

〔註 200〕王建、王向前、陳哲英：《下川文化——山西下川遺址調查報告》，《考古學報》1978 年第 3 期。此文「石器材料一覽表」下「粗大石器」末行見「研磨盤」。

一個紅紋含義，此缺致人茫然面對白家村、狄宛、北首嶺、半坡、姜寨器面勒刻或地色與黑色對比而成畫塊。

石先生以血液象徵生命，以紅色類比血色，紅色象徵吉祥，辟邪厭勝。此說較之張朋川言匠工手指滲血染紅瓦器口沿說似勝一籌。其源仍不清白。石先生為彩陶美四階說：白家村時期崇尚自然。半坡早期崇尚動物，圖騰信念產生。史家文化擬人圖形，如人頭像。廟底溝文化以裝飾為事。石先生言，史家文化時期，人的作用出現，祖先崇拜萌芽，是母系氏族向父系社會發展的表象之一。讀者許問：何以見得史家文化摹記父系圖像？僅恃傳說蚩尤有角嗎？石先生論半坡人尚美之圖騰特點，從李澤厚圖騰致美說。此說乏力。此說之善限於親疏之別，此思向終於遠者惡，血親善。

（5）賈榮建等彩陶藝術圖案略舉與裝飾紋樣類型

賈榮建、劉鳳琴略舉彩陶藝術、裝飾紋樣類型，述圖案構成之形式特點。賈氏等使圖樣混跡於畫技。譬如，其著作第三「彩陶圖案構成的形式特點」題下，第 4 題曰「生動豐富的節奏韻律」。此題下舉「連續」、「漸變」、「網格」。網格乃圖樣名，非畫技名。我以為，畫技基於形力。形力假施彩於地色，即得形點、形線、形面畫技。形線、形面又可細別，譬如形線可別形直線、曲線，曲線下又可見弧線、值合線。形面可別形方面、形圓面等。多番形線，兩向而交，能得羅格。羅格乃成圖，而非成圖前施曳膏汁而形。賈榮建等「黑白對比」說致考古界多用黑白色對比圖案論彩繪圖騰或表義。賈氏等以為，圖騰為文化心理之一種。但問：它種文化心理是何等心理？賈氏等言，人們能自覺地運用美的形式規律藝術地表達他們在社會實踐中的感受。但問：感何受何？藝能之感，質地之感，物象之感，抑或其他？於藝術檢討者，便易而混沌聞者上巧之技在於「善用」「藝術感受」，而不須饋證，問者似以設問而顯蠢。於古器畫檢討，前諸問將能引人近物而臨畫。

4）人面紋十字宇宙觀及葫蘆狀瓦器生育崇拜與蛙紋生殖圖騰及鳥銜魚轉生巫術並彩陶基於原始思維說

（1）錢志強半坡人面魚紋盆十字符號印記古宇宙觀說

錢志強固持其檢半坡「人面魚紋」盆已來認識，使曾見米字定位說、甲癸合體略天干歲曆 365 日說連屬圓物分割說，彰顯割圓術係黃河流域遍見器藝與畫技。錢氏由此導出黃河流域天圓宇宙觀，以及萬物變化觀。他言馬家窯彩陶受北首嶺彩陶影響，難以信從，故在此二地相去甚遠。錢氏由古人嚴肅面對圜底器製造與施彩，以及此器藝廣布，其數甚眾反推，錢氏認定赤帶或黑帶表義深刻。此反推成立——儘管錢氏不曾檢見其義。錢氏言圓乃圓物摹寫，此說近是。古畫匠無工程繪圖技巧，但能以圓概括圓物。涉及人類早期實用、神聖念頭諸言，錢氏表義用言猶麻繞團結。錢氏此文之弊又在於，強聯繫宗教、神學話題。宗教、神話乃質異題別格名。中國哲學界未嘗清言。錢氏之弊僅係細瑕。

（2）何周德葫蘆狀瓦器生育崇拜說

何周德以人體言人頭瓶形源，不盡可信。何氏引申而言，無人頭形細頸壺等係意念之人體造型，此說無稽。於此，我不否認何氏戮力求證之赤誠，殊以此等瓦器之源難檢而輸敬佩焉。

何氏言姜寨遺址起出「人面紋彩繪葫蘆瓶」，檢即《姜寨》彩版十三，器樣 ZHT5M76：10。何氏謂其人面中的兩隻眼睛別有特點，一隻眼睛為雙魚紋，似女陰外形，另一隻眼睛為鳥頭，代表男性生殖器。此乃原始人類對性器官含蓄而巧妙的描繪。諸言無證失考，俱不可從。我檢 ZHT14H467：1 附圖至少納支圖五幅，後將格考細述。何氏以為，葫蘆形器物被視為祈求豐產時使用的面具。讀者許問：何人使用面具？為何使用面具？倘不能答此二基問，半坡人臉狀圖面具說已來任一面具說俱屬無稽之言。

（3）祁慶富蛙紋生殖圖騰說

祁慶富言蛙紋寫意圖案呈 W 或 M 狀，此說不可盡從。凡欲濳可此說者宜細檢如此紋樣之源。而祁氏失檢。祁慶富言天黿是一種複合體，既有龜的成份，也有蛙的形象，是蛙和龜融合的崇拜物，證在金文。此說可從。既言蛙崇尚，讀者許問：龜板為鑽灼卜材之前，何以證論天黿而顯黎族等群落屬華夏舊族？祁氏不曾操心此題。

（4）何努北首嶺 M52：（1）鳥銜魚圖轉生巫術說

何努言北首嶺 M52：（1）細頸瓶上畫一條被銜住的長筒形體魚，形似鯰魚。以此器底著地，我檢曲綹狀圖樣之首端似梯形。其尾端通達首端之央線左側與左邊線構造曲帶狀，此曲帶內見眾而散碎黑點。央線右側圖樣全異於左側。何氏不察構此部圖細節。何氏也未察嚴文明說「水鳥銜魚」說之「水鳥」說是否可靠。嚴文明言「水鳥」，乃無考之言。言「水鳥」，何以證水？言「鳥」，何以證鳥？

何氏言武功遊鳳 WGYFV：01「魚鳥圖」佐證魚鳥氏族血親。此言失在無證。讀者許問：氏族存在之證何在？

檢何氏援取域外文獻譯文不事基言勘審。檢譯著《野性的思維》〔註 201〕第二章含「圖騰分類的邏輯」，第三章含「轉換系統」，第八章含「可逆的時間」。推想何氏知曉《野性的思維》含「可逆的時間」念頭及其探析。讀者許問：半坡人有無「可逆的時間」念頭？何氏不曾設擬此問。此題考究僅宜以曆法考究為基，而何氏濾去此題。何氏援趙國華說姜寨第一期盆器樣 T16W63：1 內壁見似雙魚畫為女性外陰模本。檢趙氏《八卦符號與半坡魚紋》說姜寨此盆內壁圖支離破碎，不足為憑。

何氏以為，姜寨、半坡人面魚紋構圖之央多係一個前囟未合，雙眼未睜之嬰兒頭臉，頭頂上圖樣或是「巫師尖帽」，係女性生殖器張開狀誇張描繪，外圈帶毛須黑線三角表示陰唇和陰毛，內層填黑之三角表示洞開的陰道。內外兩層與嬰兒頭結合，表現胎兒頭位臥身正面從陰道娩出時情形。檢何氏基於李仰松嬰首說，增加陰部描繪說。我檢此說荒謬無比。嬰兒出生以頭向下。與穩婆立地方向相反，平面相差 180°。豈有頭正面之狀？何氏舉古印度人用木桶為模擬巫術之道具，以木桶象徵子宮。又類比古印度木桶、半坡甕棺，使甕棺獲得子宮之象徵義。讀者許問：古印度，乃何時印度？木桶有無蓋子？言甕棺蓋是模擬子宮之一部。甕為另一部。讀者許問：所謂甕面為何不加彩繪？言半坡、姜寨文明含宗教觀念，此文明宗教觀念內涵為何？

何氏說轉生巫術魚圖被注入性交義，此說非出自考證。何氏說紕繆，顯於思跬四換不體。思跬之一，列維說被用於釋北首嶺人思維，以吃表現性行為。思跬之二，何氏依此說認定鳥食魚。思跬之三，何氏言「在此基礎上加一隻吃魚的鳥」。思跬之四，恰由於加了這只吃魚的鳥，原圖轉生巫術之義被加入性交之一。依此鑿勘得知，何氏思向之故——後所際，來自魚圖「加了一隻吃魚的鳥」判定。倘去此器「吃魚」之鳥，斯特勞斯說雖為效言，決無適用基座。我以此檢告何氏說基於識見此「鳥」為「吃魚之鳥」。何氏在此視此圖為真魚圖，或曰寫實魚圖。但此魚圖腹背皆內凹而不鼓，無圓潤之狀。新石器期古人知魚乃腹背鼓起之物。圖物不類真魚，故知何氏諸言不外「面前背射」之舉。

何氏言甕棺模擬子宮，雚食魚「以性的方式」述轉生義。大約謂雚為陽，

〔註 201〕〔法國〕克洛德·列維·列維斯特勞斯撰，李幼燕譯：《野性的思維》，商務印書館，1987 年，第 43 頁～第 247 頁。

魚為陰。但云，「甕棺」用於模擬子宮，女子性徵外顯，子宮必有定向。「甕棺」為何在揭露時，「棺」體有多向？或許，何氏欲言人體轉向，由此類比女性轉體於甕棺變向，但未顯類比。而轉生二字指跨越陰陽兩界。欲證返回陽間，宜以生證。此乃力不能及者。

何氏以廟底溝期伊洛鄭州類型論閻村雚食魚圖，以為此圖無「圖騰」義。姑且不論此圖有無「圖騰」義，但宜持守姜寨文明第二期圖樣在閻村、大河村、洪山廟等地嗣承。何氏否認此嗣承。倘以魚言性交，非言兩魚交尾不可。即使以圖潛喻，不得捨棄交尾。但何氏漏檢此題，猶前人檢魚圖。何說偏依古籍「魚為陰，鳥為陽」說，使既往言者對偶兩蟲。但清除了古為此言者曾使水、空氣兩介質對偶之義，舊言被改為「鳥」、「魚」，並使「魚為陰」傳告之力限於會陰部之生殖器。至於山東人（河南、山西局部也用此言）以「鳥」喻男生殖器，其事本不在「鳥」、「魚」對偶。喻男生殖器之「鳥」字，韻讀從雕，從鴞得韻，乃另一韻喻。何氏援嚴文明說，言遊鳳 WGYFV：01 圖產生時代，當北首嶺「中期後段」，當姜寨第二期。此時段雖見器物局部或圖樣印記鴞，但此物難以使人聯想陽物，故在鴞夜見。何氏援嚴文明說北首嶺器 W52：（1）畫為水鳥銜魚。敢問：鳥足何在？

（5）田凱彩陶生成基於原始思維說

田凱以為，原始思維助成彩陶。他以為半坡後期見抽象圖。他僅發問抽象作品含義，但不事解答。他以「氏族公社」為端，陳述彼時無私財，而論心理平衡，由此推測所得心理推導畫技。半坡中後期財產私有與父系出現被視為非均衡圖形產生之心理前提。由諸題端得知，田凱說乃「氏族公社」組織決定畫匠說之最後聲響。何謂「原始思維」，終境不清。

5）人面紋頭頂非字形飾與西部彩陶類論及圓形思維暨姜寨魚鳥圖騰變化與認知體系猜想等

（1）祝恒富人面魚紋人頭頂非字形說

祝恒福似前人，與為人面圖係嬰兒出生圖說，此說質在謨生不畏死。於彼時女性，可否採納，難以揣測。此說至少屬不可證之論。此外，彼時婦人至少深知，難產致死二人之實情。此時，產婦外陰能謂生門，也能謂死門。檢者僅言希冀更多幼兒出生，失在偏頗。祝氏以為，人面魚圖人頭頂部芒刺聚合為三角狀為「非」字形。此說出自謬察。《西安半坡》圖版壹，器樣 P.4691 似面圓之頂部內層黑色塊呈三角狀，外層芒刺也是三角狀。倘欲言「非」字狀紋樣，《西安半坡》圖版壹伍伍，9，器樣 P.4651 瓦片面見植物兩株狀，亦可被視為「非」字狀。

（2）謝端琚中西部彩陶類說

謝端琚等言師趙村第一期、北首嶺早期起出彩陶，能證其承襲狄宛彩陶，此說可從。但謝氏等言白家村圜底盂內壁彩繪見「山」字紋。此說指《白家村》圖七一，8，圜底盂，器樣 II 彩：1，其內壁似 M 狀彩繪被謝氏等視如「山」字紋。在此，即使承認《師趙村與西山坪》圖 182，12，圜底盂，器樣 T18④：35 內壁圖如「山」字，其狀異於白家村 II 彩：1 內壁赤線狀。西山坪器內壁赤色圖開口斜向器口沿，而白家村赤膏汁圖開口向器圜底部。

謝氏等言魚紋寫實向幾何紋演變。此變形演變觀乃泛言。幾何紋或抽象「魚圖」自始存在。謝氏言魚紋寫實，摹畫鰱魚、鯉魚，或本嚴文明說。謝氏等猜測三角色塊或色形來自山巒起伏等、猜測網格紋乃寫實之作。猜測北首嶺 M98：(3)「船形壺」面網狀圖案營造了乘船捕魚意境。謝氏等如既往論者，與貴猜測，與賤源考。謝氏等言元君廟遺址缽面裝飾一周三角紋即《元君廟仰韶墓地》（註第 15，第 33 頁）平底盂，器樣 M413：5。而三角圖源未被謝氏等視為重題。

（3）戶曉輝彩陶藝術圓形思維說

戶曉輝設擬史前造瓦器畫瓦器者默認統一象徵觀念，故從此說出發，言人、大地、植物的子宮在古人看來是一個東西。他為祈求復活說，言不忍愛子夭亡，而論用甕棺，承用地母子宮說，喪閻葬闕之殊義。瓦器入葬闕，被視為起死回生巫術局部。讀者許問：倘信從起死回生巫術，指望不再死人碼？指望人壽永恆碼？他又以為，用子宮圓形為模板，效此狀為瓦器，使人們產生了超越生死的心理積澱。但問：此心理系愉悅，厭勝，或其他？進入古居住所（營窟）被視為進入大地母親的子宮。敢問：此係何等想見力？戶氏言史前人類的思維邏輯，即以判定替代設擬與論求。但問：何以見得史前人類思維邏輯？何謂邏輯？戶氏混淆造器秩序、繪畫秩序、時序三者。題涉甚雜而失考。

（4）張希玲姜寨第二期鳥魚圖騰演變說

張希玲未曾察看 ZHT14H467：1 構圖細部，輕忽雙耳側構圖方向之別，以及方向與變向致義變之潛能。張氏釋讀器 ZHT5M76：10 面圖不循兆識。張氏言武功遊鳳 WGYFV：01 圖樣為魚銜鳥，察圖不顧似鳥首部以黑線框間構。

檢張氏論此圖魚牙魚口說出自美術研究者湯池說：「武功出土者，畫一尾大魚張開巨嘴吞食鳥頭」〔註 202〕。此舉乃僭用他人識見。張氏水鳥說源自嚴文明說。張氏圖十矯飾北首嶺 M52：(1) 圖樣，使似蟲圖尾部變銳。使卵狀圖尾部變形、似足部變形。又刪除原圖卵形圖右上似頸部網狀。張氏改原圖以便己說。張氏言北首嶺 M52：(1) 遲於武功遊鳳 WGYFV：01，其說不可信。依《北首嶺》附錄四（註第 26，第 159 頁），M52 係北首嶺「中期」葬闕，距今 6200 年以上，此期約當西安半坡早期。遊鳳遺址 WGYFV：01 不能早於西安半坡早期。

(5) 王仁湘史前彩陶認知體系猜想

王仁湘猜測，瓦器彩繪背後存在史前天體認知體系。我僅附議王氏猜測天體認知。倘言天體認知體係隱於瓦器彩繪背後，即宜考證若干。但王氏不事考證，王氏自認旋紋及其在大陸傳播，即蘇秉琦先生曾言花卉紋的傳播。此乃曲意之說。王氏以旋紋檢討奠基旋紋為太陽鳥猜測。此猜測使廟底溝類型紋飾鳥紋說獲得前不曾有之宏大論題。而此猜測導引猜者之思於險途：旋紋多見即謂太陽鳥多被描述。太陽鳥紋——鳥紋間等號即謂鳥紋為虛，太陽鳥為實。鳥紋說擬能饋仰韶—龍山時代鳥紀演變跬步踏空。

(6) 程徵黃河流域彩陶直線弧線與 S 線彩陶圖式演進說

程徵言裴李崗人將鼎形器圓口四分。程氏未給器樣碼。檢此器即三足似鼎器 M5：4〔註 203〕。程氏言圓口四分，此說可從。程氏與見，器三足而置。敢問：三足、口沿外壁面縱向乳釘四枚並見，程氏何獨見四枚乳釘分口沿，而不言器底三分、口沿四分之對比？

程氏述黃河彩陶繪製「方法」三環節：布點、連點、填充。彩繪者固必先察膏汁將施之所，但言布點之技，此力於知器者為蛇足，施曳膏汁豈無布點？狄宛第一期已見口沿寬幅施曳膏汁。言構圖之直線—曲線之變致靜態迄動態變化，此言固是。但問：今畫匠言彩陶直線固是彼時直線嗎？彼時畫匠如何看待膏汁、圓口器所際與所際之變？

今畫家言器「口沿」而不論器壁面，言者視向加於口沿，即謂檢者少去

〔註 202〕湯池：《黃河流域的原始彩陶藝術》，《美術研究》1982 年第 3 期。張氏取湯池言於湯文第 77 頁。

〔註 203〕開封地區文管會等：《河南新鄭裴李崗新石器時代遺址》，《考古》1978 年第 2 期，圖八，12。

器所，不俯視器內。此察者以成器為視的，而非兼顧施彩與造器之程。倘言狄宛第一期畫匠或瓦工功業，許問：畫匠不能造瓦器，抑或造瓦器者不得為畫匠？可否將彼時器藝視為一藝能之兩部？程氏依畫技揭示半坡遺址三角形線描畫生成，但未給出本故。三角乃多線形或曰眾線形之術，非單線形之術。程氏演示畫技，可否照顧古人既知多段線及形線之術？程氏以興趣轉移而論弧線構圖生成。古畫匠「形線」興趣何以生成，又何以變更，程氏不曾操心。程氏言弧線連點在方網狀骨架上實施，構成新骨架。此說固通。但問，古畫匠謀形線為圖，抑或謀圖而後謀形線？何以證？

4. 新世紀首拾年檢者省見磋見檢評

1）數字本彩陶花紋與魚鳥族戰和及彩繪「神格」猜測與意象空間發揮說

（1）蔣書慶彩陶花紋致數字說

蔣書慶言北首嶺 M98：(3)「船形壺」模擬半月狀。此說可從，但缺無器形源檢支持。蔣氏言網圖側三角兩組各七，而七聯《復卦》「七日來復」之「週期律」。此說不協於 M98：(3) 月以夜現形之題。蓋七日乃日曆之數。而月狀變動次弟不須從陰陽合曆月狀次弟。蔣氏失察此基題。

蔣氏以其圖 10 給所謂三角紋為魚紋變體形式，此圖即《西安半坡》圖版壹壹貳，3，器樣 P.1162。黑白對應三角紋說非是。言黑圖塊，固是。器地色乃赤色，言者宜顧，而蔣氏罔顧地色。蔣氏以其圖 11 謂廟底溝遺址器樣 A3H15：49，掘理者命之細泥紅陶碗（《廟底溝與三里橋》第 29 頁，圖一七，左列，3，圖版拾，4），言八字「相背」之證。檢此器兩弧以彎曲部相交，非相背狀，蔣氏失察。他欲以此文澄清數字樣源與算源，舉數字一、二、三、四、五、六、七、八、九等源，聯瓦器彩繪。其說多不堪稽，但頗能使人深思自省。

（2）趙春青魚鳥爭鬥到和解說

趙春青言魚吞食小鳥，此說遲於湯池說。趙氏言，從照片能看出云云，甚可疑。原報告錄 WGYFV：01 相片恰能見鳥首與外廓遠大於魚口。跡趙氏言而知趙氏不忠簡報，趙氏不言湯池說，或可視為僭用他人識見。

檢趙氏言 M76 出土葫蘆瓶即《姜寨》彩版一三，ZHT5M76：10，第二期器。趙氏言，類似左半部的合體魚紋圖案曾出現於姜寨第一期 T16W63：1。此言不塙。T16W63：1 或見圓圖有四足而似蛙圖，兩似蛙圖間見似雙魚脊樑鼓起收腹相對圖，二圖外側見芒刺。趙氏言西安半坡遺址起出瓦片面繪合體魚紋指《西安半坡》第169頁，圖一二六，3、圖版壹陸零，3，器樣P.4657。掘理者命B8型，言月牙狀花紋，似月牙狀長半圓形，或用兩月牙狀紋組成一橢圓形紋飾。諸言不涉魚紋。又檢趙氏述B8圖既不合原說，又不辭詰昔說。趙氏言H467：1即《姜寨》彩版一二，器樣ZHT14H467：1。趙氏言半坡魚紋即半坡器樣P.4691似人面圖。趙氏言「人面魚紋中下部的魚紋」謂此器似人面圖下部芒刺橢圓圖。目既識見非魚紋，「改換」為鳥紋云云，乃虛言妄議。原圖下部不似魚圖。檢何周德曾言ZHT14H467：1，此器圖係「豎魚紋人面」，器耳部圖其一為魚紋，其一為幾何形魚圖。趙氏不察或察而不援。

趙氏言，史家墓地有雙耳葫蘆瓶（III式），係葫蘆瓶演變末期。我檢《陝西銅川呂家崖新石器時代遺址調查》圖六，呂家崖遺址仰韶、龍山時代器物並存。此地細頸瓶、葫蘆瓶並存。葫蘆瓶無雙耳。而秦安縣王家陰窪遺址葫蘆瓶、細頸壺並見，而早期葫蘆瓶狀似葫蘆，演變序列完整。其時代約當狄宛第三期。趙氏捨棄此二地葫蘆瓶檢討。依呂家崖遺址葫蘆瓶無雙耳判定，趙氏言有雙耳葫蘆瓶為葫蘆瓶狀演變之末段，證據不足。我察自嚴文明檢北首嶺M52：（1）細頸器面畫，考古者落於仇視與矛盾之題，久不自拔。趙氏又承襲湯池說，以魚氏族、鳥氏族對立爭勝為題。諸人題討魚鳥集團地盤之別，關中集團、豫西集團所際歸於矛盾與仇恨，魚鳥圖辨識云云不過是幌子。於無端無故無考之時，矛盾、鬥爭之題頻被展陳。

（3）王仁湘彩繪「神格」猜測

王先生言「旋目神」乃暫用命。此名指龍山時代後某神形象。故此，王氏此文旨在給後世某神落定座所，而非求索圖源與圖義。王氏摹大墩子遺址瓦缽樣M30：9圖不清，未顯原圖斜線兩圓點間隔圖。他用「神格」名或來自陸思賢「伏羲氏神格是』大火心宿二『星神」〔註204〕說，或來自趙宗福「西王母神格」說〔註205〕。依陸氏文、趙氏文刊布年次，王氏必曾睹此二文獻，王先生未給「神格」名源。

（4）王祖棟裝飾空間同意象空間說

王祖棟說原始空間意識特徵係圓、多方位、流動諸說不誤。王氏又言古人畫魚為平面擴張圖，以免形象間重疊，由頻變察看角度而成寓正側兩面圖

〔註204〕陸思賢：《神話考古》，文物出版社，1995年，第31頁，陸氏說以廟底溝類型火焰狀菊花圖案。

〔註205〕趙宗福：《西王母的神格功能》，《尋根》1999年第5期。

形。王氏此說來自現代畫匠試驗，而非古彩繪者布列圖樣前採用視角。王氏未言，自何方向察看為效向，如何變向可謂適當，更改視角與構圖表義如何關聯等。

2）織女星察識致三角紋等說及彩陶紋飾破譯與彩陶生殖崇拜人類學釋讀

（1）蔣書慶織女星察致三角紋說

蔣書慶言《圖譜》器樣 1 內壁短線兩而偶，反向聯而兩組相交，為十字切圓周。此說不塙。我檢短線雖每兩條為偶，但察四組短線，僅可見今南北向兩組走向如兩射線平行，而左右兩組短線不能構造兩射線平行，故無交十字狀。

以三角畫孤證而論織女星為北極星，此強說使人察知蔣氏猜見而非考見。我檢狄宛第二期初即見三角畫，此模樣出現頗突兀。未旁證織女星圖被認知前，蔣氏言三角畫為 12000 年前織女星圖。狄宛第二期、萬二千年前，非屬同題時空與所之證。儘管蔣氏說失在不周，但我附議蔣氏論曆法依中星當時節，以及蔣氏論古人貴察星宿。蔣氏言六七千年前，究竟六千年前，抑或七千年前？抑或在 6500 年前？其說含三時段或更多。此乃囫圇言事之例。蔣氏聯三角狀於甲骨文「帝」字，不見端的，雖非盡謬，但甚偶然而無故無體。

檢蔣氏文配圖 4，即《西安半坡》彩版壹，1，器樣 P.4691。此圖舊釋紛紜，蔣氏言人面紋為太陽形，其言亦出自謬察。太陽為圓物，繪圓圖，如何可加諸多形變？

廟底溝瓦碗 A6bH72：13 黑彩畫可否依蔣氏言，視為日月相會周而復始展示，宜覓旁證為說。蔣氏配圖 9，係北首嶺細頸壺 M52：(1)。蔣氏唯察壺口輻射狀四黑三角，但不兼察器面彩繪，不足為憑。蔣氏言「史家類型」葫蘆瓶，即姜寨第二期葫蘆瓶 ZHT14H467：1。蔣氏言，上下兩條魚紋對應，蔣氏以此說罔顧兩魚畫抵頭反向之狀。

蔣氏言，四季劃分，以元陽初始的冬至之點為起點，則一、四兩季寒冷，二、三兩季炎熱。葫蘆瓶上一、四號鳥紋組合與二、三號鳥紋組合正反相分又相對應，正與半年寒冷、半年炎熱季節劃分的特徵相一致，也說明該季節的劃分，是以太陽回歸之點的冬至之日為起點。此說頗能啟發。旬日數之猜，證不塙，但日數近是。蔣氏言，正反兩面兩組三個並列三角紋形式為特徵，形成三陰三陽「六氣」劃分的紋飾。又依此謂六季分歲，四季分歲，此說缺證。蔣氏言內壁見蛙紋，此圖寄器 T16W63：1，器來自姜寨第一期。蔣氏察見「雙魚抱月」。不詳此言何自出。又檢圖非弦月狀。蔣氏言 T16W63：1 口沿三角紋與三條並列短線紋相組合形成一周圈紋飾帶，（形成）九組三條並列短線紋相組合之三倍於九的數理內涵。此說難證。我以為，瓦盆口沿圖樣難以訓釋，故在寬沿施彩與瓦器內壁圖表義求索。此係一重題。求證者不可草率。

（2）蔣書慶彩陶紋飾破譯

蔣書慶檢題用字不純。「寓意象徵」之言為證。蔣氏以為，紅線寬帶紋印記直觀感受，再現太陽。此言基於赤、陽色類。旁證不足。

蔣氏言，王家陰窪瓦盂器樣 M61：7 外壁圖使花紋帶與日月往來寒熱交替和季節劃分的寓意關聯。檢日月往來之義不見於圖樣。蔣氏言，M61：7 月亮紋為月亮圓缺消長，明暗對應往來。察此言來自月相略知。但問：器面地色粗圓點謂何？

蔣氏以為，狄宛第二期 F227：2 外壁圖見三角各有圓點。此圖告織女星。但問：織女三星圖僅有三角，此處見三角右下又有三角，為何？倘以此圖為星圖，此星圖為何傾斜？蔣氏說武功遊鳳細頸壺 WGYFV：01 外壁畫魚紋謂陰陽魚。此說不稽，猶言雌雄魚。於以言矯飾性別者，謂某獸自為牝牡，見於《山海經》。但圖寫者生存於前黃帝時代。欲言二性並於一圖，宜論證前黃帝時代同黃帝時代後。推無人能為此論。

蔣氏云，狄宛器 F330：24 外壁圖謂弧邊三角紋與月牙紋、圓點紋組合，示日月眾星隨極星旋轉，季節交替之律。此說無據。於此，能見黑圓點位於弧邊三角之一角，猶如蔣氏言 F227：2 外壁織女星圖之兩角去冥圓點而側置。依此察，知蔣氏說不可從。蔣氏言東鄉族林家遺址器，《圖譜》器樣 175，周邊花紋三節之分為三陰三陽象徵說無據。蔣氏以平面圓周截分論，但此器自口沿向內壁施彩。蔣氏視域狹於器圖。

蔣氏說狄宛 M1：1 器表圖乃立杆測影花紋。敢問：何以證杆？何以見時節？蔣氏言，《圖譜》器樣 40，圓點紋為太陽形。但問，其右上、左下拉弧線而端銳，何故？蔣氏言姜寨 T253W176：1 人面紋額、鼻、嘴對應上下三節之分形式，為三陰三陽劃分。何以證似人面額部表義？何以不顧所謂「額」色參差？

我察自然數之數理考證乃考古學至上學術，涉及工程、天象、曆術。蔣氏欲以 P.1162 圖鑒而得。失於草率。蔣氏言，西安半坡器樣 P.1157，為相對三角紋寒熱交替再現，六組紋飾寓意三陰三陽六氣劃分。擱置此說不加褒貶。

但問：冥三角以雙橫線間隔，為何？依蔣氏言《西安半坡》P.1155 花紋四方對應，但問如何由此圖而見月長與季長曆算？言紡錘形紋謂十，證據何在？足乎？上諸詰非謂蔣氏說一無可取。反此，我以為蔣書慶想見之力豐碩，確曾導入新論。

（3）戶曉輝彩陶生殖崇拜人類學釋讀

戶曉輝為文化語境說。此語境猶古時思想往來之橋樑，便於紋樣表義投送與接收。而此語境今不存在，故為謎團。戶氏言紋飾不是點綴，而是實體一部，是內容。此說似可從，但以失檢終不可信。戶氏言史前人類以巫術的眼睛看世界，此言或是。但史前乃甚長時段。巫術產生於此時段之初、間、末，何段？抑或太初即有？不言此題者眾，戶氏為其一。

戶氏言橢圓形為植物生殖器、女性生殖器、動物生殖器，謀為統一容器表義說。此說能致器表紋樣細部表義之力消亡。題涉生殖崇拜說張揚，戶氏論瓦器、器紋樣表象乃最誇張生殖崇拜論。戶氏在其所見今日察物而能別、昔日諸物者覺混沌之際深挖一道鴻溝，使古人蒙昧於物狀、圖狀之別。由其言域得知，戶氏言「人類學」即生殖崇拜人類學。

3）半坡人面魚紋薩滿與尖底瓶翻轉便紋識及紋飾異狀同功並彩陶四段說

（1）孫作雲半坡人面魚形紋薩滿圖說

孫作雲以為，半坡人面魚形紋乃薩滿圖。他言「人頭骨口中銜魚」事本巫山大溪遺址葬闕七十四座掘理，見「陶器一般都放在人架的上部或頭的兩側，亦有少數置於骨架的左側一邊。在陶器的放置中，亦有特殊的情況，一種是將兩件紅陶碟分別復置於人架兩乳之上（M1），另一種是將三件彩陶瓶連成一串，放於人架的兩腿之間（M11）。此外有的又是頭枕一支大象牙。大型的石器多放於人骨架的頭部之下（M3、6、12），玉器如璜、玦、環等大多發現於人骨架的胸頸之間，骨圈、蚌環則分別帶於兩臂之上」。「在個別的墓葬中亦有用魚來隨葬的（M3），而其放置部位，是在人骨架腹部之上的兩側，魚頭向北，尾端含於人架口中，……」（註第 34）。此遺址第三次發掘時，曾見魚或放在身上、或放在腳旁、或放在雙臂下，或含於口中（註第 46）。兩番發掘似能佐證孫氏說。細檢即知孫氏說含謬：孫氏混淆半坡文明於大溪文明，使前者在歷史上能被後者承襲，又使後者在承襲時更改之力被排除。孫氏言廟底溝某種紋樣葉紋說乃植物紋樣之一等，此說自限於舊說增補。

（2）王仁湘彩陶反轉便察地紋說

檢王仁湘用字、選名，多涉畫藝檢討者賈榮建等曾言〔註206〕。賈氏等曾言，「把圖地反轉的錯視規律用於造型表現，早在彩陶藝術中就有了出色的運用。黑白對比的明晰、強烈的特點、使圖與地文替地反轉十分直接明瞭。原始人把這種手段大量地用於彩陶裝飾紋樣中，從而取得更加簡潔、含蓄的構形語言〔註207〕」。依此言，王仁湘言反轉，非謂器體垂向反轉，也非謂器水平向反轉，而謂察圖者使器口向上，「圖地錯視」，圖地紋樣固不相替代，但察者以目察色塊轉向，譬如右旋狀，今不察色塊右旋，而察地色左旋。王氏言地色、彩色雙關，此說出自考古界最初察看「彩陶」僅依黑膏汁或白膏汁，根本不涉太初譬如狄宛第一期畫者構圖。器圖本係雙色，此猶畫匠於畫布或畫紙作畫，前知地色一般。王氏檢論「尖底」器反轉，謀證雙旋臂，而非謀證畫、器表義融合。於王仁湘，畫即畫，器係器，作畫於器猶作畫於畫板夾持畫布，畫布何狀不干畫作表義。

（3）楊亞長裝飾異狀同功說

楊先生貴重裝飾，以及瓦器實用。他講，一些器物面上裝飾紋樣即使多種，但紋飾含義差別難辨。我檢此論恐係一種反彈，或反作用力，此力之源在於，學人面對一器圖樣紛繁為說，但無一說能服他人。倘如此，楊氏言納不怡。檢者認知參差，述其識見參差，固不可怪。倘楊亞長以真多樣、偽多樣為題，檢論者之言，我以為恰當。避而免究之舉非是，而重複論點頻見必是濫言敗真之兆。

（4）王仁湘彩陶終始四段說

王先生推測白家村瓦器壁面彩繪符號有含義，此推測不謬。他言規則圖案花紋，必牽扯幾何紋樣案。王氏言，中國最早彩陶最初即簡單的符號，而非象生。他又云，白家村彩陶發展不能印證彩陶藝術由具體到抽象的發展律。王氏以舊石器藝術給此失律狀況饋答。我以為，具體—抽象藝術演變說雖用於檢討紋樣，但未得紋樣之義。於此狀況，誰能否認，此演變論毫無說服力。

〔註206〕王仁湘：《中國史前彩陶地紋辨識》，《中國史前考古論集》，科學出版社，2003年，第491頁。

〔註207〕賈榮建、劉鳳琴：《中國彩陶圖案的藝術形式探尋》，河北美術出版社，1994年，第65頁。

4)研究方法訐議及線形蘊原始心理說與符號統類彩陶及刻畫並紋飾學唱立等

（1）戰國棟彩陶研究方法斷想

戰國棟傾心於花紋研究，無可褒貶。但他捨棄器形研究，孤檢器紋與殘紋。此研究途徑屬去本之術。他言考古者研究花紋乃經驗科學方法。倘以「經驗」謂既知與曾知為可靠，可複檢是指知，其途徑可視為可靠途徑。此途徑係算術、幾何等門格從行之律。

（2）史忠平線形蘊原始心理說

題涉模仿心理，史忠平舉研究者曾揭示人類自反應模仿到「延遲模仿」的心理發展跬步，而後者乃高等模仿。古人在時空上遠離事物而反應，此情狀本質上係回憶式形象的生成與心理描述過程，或是想像式表象的生成與心理描述過程。此說能揭露局部藝術作為。史氏此言給古人依印象與記憶而錄載舊事饋給心理基礎或心念根基。但不能用於釋讀瓦器畫作。故在瓦器畫作本性迄今未知：係模仿，抑或延遲模仿，或模仿而加其他。

史氏以為，「抽象裝飾在空間上恰是平面」。此言能誘導檢者遠去瓦器而察看瓦面圖樣。此檢途將檢者導向無別瓦器器面與畫布。史氏又言，抽象裝飾形態逃避了時間侵蝕所致無奈，給人類穩定、安全感。倘用史氏裝飾說，察瓦器器面畫作，以畫作為裝飾，我識見若干被命為「寫實魚紋」圖樣，鮮覺穩定、安然。無論弧線，還是斜線，無不具某種不穩定。而被命為魚目之圖樣，使我察覺陰鬱、昏暗、光不透照。

（3）謝端琚等以符號統類「彩陶」「刻畫」說

謝先生等以符號同類「彩陶」、「刻畫」，足顯謝氏面對瓦器圖畫失措。其統類嘗試乃「大爪」嘗試，欲以一名盡納檢材或檢材內容。基於自設無量容納之名，而後不事充實無量之器，納物必不塙當。此等非格嘗試定致題界淪喪。謝氏等檢論文字粗疏無根，不可從。其檢器圖或紋樣從舊說而不事考評，未顯判斷力。

（4）王先勝彩陶紋飾學唱立與葉玉梅彩陶精神內質說

王先勝唱立紋飾學，似欲專格功檢紋飾。我不附議。使紋飾去寄器，此乃危途。王先生言，200年來，學者仰仗層位學與類型學檢討考古話題。但缺某種藉以探討紋飾與遺跡內涵表達之途徑。此言盡是，我附議，並力行此途。

葉玉梅言瓦器紋樣精神內質，不外四種崇拜。自然、動物與植物、社稷崇拜與母神崇拜。檢社稷崇拜不外嘉穀崇拜，而母神崇拜不外母系邑首崇拜。葉氏言「社稷」之社係無證之名，而「母神」之「神」崇拜亦乏「神」證。

5）紅山文化彩陶源探與西陰紋殊兆及大魚紋系統與紋右旋及半坡 P.4666 網格晝夜百刻說

（1）朱延平紅山文化彩陶源探

朱延平言缽口沿黑色斜線紋來自罐口沿斜線戳印，此說可從。推測土著紅山文化乃戳印紋之源。此推測可信。畢竟，顏料和膏汁，由膏汁變為口沿繪畫，里程不短。朱氏言諸器半環狀垂弧紋貌似之說不謬。但檢此文「麟格紋」之名可疑。「格」字似來自朱氏自命。不詳其「格」字當何義。黑彩繪或雕刻紋俱不見「格」狀。又檢《內蒙古巴林右旗那斯臺遺址調查》（《考古》1987 年第 6 期）用名「麟紋」、《敖漢旗南臺地趙寶溝文化遺址調查》（《內蒙古文物考古》1991 年第 1 期）用名「豬頭龍」,「鹿首麟」。麟乃神獸之一。言麟即告神獸，亦謂前定神獸存於彼時。不詳朱氏用名之時，曾否意此神獸。

（2）王仁湘垂弧紋別於西陰紋暨彎角紋說

王先生言，彎角形幾乎盡見寬頭在左，尖頭在右，按逆時針方向排列。王氏發現此狀，甚難得。王氏工於彩繪大樣辨識，謂隴東紋樣最全。此乃狄宛一帶彩繪發達之證。王氏判定，五地彩繪曾存在聯繫。又言彎角紋於廟底溝文明時期已遵從「程序」。但問，為何不得更改？紋樣之效來自何方？

王仁湘似乎尚未覓得別說之途，以顯張朋川鳥身變成一條細長弧帶說之謬。王氏言地層不能饋證張朋川說之塙，泉護村「鳥紋」、彎角紋並見亦能證張朋川說無基。王仁湘檢得狄宛第二期瓦器口沿現「彎角紋」，以為彎角紋首尾相連，將沿面分數段。他察知，此圖狀根源不清。王氏述疑使人深思。王氏又以為，此圖樣出現於半坡晚期。此說證據不足。他否定彎角紋與鳥紋聯繫。王仁湘檢扶風案板遺址第一期器 GNZH66：1，見蝌蚪紋，圖二二五，5〔註 208〕。在大陸施彩瓦面，僅此一件棕紅色帶內弧邊三角納蝌蚪圖。此畫作珍貴無比。王仁湘不察，王宜濤先生曾考，象生紋之蛙紋於古人含義重大，而蝌蚪乃蛙變態之一。

（3）人面魚紋係形魚氏標誌與其寄器為祭祀對象說

曹定雲先生言神農氏族，並言「氏」「族」二字。此名失考。氏、族乃二

〔註 208〕西北大學文博學院考古專業：《扶風案板遺址發掘報告》，科學出版社，2000 年，第 49 頁，圖三〇，7，彩版肆，1。

題，宜別檢。曹氏言，「彤魚」就是朱紅色之魚，「人面魚紋」圖之底色恰恰是朱紅色。名、圖完全相符。此言不塙。「彤魚」二字為並列名，抑或偏正名，未知。倘以彤為偏，則彤魚謂赤魚。盆色赤，盆面有魚圖來自地色反襯黑膏汁。則無赤魚。倘彤魚名係二字並列，彤魚即赤、魚。赤能謂瓦地色似磚紅色。而「魚」字能謂動作，即繪魚。倘思彼時瓦色並為赤色，非一欲而為赤色，「彤」字甚可疑。另檢《漢書·古今人表》，黃帝欄下見彤魚氏，為黃帝次妃。如此，可推測曹先生屬文「彤魚氏」即班固言彤魚氏。黃帝時代，此氏於黃帝施加誘導。

檢曹氏言半坡文明晚期，羊圖騰興起，神農氏興。曹氏援《西安半坡》1963 年版圖樣寄於瓦片 P.4380，《西安半坡》圖版壹伍伍，3。發掘者述「似彎角羊頭的正面形象」「角內鼻兩側各有兩黑點」，「似為眼睛」。「由其特點觀察，和羊頭很相似」。曹氏援《西安半坡》述 P.4380 寄圖，不察述者頻言「似」。故此，曹氏說不夠賅密。

（4）王仁湘廟底溝文化為央與魚紋一統說

王先生言西陰紋即彎角形地色或陰紋。此文貌似檢討雕龍碑等地彩繪，但旨在張揚「西陰紋」。王氏言廟底溝文化的影響，一定越過了大江，到達了遙遠的江南。此說或可更改為，西部施彩為圖樣式沿江而下，登上兩岸。我擬此言，證在陝西龍崗寺遺址、西鄉何家灣遺址文明親緣。漢江聯繫兩地，而漢江東南行而為丹江。陳倉道聯繫留壩縣、寶雞市。大散關西南行通達武都，南行能達川江。而狄宛文明南傳而及西山坪、師趙村，沿途及西和縣、成縣、康縣、文縣，南達武都大李家坪，南行入蜀。如此，即見王氏言狹隘。王氏題涉魚紋象徵性，塙屬重題之一。不可等閒視之。

（5）王仁湘廟底溝文化魚紋等別與解構說

面對王先生廟底溝文化魚紋等別說，我檢西鄉何家灣魚紋近寫實，垣曲小趙遺址器樣 IT2④：4 器面繪魚圖，非魚紋。王氏魚紋地域編次值得重視，始於陝西扶風案板遺址、跨向藍天泄湖遺址，終於甘肅秦安狄宛，避免將狄宛首列。不詳出自何等心理。

王仁湘疑問，河套以北見魚紋，但河套平原未見魚紋，此疑值得深究。他述張家川等遺址圓目紋、扁目紋之別甚糙。言目即必言鼻，但問鼻何在？其地色部毫不似鼻。王氏述簡體魚紋生成不塙。非簡體魚紋將「魚頭省略成一個圓點」，王氏本欲言畫匠如此省略。王仁湘告典型魚紋變為簡體魚紋協所系不塙。其橫軸是，但縱軸謬誤。時軸宜始於原點，X、Y 軸俱始於原點。

王氏言，簡體魚紋乃魚紋演變另一結果。此說輕忽此紋樣生成。王氏言典型魚紋向簡體魚紋變化之中間形態，恐難佐證。故在終狀右側黑圓點決異於黑圈地色外黑圈圖樣。

王氏說魚紋嘴形變化之一種乃黑白對比。檢半坡遺址瓦器決無此例，故在地色赤色。王氏言半坡人面魚圖之顱部彎角狀元素被提取，變為魚唇。但不檢人面圖之顱頂如何變更為魚唇。此二事間存在念頭鴻溝。石興邦、劉夫德等人面魚紋說之誘導力碩大。王氏端其思徑向人面圖，由人面人口人唇延及魚唇。依其認識，王氏將狄宛第二期瓦器若干雙色圖視為魚唇圖，由此析出葉片紋與彎角紋。由此解析造出花瓣紋與西陰紋。如此，王氏研究乃舊紋新見之旅行，而非曾識紋樣省察或磋見。至於圖源與圖義，不在王氏考察之域。其「彩陶」研究唯是美術考古側翼，無望近本，無望跡古。

（6）王仁湘簡體魚紋向菱形魚紋過渡說

王先生未曾考知菱形畫作之源。王氏先認定菱形圖有魚紋義，在覓證簡體魚紋向菱形變更時，從行舊說。我檢後者乃遲起紋樣。而且，簡體魚紋之圓點乃實芯圓點，黑色。而魚紋不必有實芯圓點。又檢王氏給狄宛簡體魚紋黑色部斜邊為直邊，但合水縣板橋鄉瓦崗川圜底器圖之黑圓點右側左下黑色部斜邊乃弧邊。王氏給圖不塙。王氏黑白三角說不盡是。凡瓦器，地色、黑色與為圖，乃雙色圖，或可言赤色地，黑色線或塊對比成圖。王氏欲與為「魚紋」「符號」說，援文獻示讀者，王氏用名從皮爾斯「符號」三等說，使探求歇足於「魚紋象徵」。王氏由此欲導出寓意。王氏不察，象徵說、寓意說俱便藝檢，而不便史檢。欲使遺存舊義「露臉」，非體察遺存不可。王氏說，過快人口增長能使他們感到有更大壓力，王氏以推測殺嬰佐證其說。人口過快增長說難證。

（7）王政史前彩陶紋右旋律說

王政舉器圖二三九為說，其言前端存疑：此器與器表蘊義甚雜。僅器口似人頭狀含疑三端：其一，人口部為何呈圓圈納暗點。其二，雙目部、口部為何無過渡，為何不見鼻頭？第三，似人頭面部與壺表圖紋有何關聯？諸疑俱不被王政察考。

又檢王政查圖不細。諸圖以雙色或多色告動靜，不獨見右旋，也見左旋。王氏捨器而論圖紋旋轉，此舉欠妥。王氏言器紋左旋出自中國古宇宙意識。華夏先民居於北半球，以座北朝南為正向。王氏又以為，古人右旋觀念當與日月周行有關。王氏屬文之基既搖，右旋之辨喪失憑依。

（8）張潮半坡 P.4666 圖網狀百格晝夜刻數論

張潮檢論半坡 P.4666 見 100 格，此算不塙。我檢原圖格為九，而格線為 10。算格，則得九九之數。但張氏檢器圖之道不誤。張氏未考羅格圖義，聯漏壺而論晝夜刻數，此檢非屬得體。器面見兩方羅格。每羅格四角各見三角。如何考證諸部義與義聯，張氏沉默。

5. 新世紀最近拾年器殘紋省見與磋見檢評

1）廟底溝文化彩陶藝術整體闡釋說與植物考古說

（1）王仁湘廟底溝文化彩陶藝術整體闡釋說

王先生言，成熟的「象徵藝術法」是廟底溝人彩陶創作之最高準則。此說使古畫匠以畫或圖傳告徒增不便。彩陶「象徵」藝術又使彩繪寄器與模樣邁步行出考察之域。王氏虛構「含而不露」之用意，減省揭示紋飾含義之勞累，掩飾了中國考古者探求無基之事實。王氏言器紋飾環周表現「適形構圖」。此說乃器形限繪說之代表。倘更改王氏為彩繪論者立足之所，以造器者為畫匠，王氏「適形」說不塙之兆立見：非適形構圖，而是擇器所構圖。使器固置，寄器之圖不轉向，如此即能識見紋飾有固定走勢、明顯方向。如此設擬宜否，王氏不言。

王氏言，彩繪頻描繪動物一個特定部位或約定的部位。但問：特定者何以特？此約定捆綁何人行動之力？改其構圖之能否？

王氏言，象徵乃紋飾傳播的內在動力。我以為，紋飾傳播之內在動力必在得傳者欲願受傳，而紋飾蘊藏之真堪為美源。捨此二者，紋飾傳播之名喪本。王氏見彩陶紋飾散佈而不見源頭。王氏謀求一統，捨棄細檢。王氏說乃「考古學文化」之考古藝術說，非狹義考古學之考求之道說。

（2）俞為潔植物考古三題

俞為潔檢穀物培育及其功用，博取域外文獻。於古遺存佐證域內植物培育一事毫無所見。但俞氏援王樹明說社樹起源，檢讀者雖不能得塙證，無妨獲得啟發而後深思，由此而得新見。如此，俞氏說如錢、蔣、王等說俱堪用如砥礪。

2）仰韶文化彩陶日鳥紋飾與人面魚紋盆為瓦匏及紋飾藝術初發同階說

（1）龔曼仰韶文化彩陶日與鳥紋飾與王可人面魚紋盆為瓦匏說

龔曼為「日與鳥」說，文短而義清，取證詳實無華，乃上等文獻。「鳥」

名可採。而王可以為，人面魚紋創意出自《離》卦。此說失證，決不可信。王氏以為陶匏即半坡類型人面魚紋彩陶，此說屬檢論者某種強橫文言之舉——目視盆而言匏，赤裸顯揚了用字暴力。

（2）郎樹德彩陶紋飾藝術初發同階說

郎先生說甘肅彩陶中心區加影響範圍，約 70 萬平方公里。我以為，此估算過謙。甘肅彩陶影響範圍依我估算，絕不小於一百萬平方公里。郎先生言，仰韶文化彩陶植物性花紋反映農業定居生活。此言內涵不清。我不否認「仰韶」時代有農事，但在未考知狄宛第二期紋飾表意之前，言農業、定居乃猝然之論。郎氏言，彩陶反映了人們認識自然，利用自然，及其科學技術水準。諸言題幅廣縱難測，無以辯敵、無以抵近。言彼時科學技術水準，但無考證與省思，此乃虛言。郎先生言魚紋演變，似承用王仁湘說，又未給圖源。

3）廟底溝彩陶出自渭水上游與彩繪線形象及研究之三觀與黑衣壯嗣承人面魚紋及其新月說

（1）張宏彥覓證廟底溝彩陶源於渭水上游

張宏彥覓廟底溝彩陶之證於渭水上游瓦圖。終得塙證。倘深思張宏彥第一故舉，即魚紋以渭水流域為中心，包括晉南、豫西和漢水上游等邊緣地帶，必見此言蘊藏動能，此能力將使「仰韶村」此一現代發掘學地名曾享文化地位搖晃。但張氏不曾動此念。張氏「魚紋寫實到圖案化」乃演變認定之名。凡用此名者承認存在演化。張氏不曾料想，「演化」認定乃一難題。得名「魚紋」諸圖，真係古畫匠寫魚圖乎？此乃本題，惜乎尚未入檢者視域。

（2）羅瑩察論線形象便於彩繪生成

羅瑩檢彩陶紋樣，旨在發揮抽象形象說。以線而論彩陶起源，此途無誤，但羅氏不曾聯狄宛第一期、狄宛第二期器口施彩帶堪否以線形象描述或討論。

（3）程金城彩陶研究宏中微三觀說

程金城以其文將欲設定研究水準之階別。其高階造設於宏觀研究。依程氏述微觀研究途徑與攸歸，微觀研究仍流向宏觀研究。程氏言圖像學大抵謂比較圖像學，乃葉舒憲文學研究途徑之一。葉先生曾傍比較文化為文化人類學之類比，稱呼圖像為非文字文本。他倡言，跨文化的圖像資料堪為人文學科研究之「第四重證據」，謀求解決語言貧乏、書寫的侷限致盲的問題，以達

「生動而直觀的洞見」〔註 209〕。程氏倡言顯藝檢而弱史檢。葉舒憲「語言貧乏」說來自域外文字存記狀況不清。但不得用於諸夏與中國史檢，殷墟文字、明以前韻書無不存證語言豐富。而程氏用葉氏論於「彩陶」研究，可謂盲矣。

（4）伍弱文黑衣壯傳人面魚圖舊教說

伍弱文說乃半坡人面魚圖辨識之民族志佐證之一。作者述廣西黑衣壯風物詳實。雖局部表述不清，此瑕無礙古俗傳承之檢。檢前各說，言「人面形」花紋者皆祖石興邦《新石器時代村落遺址的發現——西安半坡》。伍弱文言，此圖五官部分近似人面的形象。此言基於預認定此圖乃人面圖。此說迄今仍籠罩半坡、姜寨、龍崗寺等地貌似紋樣認知。伍弱文言花王聖母功業，值得檢討。花王聖母部何以削跡，遠遁廣西，其動遷或蘊藏用魚或用魚圖諸部史前信息。此問或許未來成為重題。

（5）付維鴿人面魚紋新月說

付維鴿言人面魚紋白色圖案，此言不塙。器表無黑色者乃地色，即瓦器赤色。付氏言圖表現新月，為初二到初七日，0°到 90°，不詳 0°到 90°謂何度數。推測作者欲言月自西天在月初相對地球運轉，迄初七，行迄東天，行度約 90°。付氏言穆罕默德以新月能代表新生力量，故被崇尚。此說乃伊斯蘭教信眾之不求甚解者之言，此等信眾未必知穆罕默德貴月圖本意。世人雖知，伊斯蘭教堂穹頂設新月狀，但不曾問：穆罕穆德真不知教眾晝禮拜乎？穆罕默德真不知，晝不能見新月乎？晝既不得見新月，信眾禮拜新月於晝，或信眾蠢，或穆罕默德隱秘其事而不宣。故此，付氏之言，俗回回之言也。

4）幾何圖案四種附對稱與半坡割圓廟底溝割球及狄宛仰韶魚圖演變五階與鳥紋演變說等

（1）代欽幾何圖案四種及其對稱四種說

代先生述事顯題清朗：第一，代氏言構圖元素，一曰點題功綴，二曰線題之功，三曰線形而題，四曰圓題。既俱畫匠點藝論，又俱平面幾何學線形觀。言所見而不言圖與圖義。第二，代氏括略圖形之等：一曰軸對稱圖形。二曰央對稱圖形。三曰全對稱圖形。四曰旋轉變換圖形。第三，代氏刪去對稱故求，旋圖之故。第四，代氏論器構云：器構用足三謀其穩置。代氏論彩繪占器表與器表面比例。此說含器藝與器體義之題。代氏不曾知。

〔註 209〕葉舒憲：《第四重證據：比較圖像學的視覺說服力——以貓頭鷹象徵的跨文化解讀為例》，《文學評論》，2006 年第 5 期。

（2）錢志強半坡人面魚紋盆沿圓面及廟底溝球體分割說

錢志強既聯中原仰韶文化彩陶割圓術於伏羲女媧開天闢地之器——規矩，以「人面魚紋」盆口沿「符號」割界，與見均分圓周及圖樣布局。聯平面割圓術於伏羲氏等，恐屬無稽。言伏羲氏生存時代不清，難使人必思半坡文明早期。錢氏言，半坡期彩陶紋飾多在盆口沿及內腹。但問：盆內腹非似截球腹乎？

錢氏察覺，《郊特牲》陶匏即陶葫蘆，以此器祭祀天地、神仙。此說是，錢氏漏檢其源。錢氏別半坡彩陶割術、廟底溝陶割術為平面圓分割、球體分割。以為廟底溝彩陶口沿割圓法分割瓦器外腹，S 斜線為紋飾骨架，在後世影響了馬家窯文化彩陶，此說難證。錢氏依八分說察大汶口遺存扁球狀瓦缽。錢氏又援《說卦傳》「乾為天，為圜」。考其韻讀，以為由此知古人言天體宇宙是旋轉圓形。此斷韻證不足，亦缺物往返動止之考。錢氏依此說釋大溪文化球體外以錐刺三角等分陶球，察見「米」字為骨架。他言大溪文化這種發達的數學與幾何學知識與分割球技巧來自半坡分割術。此說不盡是。錢氏未檢器藝分割術之源。

（3）邵耀峰狄宛第二期彩陶魚紋演變五階說

邵耀峰言盆形器大，容生魚多，故盆面繪魚圖。此言本於郎樹德說。此說不足在於，小魚大魚俱是魚。繪小魚圖仍為魚圖。而論者不言此同，可謂不識圖繪於大器外壁之故。邵氏以魚體俯視說魚圖，仍不能解詰：魚腹圖內凹，此不似象生魚圖。邵氏言演變第二階，三角紋出現。邵氏不察，狄宛第二期第 I 段地層起出器圖也見三角狀。三角圖何以出現，邵氏也不曾檢。邵氏未釋第三階變動之故。言魚紋演變第五階，怎見得其狀係尾鰭？為何僅見黑圓點，而無地色？邵氏援郎樹德說，謂魚體畫摹寫魚狀，此言或是但不必是，故在郎氏不曾細檢瓦器與瓦面施曳膏汁所際。瓦器為物，瓦面施曳膏汁乃畫。畫所不被細察。論者頻言魚圖如何逼真，乃冀魚而見魚，擬魚而暢想魚在之念。如此作為，非屬罕見。我命之曰念賦代考。此途徑即考證前，先賦予某畫作某流行易傳之念頭，而此念頭非出自艱辛考證而得之念，穿梭文字，以彰取悅讀者之能，並攀附於某股議論勢力。此作為遠遜於考見。見圖擬魚者，非郎樹德或邵耀峰，而是西安半坡遺址發掘組。彼時，以其罕見，掘理者初識，讀者從此識見而信之，屬學術心理之初見初說——讀者識讀之階。但於多年掘理而頻見其儔，必宜反省舊說。但邵氏如其他魚圖者論者，知狄宛第二期昔聖承用圜底器，而以察諸圖與所，察構圖即謂魚紋狀貌與所際。其檢域寬泛而輕忽細部色狀參差，又不檢諸狀本源。於檢者，參差細部非聯而不能全貌，畫貌之全非細檢不能得真。

（4）朱乃誠鳥紋演變研究

比較泉護村似鳥畫，廟底溝殘片圖所謂鳥圖，即圖二四四，1，MDG：10，見泉護村遺址起出瓦畫類禽。但大禹渡瓦片 HB25：40 不似禽畫。臨潼鄧家莊所謂陽文鳥繪殘部根本不似禽狀。朱先生以為，宮家川器面圖見似鳥首非似鳥首圖並列。他以為鳥尾部飾以圓點。以此說，他將圖視為成圖，有鳥尾鳥首，此說難通。他又以為，此圖畫匠畫技不精，乃廟底溝類型陰文鳥紋原始圖案。檢廟底溝類型彩陶陽文鳥紋之源，以為最早者係泉護村遺址第一期第 I 段器器樣 H165：402 彩繪。我檢此二者圖差甚大。今給正寧縣周家鎮宮家川外壁繪圖盆器樣 ZNGJC：01，以便比較，器圖拓於後。

圖二五四　正寧縣周家鎮宮家川盆彩繪

我檢泉護村 H165：402 曾被安立華檢識為金烏負日圖，安先生曾檢漢畫像「金烏負日」圖源，援泉護村此件瓦圖，他以為此圖乃「較寫實形象」的金烏負日圖。鳥呈側飛狀，太陽與飛鳥有一定距離，他以此圖屬廟底溝型太陽與鳥結合的陶紋〔註 210〕。袁廣闊徑言「華縣泉護村 H165 出土的金烏負日圖」〔註 211〕。此外，程金城曾檢此器紋樣，未察見鳥紋，而察見「勾

〔註 210〕安立華：《漢畫像「金烏負日」圖像探源》，《東南文化》1992 年 Z1 期。

〔註 211〕袁廣闊：《仰韶文化的一幅「金烏負日」圖賞析》，《中原文物》2001 年第 6 期。

聯回紋」〔註 212〕。安氏、袁氏雖俱不曾檢「烏」何由出，但勘識可採。其說或資啟發，或資敵解，或堪效從。而朱氏無取。程氏言雖不著細部，但言 ZNGJC：01 表面「勾聯回」紋，指黑色線行向與返行。上述三論，朱氏一無鑒採。此乃罔顧。而漢畫像石乃神翟圖，狀或難別於鳳圖。經籍言「金烏」之「烏」乃烏鸛，其負丸狀物乃日。日發光似流金，在金屬冶煉出現後，「金」用於附注「烏負日」。《祖述之一》已考遠古烏（翟）崇尚，此處不重冗言。又檢 ZNGJC：01 圖去 H165：402 圖甚遠，不可類比。

朱氏言北首嶺 M52：（1）圖乃「魚鷹捕魚圖」，何以證魚？豈不見此圖地色塊狀頗似紅山文化那斯臺遺址所謂「麟紋」地色塊狀？勘讀朱氏文，我似重見張朋川論廟底溝鳥紋演變圖說（《圖譜》第 157 頁～第 161 頁）。張氏、朱氏俱不檢鳥紋之鳥頭或鳥目如何起源。朱氏言圖二四五，5，H21：32，「形態異樣」。知其異，則當別類。睹不同，而為同識，是謂眨目。

（5）王仁湘彩陶文化新論

王仁湘言，半坡人截斷了三足器傳統。此說非是。早期半坡必曾用截球三足瓦盂。證據：掘理者石興邦等起出「鼎類」，殘破口腹部兩件，與三件同樣器足。一件口腹可復原，三足圜底器，器樣 P.1296（《西安半坡》第 130 頁，圖一〇五）。半坡文明早期曾用三足瓦器，此證頻用三足器之狄宛、白家村文明密聯半坡文明。基於前考，得知三足器既往曾用於半坡，後不再用。宜問：半坡人為何捨棄三足圜底器？在曾用與不用間，何事致其捨棄三足器？

（6）彩陶藝術遊戲精神說

張凌千等言，原始彩陶紋飾不僅是「符號圖案」，更是藝術家內心思想情感的表達。「是」、「更是」含兩斷疑。張氏用兩名，其函納俱不清。兩名之一，「符號圖案」。此名函納寬泛，符號、圖案乃兩類物名。僅符號一名，足以障礙訓詁。其二，「內心思想感情的表達」，亦是雜名，不便學術。去「內心」二字，猶存「思想」、「感情」。以「想」為欲，情乃其象。以感為官覺之能，則思乃官覺之昇華。張氏不察，流俗之言用於藝能檢論，最可懼者不在於諸言函雜，而在於難行細檢。能為細檢者，唯先秦賢哲、西方哲人（無論古今）。至於瓦器寄圖檢論，非細檢不可。串行俗言，而不事訓詁，必導學術於非道非術非格舉動。我不贊焉。

〔註 212〕程金城：《中國彩陶藝術論》，甘肅人民美術出版社，2008 年，第 182 頁。

附此，蘆珊為「點藝術」說。蘆氏依畫技檢討「點」於構圖之功，固無謬。檢蘆氏題域，得知蘆氏貴彩陶圖像生成，但不檢圖像表義。其言類屬畫技檢，而非圖體檢或圖體釋。

（7）李林賢彩陶紋飾日影說

李林賢言圖二五〇，1，T340③：52，係三個圖影，各代表了太陽表影三個臨界點。夏至日是日中表影最短之日，冬至日日影最長。二分日表影橫向（東西）直線運行之日。於是，有了三圖組合。此說堪從，但狄宛第二期三角地色圖甚突兀，似屬無源圖樣。

檢圖二五〇，7，H302：5，為何有縱向為圖而橫陣？為何見黑色弧圖以黑圓點而連，似香蕉狀？李氏言地平日晷，此說可從，但無旁證。我曾考姜寨遺址葬闕 M205 第一層顱 18 東北嚮用骨圭，（《祖述之二》第 589 頁～第 595 頁）。此骨圭即地平日圭。可注釋、補足李氏此說。李氏推測隸定字圭之甲骨文源非是，其說不被甲骨文佐證。

李氏言束腰四邊形來自圖 A、圖 B、圖 C 中初線與初線、末線與末線的頂點分別相連，構成一個類似大骨頭的束腰四邊形。檢此辨識草率。李氏不能並釋此狀側面截球狀地色。檢李氏言狄宛第二期赤道日晷測影。但未見盤狀器。狄宛第二期地層起出磨邊瓦片 11 件，譬如，器樣 F202：20 乃細泥瓦片，素面磨光，裏面兩端有使用磨痕。器樣 T710②：1，素面磨光，兩瓦片俱橢圓狀，磨邊。但諸瓦片面無勒刻。

李氏釋 TG30O：1 云「白色橢圓」，乃不實之言。此處構圖依二色，磚色地色，黑色膏汁畫面。李氏說不足以通釋圖樣，豆芽狀圖樣未被李氏珍視。李氏言圭表立杆的表影在二分日是三角形，H6：1 圖上下兩個陰陽三角形組成的菱形，這種黑白變換發生在二分日。此說可信。

李氏言 QD0：19 係赤道日晷，於圖源無考，故不可從。他言斜 S 狀雙線，但他不察此雙線間存在紋樣。S 狀來自狄宛第一期乙教。李氏論圖二五一，8，H846：3，僅述構圖與外廓，未顧雙線端反向旋內見圓圈納黑圓心，未顧雙線夾地色似月狀構圖，此即失察。

李氏言，狄宛魚紋樣式呆板寡變告繪製者某種信仰，此說可從。他言泉護村 H1052：01，圖二五二，5，鳥脖為起點大三撇，檢見二弧線向左上揚起，連算「頸」，可算三撇，但此算將喪寄託。尾部三線條走向之故不清。李氏言北首嶺壺 M52：（1）「魚形紋飾」也是表影的陳述方法。此辨識不塙。李氏言

「船形壺」之名非是，以二故而否舊名。其言精當。另檢 M98：(3) 無刻度。而狄宛第二期存在刻度骨匕暨骨刀，器樣三件：F215：25、F305：49、F360：9（《發掘報告》上冊，第 237 頁）。狄宛既存刻度效器，不必以瓦器色斑為刻度。勒刻刻度較之色斑刻度耐久。故李氏諸言無據。

李氏設擬北首嶺 M98：(3) 圖形為晷影，言網狀結構上下六個節點，表示表影變化區域。能細分一側晷面為 12 時段。此說貌似可通，但刻度說無基。李氏不曾顧蔣書慶識見七枚三角謂「七日來復」之論。李氏言，魚尾是標準的二至日日影圖；它的游動能夠表達太陽在南北回歸線之間游移。此說可從，但李氏未能饋給赤道走向。無赤道走向而言南北回歸線，言必不密。李氏從舊說言 P.4691 間葬器童嬰靈魂回歸、還陽說，俱難佐證。倘認可還陽說，李氏言失察：器口沿諸圖雖見兩種，但每種四所。四所同種圖間連線根本不直。平面辨向，端線相敵而不直，則不能返回。於故去者，無返即不還陽。況且，沿面無一圖紋似豬下頜骨。李氏不曾顧及，盆旋轉即謂方向旋轉。旋轉即謂不能擔保方向恒定。方向既非恒定，八經卦配「方位」即謬。諸問顯李氏說失據。

李氏言，P.4691 圖紋特點在於，設擬小孩從下部能夠完全看到收腰三角形全圖。檢間葬器不納小孩，而納幼童骨殖。與其設擬骨殖看見「收腰三角形」，不如言盆內美圖扣合甕或罐在陰而晝不得睹。此間葬闕入地，故非地上鑒察之物，或可曰：陰察之物，又即夜察之物。無論怎樣檢討，設擬「小孩」全見收腰三角形不外虛妄。如圖二五三，2 下，李氏云「耳朵的黑影」，此說基於李氏改《西安半坡》圖版壹壹肆，器樣 P.4691 圖之似臉圓盤左右幾何狀似魚圖。本圖係地色，無三角黑色，李氏改致黑色。

四、壹世紀已來瓦器畫舊見礙檢致是

（一）謬散舊見礙檢致是略舉

1. 掘理者謬識或謬見及散識或散見略舉

1）謬識或謬見

（1）細謬

李濟言「鐵十字」說出自察看得見對比色構圖似歐美某種金屬十字狀徽章。以瓦擬鋼鐵，非是。以地色擬金屬徽章虛空四隅亦非是。邠縣下孟遺存掘理者言，圖二九，3，BXXMC：13，單線條繪成雞尾狀紋飾。此見遠去黑線粗細、及其曲行方向。清水河白泥窯子殘紋（圖三三）被視為花草紋，掘理者罔顧地色弧邊間尚存丸狀黑色塊。

袁復禮之謬出自改字，或改而後增字。改則易本，增則加物。譬如，安特生言 curved bands，袁復禮譯「曲線帶」。細察英文得知，安特生墒言「諸曲帶」，但袁氏加「線」，去「諸」。安特生「諸」字告「眾」，袁復禮去「眾」。安特生不言線，袁復禮增線。線、帶乃二物。於彼時，此謬乃細謬，但被掘理者承用而不再省察，此致域內早期掘理者混淆線、帶之界，又給畫藝檢者存留線檢之域。

（2）宏謬

安特生持「器飾」說，此乃謬見。袁氏譯出無誤。安特生言 patterns of painting，謂「畫作諸狀效」袁復禮譯「花紋」。檢英文 painting 可兩義：a product of painting, the art or occupation of painting。前者即畫作，後者即畫藝或畫匠。原文無「花」、無「紋」。此謬乃袁復禮習英文不精導致〔註 213〕。此謬竟致中國考古學於諸夏畫作之檢在一世紀內夜遊。晚近，仍有人附議「紋」說。譬如，子仁檢「紋」字源自梁朝，援《玉篇》云：「紋，音文，綾紋也」。子仁知紋「與絲綢織造有關」。又援《隋書列傳第四十六・東夷》」（流求國）「婦人以羅紋白布為帽」〔註 214〕。子仁不察，羅紋者，羅格之狀，但寄於織物，而畫寄於瓦器。織物之於瓦面豈可類同？瓦器為古，白布當時，豈可類比？又檢色膏濡澤為汁以塗抹而成圖畫，織物以經緯相交為文。布料柔軟可形，但圜底器乃截球之半，豈可等同？子仁作為，堪命曰混淆寄所。

中國考古界言彩陶，其指蘊藏貴工料貴瓦器之義。貴料則察料質，貴瓦器則細察器成之巧。唯古畫匠之畫旨以是而暗淡，隨「考古」者如此階別而隱沒。

此後，夏鼐又言，「十種花紋」折散成橫線、垂直線、曲線、寬條、圓點或三角，即能在河南仰韶彩陶中找出類似例子。但這些「簡單個形」太普通，夏鼐以為，採用幾何圖案，恐能在世界任何地方都能見此等簡單個形代表。於此，夏鼐以為「個形」用幾何圖案而普通。由此，幾何圖案以無特點之故被

〔註 213〕域外人識見畫作，譯者謬譯。考古格學人競屬譯文為「典範」。兩文名義懸殊而不被嫌疑，可見中國封閉識見之慘烈。中國學人依此無由咎責西方學人。無論此狀質在學者自我嬌慣還是安享讀者嬌慣，我辨此等學術類在「康樂」學術。

〔註 214〕子仁：《中國古陶瓷紋飾發展史導論（上）》，《美術觀察》2009 年第 3 期。

逐出檢域。此差池引發中國考古格盡步左道，無力抵近昔聖功業。

元君廟遺址掘理者由幾何形圖案推測，元君廟古人知曉術算「十」數。此說屬宏謬，故在掘理者將昔聖數理之力草率聯於目睹器表色塊數，而且以為此物乃孤器，不求旁證。自元君廟仰韶墓地掘理迄今，仍未見一人敵解此說。如此，可見謬為推測發揮之誘導力宏大。

《西安半坡》掘錄章題瓦器面紋樣重述安特生裝飾說。掘理者以「意識形態」統類藝術、樂器、裝飾品、器面勒刻、葬埋制度與習俗。掘理者以諸名使器畫喪失格檢之必，以其功在美化故也。並使「意識形態」烙志掘理，譬如以貧富之別篩去星曆與察象之類精微。

2）散識或散見未及反省

（1）畫識讓位於紋識

安特生見仰韶村瓦面畫作，此是。安特生識見「三角」，乃三角紋說先聲。李濟言「格子」說乃網格紋先聲。李濟言「月形」乃月狀或月相說之源。半坡遺址 1955 年掘理者言，起出瓦片有「谷葉紋」，此為識見之紋見。唐河茅草寺遺址掘理者識見圖三六，3 殘器「禾葉紋」，也係紋識。李濟之後，用某紋表達識見，變成潮流。

（2）去畫識貴紋識乏反省致畫義隱遁

安特生雖知仰韶村遺存瓦器畫作出自畫匠之手，但《中華遠古之文化》納商周器狀、仰韶村瓦器畫作之際尚存物形關聯之斷代。缺此階梯，他未能考證畫作以顯畫義，乃情理必然。

李濟學於域外，驗其學於夏縣西陰村遺存掘理，但用名仍從「紋」「飾」之類，不曾疑心袁復禮譯文，不曾細討原文底義。彼時葬闕掘理者未見更早地層遺存，「挖掘歷史」之念尚未步入文明連續鑒證之階。掘理者忙於發掘與梳理，可謂無暇深思。掘理遺跡物類未盡，可謂物料未全。李氏等無緣窺測畫義，來自積累不足與時機未臨，不可謂檢者不力。

2. 檢者謬識或謬見鑒識之途

1）檢者散識或散見勘審之途

（1）畫識基於象辨

谷聞認為，察圖者兼察器。此言宜視為察圖者宜察圖樣寄器，如此能得圖樣體識。錢志強言半坡時代古人能米字分割圓周，張朋川言鳥紋尾部雙翅上翹，屬烏鵲類鳥，俱屬畫見。而袁廣闊言，姜寨第二期 ZHT5M76：8 器魚圖代表女性生殖器，花蕾圖案為男性生殖器圖，由此而導出生殖崇拜。如此圖樣佐證半坡類型魚紋逸亡。袁氏言魚為女性生殖器之說雖謬，但檢見器圖含男性生殖器圖，此識見乃畫識。

（2）畫義之見基於圖辨與圖釋

熊寥言食魚者不得被視為敬畏魚類者，拆除了李澤厚彩陶魚紋「寫實」向「抽象」演化說檯面，基於此說之圖騰說喪失踐足之所。王宜濤檢見魚崇尚之源在尚蛙，猜見昔聖知人乃兩棲動物而求索人種之本在變態而來。他饋給掘理證據。蔣書慶言北首嶺 M98：(3)「船形壺」模擬半月狀。龔曼為「日與烏」說。錢志強察覺《郊特牲》陶匏即陶葫蘆。李林賢言「船形壺」之名非是，以二故而否舊名。其言精當。李氏言，魚尾是標準的二至日日影圖，其游動能夠表達太陽在南北回歸線之間游移。此說雖缺赤道圖佐證，但可體釋以補。

2）細謬宏謬之界

（1）細謬以謬見一端為兆

論說之細謬者，非謬在思向彎曲，非謬在檢端謬擇，非謬在附勢而自知得勢者既為宏謬以害體釋。細謬者，某一謬識出自不曾細察器樣，或雖細察器樣而誤識一器樣或寄器圖樣表義。譬如蔣書慶以「七日來復」釋北首嶺 M98：(3) 面羅格圖兩端七個小三角表義。或如蔣氏謬察狄宛第二期以降瓦器某種殊三角為織女星圖。

而猜測致謬或猜測固謬不得視如細謬，更難以視如宏謬。猜測或為徒猜，或為猜見，或為猜見而考猜見。此等用心能導向精審，係塙當識見之初態。

（2）宏謬以害體為兆

宏謬者，檢者某識謬在敗壞器樣認知，敗壞一器樣聯它器樣表義之能，敗壞一器樣聯某遺跡表義之能，或假途敗壞一遺跡表義之能而致其納器表義混沌。宏謬也能現身為招人矚目之意識形態表白，而導引它檢者廢棄開闢之念，正念之試，體釋之試。無論宏謬以何模樣現身，其害旨必在體識，必在由體識而致體釋。

前檢種種「大題」之設俱能致宏謬，而宏謬於世俗檢者最大誘導力在於，使其罔顧事為而以團結成勢為事。團結者與附團者以其勢力頻敗靜思省檢者貫坐體察之力。廣義宏謬既納掘理者之謬，也納純檢者之謬。頻見此二等人合力，故在掘理者以無暇深思、細檢而仰仗檢者新見。無論怎樣察看宏謬之源，論者初衷仍宜屬係檢者嘗試謨是。

3）細謬宏謬之例

（1）細謬

肖兵將人面畫釋為人頭，此乃換志。更換物兆謂之換志。嚴文明命圖二八，下，器樣 M52：（1）圖，用水鳥銜魚之名。李昌韜舉圖六紋樣，以為暈珥紋。何努言，北首嶺 M52：（1）細頸瓶上畫一條被銜住的長筒形體魚，形似鯰魚。蔣書慶言，M98：（3）網圖側三角兩組各七，而七聯《復卦》「七日來復」之「週期律」。蔣書慶以三角畫孤證而論織女星為北極星。張潮檢論半坡 P.4666 見 100 格。

諸說俱係細謬。細謬之盡謬者如肖兵謬見。細謬之能啟發者，嚴氏、李氏、蔣氏、張氏諸述論。凡能啟發後學之細謬，初俱出自首見者心血。細謬之盡謬者，出自首見者不檢重題，不試己能，不敢敵解曾視曾聞曾信。

（2）宏謬

辛夷以為，半坡遺址彩陶盆（P.4666）內壁位於所謂「人面紋」兩側似「漁網圖」宜名罾，似今日弔網，不是拋網。他以為，此等漁網被半坡人發明。此圖係中國最早漁網圖。我屬此謬於宏謬，故在此說導他人識見之力於生產力或生產方式認知。我不否認生產乃生存之基，但更貴重認知於生產動止之指導力。無知之勞非謂生產，以時之勞謂之勞，以時之歇謂之養，知補之當者謂之壯。昔聖豈不知哉！

趙國華為男根、女陰崇拜說，謀證生殖崇拜說。李仰松為人面形圖案嬰首圖暨分娩巫術。諸謬無不誘導器畫檢討者以心念之寄為檢討之旨。言此寄心者無一人清言鬼神名源，巫術發生之時代。檢考古學文獻，頻見此等崇拜說，此乃宏謬之證。錢志強別半坡彩陶割術、廟底溝陶割術為平面圓分割、球體分割。此乃宏謬，故在錢氏躍過半球器表義之基。錢氏此別使中國昔聖天球認知與黃道認知發生之時延遲數百年。

葉玉梅言瓦器紋樣精神內質在於四種崇拜：自然、動物與植物、社稷崇拜與母神崇拜。此宏論以每細部名指寬泛而給塙題。凡見檢題宏大而不塙指，猶如攫人心神之巨獸，徒增讀者恐懼，又使其不睹一確實之言。我檢宏謬之害尤烈，能損人心智、能殘人膽魄、能導人自殘腦力、能使檢者自絕其途。

（二）畫作圖像是討諸困枚舉與畫義謨是新途

1. 不器

1）貴飾

（1）妄美

妄美者，不知何以美而美也。或不知昔聖為器為圖之故，而以內涵不清諸名謂而混沌讀者意念，謀求秩序之外美感。壹世紀掘理者暨檢者識見饋給足數事例，使我察知，學人裝飾說、美術說、畫技說、或得意忘形說，無不流向妄美之域。

較之莫名而美一器一圖一畫作為，言魚紋者雖試言美，終不能告何以美。自半坡遺址掘理迄今，言陳、畫顯器畫之美者不勝枚舉。倘言，半坡魚圖之美以魚圖顯魚目、魚鰭、魚尾，乃真魚圖（紋）也。此等魚圖以真為美源。泉護村鳥紋，以鳥有翼、有足、有喙而真，以真為美源。睹者見其真而樂陶陶。此蓋審美而樂之類。

我檢諸說出自想當然耳。即使論者不曾設擬昔聖邑人目視諸圖官覺，乃至心覺促迫抑或安適，論者仍能驗證其猜測唯足以為猜測，恒不能致猜見乃至察見。今使嬰幼睹半坡「寫實」魚圖，童子不忍久視，旋即嚎啕而哭或面露恐懼欲遠遁。悅目云云，俱屬妄言。妄言者，附和者，團結者，俱以其妄而遠是。

妄美別例在於，檢者目不別圖畫之肖，故無以及知圖告。欲識肖而知告，宜察肖皃與非肖、肖大物與肖小物、肖生物與肖植物、肖動物與肖靜物。迄今檢者論肖而難證其論，言圖畫之義而不能饋圖何以告。

（2）奪器

奪器者，檢者或掘理者擇取起出瓦器一部而以為器，或以為成器。罔顧起出器殘部，儘管殘部存勒刻、某狀膏汁或殘部形殊。如此，一地瓦器面圖畫儘管多樣，但堪為器樣者寡。器樣眾而今以誤奪而寡，器樣圖畫本眾而誤奪變寡，器樣尚存圖畫義聯逸出視域。

如此，器圖畫表義以檢者奪器不能復現，一地器形義、器圖畫義、器聯遺跡義淪喪。倘檢中國掘理之頻、耗財靡費之巨、投入勞力之眾，域外絕無其匹，此狀況能與考證之力貧乏形致強光、冥暗色差。

2）害知

（1）賤目並貴耳

賤目計三端：一曰不用目或不能用目。二曰雖用目而不信目視。三曰不貴己目而信他人言目視。檢器圖器畫者，凡賤目，無論屬前舉何者，俱為不自視、不自察、不省察之言。而此等檢者眾，其能恃者，唯聞言而從也。檢讀文獻，不察而信，其類在聞言而從。

讀考古著作，頻見作者援用域外某某如是言，罕見細檢譯者文字。而敵解譯者文字之論，益罕見也。如此，賤己目必致目視者非古器，而似域外人稔熟之器。昔聖之器，猶中國俗世一途用器，即捨即廢，無恒久之義。如此臨瓦器圖畫，檢者營作終於慘淡寡味，不足怪也。

（2）必斯而寡問

狄宛遺存掘理前後，掘理者掘理一地遺存，見一地一器或見一地一葬闕必曰此地類型遺存、此地類型器、此地類型葬闕。倘聯繫「文化」類名，掘理者不遺餘力，使它地器物、它地葬闕、它地曆闕與屬此地「文化」。此二事之證在「半坡類型」、「仰韶文化」。此際矛盾昭然。掘理之隨機固難避免，本當周密之命類竟隕落墜於「必斯」之羅。

我檢如此牴牾背後，恒存寡問之陋習。寡問背後，必藏不尚問、不許問、敵視問、敵視討論之惡習。此惡習背後，必存碩勢為論者凌霸之風。凡真心檢討者宜早知此態，以恒久之心力與體力敵抗之。

2. 無格

1）失所及失所向

（1）失遺跡置向之所乃至失遺跡與向之所

遺跡去向之所：昔聖形土為曆闕或葬闕或營窟，必曾首向某所，必曾此向而動土施工。向一方必謂去反向。譬如，狄宛遺址第一期、西山坪遺址狄宛期、原子頭遺址第一期、白家村遺址早期，掘理者凡目視曆闕口橢圓或圓，宜依形土工程察知昔聖曾先定所。以此等遺跡為圓、橢圓而跡昔聖去向，使此遺跡俱圓轉之狀。以葬闕言，遺跡固在其所，骨殖亦在其所，倘不檢去向，難見葬闕納物「所、向」之聯，難得昔聖去所向之陳設。此蓋昔聖去所向之例。

凡發葬闕，必曝露骨殖以及隨葬器。器、骨之所固在，而器骨朝向出自葬埋者賦予。如此掘理者必面臨諸物諸所，而諸物曾被昔聖與向。此蓋與向之所。凡考葬闕者，宜知此二者。檢者不知此二者，其檢論俱屬失所、失所向之言。如此之言必喪昔聖面向與背向，心向與將去之念。遺跡存留昔聖篩濾之果必淪喪也。

（2）失範土效的之所

凡範土為器乃至成器，昔聖無不覓效而從效。從效而貴初成。效狀乃多地多人與知之狀，故初成之器以此廣域被與知而廣布。儘管邑異所，人異所，謀生於異所，但器狀貌似。認可前說，即謂承認昔聖範土欲效者為其旨的（都歷切）。如此，昔聖必曾目視效的而範土效的。

檢中國考古者或史考者，無不言器，無不言器狀，無不言多遺址器貌似。但捫心自省，迄今曾跡昔聖效的之一乎？

凡言昔聖目視效的，即謂此效的必曾在某所。曾在者，昔聖曾察也。昔聖曾察非檢者今察，時異也。但可否以時異而論斷昔聖曾見，今不再現？既不得言是，也不得言否。如此，檢者宜遍檢迄今掘理而跡昔聖效的之所。域內考古或史檢者不曾得此等信息，故在舊學不便檢者盡失跡所之力。

2）失時

（1）失昔物時義

效的曾在，唯成器便於滿足效的承用者之欲，此言於眾庶似無謂，但於昔聖必含珍謂。一則昔聖暫識效的於某所，此人能暫志（記）此效的。昔聖知此效的倘不以器狀存，此效的將亡。故範土為器者，必曾目睹此效。此效的曾在，必是器成之前階。昔聖乃人祖，為人之生物俱難久記前事，慮久存此效的及其含義，昔聖必速成某器。在目視效的、成器之際，可容許流逝之光陰不久，此時段以成年人記憶力為界。前時界、成器時界之和，可算為器藝時段。此時段以範土合度、焙燒、或加彩繪而得。

倘使成器便用，昔聖日每忙於狩獵或採集，不必操心器物模樣革新。但昔聖如今人，憂懼不絕，隨視而睹異象。倘覓得某異象與某生存狀況之故——後密聯，必先口傳此事。倘有心昔聖察見異象，必精心器藝，以為異象之志。於後世，此成器必含時義。倘一檢者知曉其唯一，必嘗試溯跡其時義。倘昧於此義，則貴其質地或花色。

凡此種種，皆「微觀」之學，考古界今日醉心於遺跡、器物「分期」，而為考古格重題，此舉乃宏題滅細題之類。其類在失昔物時義。

（2）失遺跡時義

一地層遺跡蘊藏文明以地層深淺而得久暫之別。諸地層依層別而得前後之定。一地層遺物喪失直證之力，則此地層喪失直證之力。一遺存上、間、下三層俱失直證之力，言此地文明久遠如何之論皆屬失證。自西陰村遺存、廟底溝遺存、半坡遺存，考古與史檢者曾否饋給一幅地層直證？倘不曾給一地一地層文明可溯及年數直證，即謂史考者遍失此遺跡時義。倘目睹中國考古者不曾言一遺跡年齡直證，即謂盡喪此遺址時義。

倘淳樸諸學人認可前說，宜思地層年久數給定之事該當如何直證。依我淺見，遺跡時義之求，必恃昔聖曆為考證。曆為考證，乃文明底義揭露之坦途。

（3）失昔聖曆為之義

迄今，考古或史檢者凡言遺存屬年，無不仰仗碳十四檢測遺物年齡。樹輪校正年齡能為參照。但不見一遺跡遺物自為物證。畢竟，此等遺物表證之力甚勁。此所謂直證優於間證。考古與史檢者迄今不能饋給直證，何故？

我依狄宛第一期以降遺跡星曆考證給故：史檢者依舊學無力檢討遺跡歷證，多出自遺跡自在之念。掘理者輕忽遺跡背後曾生存昔聖。昔聖自為曆志、自為曆圖、自為星圖、嗣承先輩曆為而增新見曆圖。考古與史檢者失時之弊，必與為失昔聖功業之弊。

3）失名

（1）捩類並於無類

捩類者，給名者以其命指而彎折遺跡、器屬、圖畫直義也。其證：以彩陶命瓦面圖畫。曆志地穴被命為土穴或灰坑。曆志葬闕被命為墓葬。曆志營窟被命為房址。半坡遺址瓦面圖畫被命曰象生性紋飾、或得名幾何圖案花紋。瓦器形異固被掘理者察見，但瓦器形源，迄今為謎。掘理者不曾覓得類名，檢者亦不曾覓得類名，其故或在類名不記於經籍，或在於檢者檢讀不力，或在於經籍檢讀不體。

捩類而命，不獨使讀者從而捩類，益使掘理者以格學而養成系統自覺之心性，久則敵抗異見。中國考古格之敗落，其故多端，而捩類必占大面。捩類背後，必存格知之狹、格知之寡、格知不聯。

捩類之證，二者足矣。第一，彩陶。第二，刻符。彩陶名失類，前已考述，今不贅言。刻符之名頻見於考古文獻。

檢石興邦先生曾用「符記」，而「記」字恰當。他言：「在採集的陶片中，有一塊彩陶缽口部的殘片，在著彩的部分，刻了一個很整齊的『符記』（圖版拾，2）。這個『符記』，先刻中間一豎劃，然後在每邊各刻三道平行的横劃」。「在甘肅半山馬廠的隨葬陶器上，也發現了很多畫上去的符記，而這一片卻是刻的」。前見第 3 處「符記」後有尾注〔2〕。依文末給引，知此名出自巴爾姆格倫著作〔註 215〕《半山馬廠隨葬陶器》（第一冊註第 19）。又檢「符記」二字本於傅斯年等人 30 十年代城子崖掘錄用字「記號」。王志俊於 80 年代用「刻畫符號」〔註 216〕。吳詩池檢漢字起源，用「刻符」〔註 217〕。

我檢「記號」、「符記」、「刻畫符號」、「刻符」四者，唯「記」字詳實，「刻」字倘用於器面勒刻，則是。如此，「刻符」二字僅四分之一敷用——倘用比例算法可檢命指義密。細檢諸名，唯刻記或畫記可用。而刻記必係勒記。

至於袁復禮曾譯 specimen 為「標本」，如今掘錄盡用此名，讀者是之。豈不知夏鼐曾用「個形」譯指。檢夏鼐用「個」字無誤，而「形」字之用欠妥。形納三義：一曰自然物狀模樣，即狀。二曰磨礪而賦狀於物。三曰用於磨礪器面之器。狄宛第二期瓦器之消息器被發掘者命「陶銼」，銼係後世名，其本名「硎」，如《養生主》庖丁言。利刃發於硎者，硎乃磨礪器面之器也。袁復禮譯「標本」，倘照以英文，既無「標」也無「本」義指。如此，兩字俱不清指。而夏鼐用「形」字義近「狀」。我改用「器樣」替代標本。我以為，亦可用「個樣」指掘理者初見器狀。

（2）斯命與混指致檢題失繼

寶雞鬥雞臺遺址發掘者命「甕棺葬」出自猝命。猝命又即斯命，睹某一孤見之器或孤見之圖而給名。檢上世紀五十年代，鬥雞臺遺址、半坡遺址、商縣紫荊遺址起出納童嬰骨殖之二器扣合，每一納骨殖之扣合二器無一為甕，此乃顯證。

混指者，以字本義、引申義不別而混指二物。譬如，安特生曾言某種赤窄帶乃服裝附著物，用於背負重物。其質地韌而不易鬆弛。譬如，figure 12. grey vessel with red marginal belt（p.53）。red marginal belt 謂「赤緣帶」，但安特生另言 curved bands。後者也含「帶」義。似乎兩者無別，但諳英文者皆知，此二字義指參差：前者謂器口唇以同色膏汁鋪成之窄帶。但後者謂諸曲帶，此帶乃同色膏汁寬鋪施致曲帶。前者出自安特生類比人腰帶，後者則類比服

〔註 215〕巴爾姆格倫：《半山馬廠隨葬陶器》，實業部地質調查所，1934 年，第 174 頁～179 頁。

〔註 216〕王志俊：《關中地區仰韶文化刻畫符號綜述》，《考古與文物》1980 年第 3 期。

〔註 217〕吳詩池：《刻符彩符非文字說——兼談文字的起源》，《南方文物》1994 年第 4 期。

裝「飾帶」。兩字兩用，其義之必、非必迥異。飾義唯顯於後字。但域內檢者不曾索求此義別，裝飾說成為洪流。不識安特生用字之別，何以得安特生認知。不知安特生境界，何以超越安特生？

（3）翻音或對音用國文字致檢者混界

翻音二例：第一，「母題」。第二，「圖騰」。前著作未事二名考釋，今宜補足。此二名似來自譯者苦心孤詣，但終致使用者混界用名，思向不直，援舉不體，述論不體。欲討正直，宜根治謬思。

譯者言母題皆出自翻外文之音，譬如英文、德文。在德國基爾大學初習德國律法時，聞 Wunner 先生云德國《民律書》行世前，曾配 Motiv 文獻，無論國民、學人俱不覺此宏著突兀。後檢照其文，參驗畫匠、小說作者行為，今試命之以：念原。於德國律法頒行者，念原乃律名之本。

反察中國學人，用此名而自認能以此名得題。此等謬識非曝故無以正名。今補訓於此。國文「母題」者，生題之題也。然則何人生題，宜知宜討。倘使我答，必云：生題者，作者也。作者為題之母。但此答於讀者毫無趣味。讀者豈不知作者為題母哉！

於此，讀者目睹此名為駢指。知此名為駢指，仍不足以使讀者理順思向。今再申述：作者凡能題，不必為母，故在生成或助成一題者多樣，非徒作者一人之力。如此，成題與題堪被摘利：題乃作者依其念、依其檢、依其識見、依其心得而前置之名。能否成題，必恃作者知否故舉、故檢、故辭〔註218〕、自成。自成者，「所得而後」之術也，《經上》首章為證。凡屬文，知此者自覺而為。不知此者，乃亂名改作，亂人心智之為也。

括前考聯迄今考古者言「母題」，今可判曰：凡聞某某「母題」，不外虛張聲勢。此等「文獻」不函創造力與獨見足證我言為是。

「圖騰」顯於中國藝術、考古兩格，而且仿傚者眾。臨此境不見檢討及敵解者。推其故不在無人知曉張光直先生誡勸慎用〔註219〕，而在於此翻音以國文字給予作者混淆讀者思向及物界之便易。讀者蒙昧，作者安穩。此乃學人索財不道之為。可疑者在於，中國讀者何以迄今不曾敵解此名？以我察知，中國大陸文傳作行面臨窘境。一面罕見力作，一面不容通達貫覆底謬。而讀者人數萎縮又堪對照求知讀者難傳其聲，難告其疑。此乃杜口之別證。

〔註218〕檢故而舉敵故，以顯前故之非，此蓋連言術「非是」術之細者也。
〔註219〕張光直：《考古人類學隨筆》，三聯書店，1999年，第117頁～第118頁。

瓦器圖畫檢討本係艱辛一途，而用「圖騰」翻音者貌似檢討圖義，此乃誣指之類。不少人難以割捨或辭別此翻音，彼等非不知此翻音誣指，而在於捨棄此翻音，彼等無以為題，或欲為新題竟無從著筆。鑒此窘境，今試給考釋，以國文敷原文表義而進言替代，以解放讀者智力。

檢 totem 韻源地土人別種若干，每種各擇禽或獸或蟲，寄託其生殖綿延之願。諸物以其技能久存。如此，諸物乃諸種各自寄託祈願之物。故此，此韻可以國文「祁寄」表述。此祁寄之物種故是物種，而此物種之下一物，不必被視為寄祁之物。此種獸以寄祈被崇拜，不等於此獸不可被捕獵、或不被食用。如此，可別寄祁之獸（禽）種與此獸（禽）種之一獸（禽）。迄今檢寄祁之人凡言「圖騰」，必陷入矛盾，其本在於不知寄祁之獸種與此獸種名下一獸之別。

3. 不體

1）孤畫作而昧生成

（1）去寄器

去寄器者，檢者使畫作遠去畫所為孤畫。檢者或拓圖而不顧寄器，或貌似存寄器而旁置不檢，或草率比較此圖寄器與它圖寄器，但決不深究寄器模樣，寄器圖所，寄器匹配，寄器出所。前曾舉言，掘理者或檢者「念賦」器義，此作為之前端必是去寄器。

前檢掘理者識見、檢者省見與礎見無不基於去寄器而孤畫作。如此，昔聖為畫曾顧器底義被摘去。掘理者、檢者或複檢者並為僭越者。以僭越而謨舊義，豈可得乎？

（2）直曲麵

直曲麵者，孤拓舊圖使之為平面圖，原圖曲麵喪失。舊圖存於球狀瓦面，今拓而為平面圖，致患若干：舊圖環狀，或周匝今為平面，猶如畫布圖畫。周匝之義既喪，底猶輪旋，圖隨而輪旋之義亦亡。口沿以下曲麵板帶之內圖樣隨旋之義，變動之義也喪。軌道與界線、界線與軌變，無不隨之消亡。

此改又使舊圖黑板帶寬程無不喪失所度。舊圖近口沿之義隨直曲麵喪失，或舊圖近腰表義隨之喪失。或舊圖在內壁之義喪失。內壁、外壁隨之混淆。昔聖之別今竟不別，昔聖度數今則消亡。迄今見掘理者識圖，檢者識圖，無非直曲麵而為圖。檢平面圖而自以為檢舊圖，豈非囈語？讀者不諳此變與更改，豈非枉自悖怡？

（3）改朝向

遺跡納瓦器，無論器面存否圖畫，器各置其所。所者，別向而在也。檢者倘不究一記以 M 之瓦器之所與朝向，恒不能檢得此器表義。而其表義約於葬闕，約於此葬闕骨殖與此器所際。倘無所際之察，何以係此器表義於此葬闕曆義？倘無此體約之義，檢者能之義不外支離，不外隔膜。

倘細察瓦器舊所，能睹瓦器縱置以陳，側置以陳，覆口以置，側而正向而置。側而分向而置，其義豈可同乎？

檢掘理者能為，不外布列葬闕納器物編組，以為此編組係為葬闕者曾為編組。舊陳布與掘理者編組，二者參差，懸若天壤。敢問中國乃至域外考古者，曾有古器陳之念乎？曾有諸器所際之念乎？曾有葬闕表義約器陳之念乎？

2）假香氣繚繞而匿昔聖功業

（1）以生殖崇拜張揚發情非時

為生殖崇拜說者，不曾直面一問：古人有無四足獸之類發情？倘有，生子合節令否？倘無，濫謀生殖，豈非甘冒性病風險？

凡為生殖崇拜說，不外寄祁說。寄其多生之欲於生殖器圖樣，膜拜此圖。基於膜拜而後行此膜拜於述論。如此，膜拜、交配得以聯繫。此題必延及兩性往來，而兩性往來於生殖醫學不發達時代必涉性病與性病醫治。為生殖崇拜一說者不曾檢此題，遺漏古人健康風險。其本質，為此論者，其作為猶設香案擺貢品燃香繚煙跪拜所言圖像。

（2）以巫術隱匿初聖惇樸

以巫術立說而不事考證者，俱為隱匿初聖賢之說也。太初，女人雖能號令，但不得謂之為巫。《國語．楚語》觀射父言：「古者，民神不雜」。此古者乃何時之古？廟底溝文明之古，半坡文明之古，白家村文明之古，抑或狄宛第一期之古？民、神之念何時出現？

觀射父又言：「在男曰覡，在女曰巫」。此言告男「事神明」，而女則以舞降神也（許慎釋）。從此說，而鑒神明二字，可容數訓：第一，以神明為神。由此為訓乃一途。第二，以神明為二事，係另一途。依觀射父言指時代，神乃一物。「事神明」即覡事神。此事發生時代必異於許慎言覡事神明時代。前者遲，故在覡事純一。而後者雜，乃二事混同。但巫義無事項混雜，由此推巫事純一而自始存在。循許慎釋，「神」時代並存與巫以舞降神時代。舞事神之證，見於青海大通上孫家寨遺址起出瓦器內壁，乃馬家窯文明瓦器。如此，觀射父言事可視為馬家窯文明時代舊事，其萌發或可少早於此時代。狄宛遺址起出瓦器，無一件瓦器繪女舞蹈圖。

於此，我不否認太初女君能為度程、曆算，此等女君能為氣程率數，證在狄宛器樣 H3115：2 赤色氣程率數畫。我曾考證，此物曆數義，及其反 S 狀乃「乙」字源，又是後世神字源。如此，觀射父言「神」係狄宛第一期以後某時成念。但「民」字蘊藏之念不堪被狄宛第一期器畫。第四期之前，狄宛系無一器能告「神」「民」並存。如此，凡以巫術察太初昔聖作為，屬無證之言。

3）捨質問而甘宏略

（1）母系父系會聚說無以貫坐

頻見學人論母系、父系演變或演變之前母系會聚如何繁榮。伏羲氏、女媧、炎帝、黃帝功業亦頻聯於此題，生殖崇拜說又混跡於此等討論。此等論題以其宏略之性頗招矚目。今為數問，凸顯此類題述虛張聲勢。

倘問：何以見得太初老祖母能敵抗「四六風」？何以見得母系為治之證？何以見得母能掌子生死？何以見母能號令？何以見數代女邑首以認知指導邑人會聚？

不能答第一問者不能論成產。無成產即謂老祖母無後，無後即謂無人倫。無後無人倫豈能為母系？

既不能答諸問，舊事檢論失敗。此等舊論不體，其兆異於前檢不體之兆。前檢舊論不體之兆在於論者妄論昔聖事為之是。此處檢舊論不體之兆在於舊說妄言人本、妄言代連、妄言文明為作者傳承之連。如此，西方學人疑心諸夏、中國文明傳承，而妄言者必給予懷疑者便利。

（2）炎黃族論失寄人祖

舊說不體之末兆還在於，言族類者莫能考證族源，莫能析族於宗，莫能證宗源。迄今見學人舉人祖伏羲、炎帝族、黃帝族或各族聯盟。此等文獻浩瀚，題展紛紜而頻聯神話，其作者思向散射而不拘，譬如蘇秉琦言花為華之象徵、許順湛言五帝時代、曹定雲言炎帝彤魚氏、聞一多言伏羲乃葫蘆、高世華為伏羲係早期歷史開端代表說〔註 220〕、孫立濤以為伏羲名號由人名變為

〔註 220〕高世華：《伏羲傳說材料研究的理性思考》，《天水師範學院學報》2008 年第 6 期。

部族名〔註221〕。此等嘗試背後，存在與知一基宏之題：華夏族生成探索。此題交纏帝與帝號、王事與王母、父系為治初狀與變換，此題廣縱之程遠超既往檢者視域。

我檢此類檢討敗於文明無源、文明不體、文明失寄。文明無源者，文明之本混沌。文明不體者，文明細部離散不連。文明失寄者，古器、古營造、古葬埋、古認知等俱不確實寄於物種名下古人。

今略此敗之源在四不省一昏昧：不省古人物種自省之念，不省古人生殖自覺起源與生殖保障，不省古人於前族時代生死輪迴寄所，也不省彼時此等寄所掌訓者為作，更昏昧於死生輪返掌訓者變遷能致變遷。

至於炎黃族題之另一層義在於，藝能、食源與權勢生成及行使，無不以人祖、嗣承、變遷為題。藝能與食源題納樹藝及其流變，農事寄焉。於此，不必細檢。

4. 畫作義檢謨是始於惇昔恃格名奠基

1）惇昔事

（1）去巫覡並存之說

惇昔者，以素考顯昔聖樸素無華，不必繁縟偽飾而能號令邑眾與為，譬如捕獵或取魚，或收穀物。惇昔非謂仁行而義為，惇昔非謂減殺去戮而增邑口，惇昔非謂以罪念加負擔於良心而教化邑人，惇昔非謂崇天貴地而賤人，惇昔非謂念天厚於人而崇隆之。惇昔者，依古遺存素考文明本狀不事矯飾也。惇昔之考，首去俗言鬼神、次去觀射父言巫覡並存、末去無由團結而貴勢之念。

我曾用祝巫、巫者諸名，今並廢於此著作。此舉旨在謨見昔聖初為、謨見昔聖寄念、謨見故基與昔聖文明貫坐。今以元事素考為基，人物素考次之，事為布散終之。

（2）連鉅細遺存

連遺存者，連數地遺存是也。一地遺存，不孤察一器，不孤察一葬闕一翼，不孤察此一葬闕，必連而察之。曆闕、營窟、爟闕，倘宜連而察，俱入連察之視域。數地遺存者，曆闕、葬闕、營窟乃至其器與器所，器所際照察也。唯如此，能見昔聖不寧居之證，能見昔聖徙居念動之事。

〔註221〕孫立濤：《「伏羲」名號考析》，《民族藝術》2014年第1期。

於器察，不獨察一地器狀，而照察異地器狀。察此器兆以見此器為之旨，照它器之兆以見器為之旨變遷。依器為旨變而述司訓〔註 222〕變遷，以顯文明傳而見變，變未去本。

於遺存連察，今猶貴葬闕連器為、連器用之察。非如此不能見器圖器畫之本，無以跡昔聖之府。不能跡昔聖之府，何以言跡古？凡強為此者，非跡古，乃去考而自告也。不能跡昔聖之府，必不能告昔聖傳教之一二。無此數為保，何以言考古？

連察事為，始於前考元朔日食之前，貫狄宛第一期，降及狄宛第四期察。連察異地昔聖事為，始於狄宛系昔聖施加誘導於異地文明，昇華異地文明，變革異地文明又汲取異地文明。

2）格名基於瓬疇名擇

（1）放天從象藝器之謂瓬

此著作言「格名」出自三端之鑒：第一，明朝曹昭《格古要論》（四庫全書子部）之「格古」，此名類力遠超「款識」。第二，文藝復興已來，西方畫匠檢討焦點透視之技巧，恃羅格。德國偉大學人 Albrecht Dürer 曾有建樹。第三，德國科學諸域遲起而速功，其德業延及今世。科學諸域界顯而指清。德國人迄今言 Fach，謂格。此名本於羅格檢光透視之術。於認知，無光則無以知所際。任一學域，非格無以別。

較之前著，此著輻輳檢力於圖狀、圖肖、圖告。以瓦器為圖畫寄器，非如此不足以體釋器圖。而此作為必恃深開題基。

遍查經籍，僅埏埴器以其為崇天器而堪為題基。檢《陶說》援《禮圖》云：「祭天用瓦瓬」〔註 223〕。祭者，察也。察天象是也。如此，得類名一端之基。又檢《考工記．瓬人》：「瓬人為簋，實一觳，崇尺，厚半寸，脣寸」。簋為器狀方體。方體者，指地而言也。談天不能及地者，敗人事者也。兼察簋納

〔註 222〕張光直《美術、神話與祭祀》第四章、第五章題譯文含「藝術」、「文字」各為「攫取權力的手段」。我未檢得英文版，譯者採「攫取」二字能告顓頊帝之後君、巫覡所際局部。但不必為前顓頊時代事為。取他人之物謂之取，置它屬不顧謂之攫，《呂覽．去宥》為證。張氏言藝、言之用，於狄宛第一期迄第四期即圖、記。前者以色顯，後者以勒、戳、堆、雕鏤顯。訓則依韻，非以古文字家言「體系文字」。張光直撰，郭淨譯：《美術、神話與祭祀》，民族出版社，1999 年，第 43 頁～第 66 頁。

〔註 223〕朱琰：《陶說》（卷 4），《續修四庫全書》第 1111 冊，上海古籍出版社，2002 年，第 4 頁。

實不外容嘉穀，譬如黍稷。兼顧簋韻讀從烏、弋韻連，又顧奠事必涉狄宛葬闕元朔日食及由日食記事，乃至關聯正曆佐助獲谷，今認定宜選旐字。以題體基於名體之故，又以狄宛昔聖功業嗣連未絕於西土，今決而中選旐為題基之半。

（2）跡往豫來之謂疇

舊石器期遺存掘理能告，獵人變而為新石器期智者。智者智在曆為與曆算。曆算之曆貴在謀輪返或曰周旋。而算輪返非疇不能。手算自然數、成算以四則，則依傍「田」事為「庫」。欲類其事，非疇字無以當。

阮元《疇人傳》錄談泰《疇人解》，談氏俱《史記・曆書》「疇人子弟分散」多家注釋〔註224〕。我檢諸說，唯樂彥「昔知星人」一言最得本義。凡以「類」字為訓，釋者諸言須連「肆類上帝」孑遺，又宜連理骨為葬。但「上帝」一號涉史屬遲，不該用於狄宛早期文明檢討。倘言帝念肇創，可覓證於狄宛第一期遺存圖鑒，此乃後檢要題。

又檢樂彥「昔」字不拘於往昔時代。而甲骨文字「昔」狀從值合畫。在渭水流域，值合畫初見於狄宛、西山坪、白家村遺址。如此，樂彥說堪用於聯繫狄宛舊事。以狄宛第一期不乏知星者，故決中選疇字，為題基另半。

（3）寄圖於瓦之謂樣

此處不用陶字，如前著。陶字從阜從窯。而埏埴成器不恃窯而成。不得謂狄宛第一期無窯故無器。它地同期瓦器多見，而掘理者未曾見窯。如此可斷，器不恃窯而成。檢隋前檢古器者不用陶，而用瓦〔註225〕。

欲檢圖畫，宜檢成器，也宜檢成器之殘者。成器殘甚即為瓦片。瓦片寄畫，即謂一樣，亦宜珍視。狄宛第一期眾畫記、第二期勒記珍謂已於前二著作考釋，諸瓦片以其告力而堪珍視。如此，半坡遺址、姜寨遺址諸瓦片勒記、存圖或存畫亦宜珍視。

顧一遺址存瓦甚夥，器畫甚夥，欲體考瓦圖畫，宜連而檢。如此，宜便檢而給類。今廢夏鼐「個形」、袁復禮「標本」二名，用器樣為類名。

（4）輪返見變之謂圖

將體釋狄宛旐疇圖，必破夏鼐幾何紋樣簡單說，必破膏汁施曳功飾說。

〔註224〕談泰：《疇人解》，《續修四庫全書》第516冊，上海古籍出版社，2002年，第54頁。

〔註225〕徐紹銀等：《中國陶瓷辭典》，中國文史出版社，2013年，第9頁，左欄。

如此，可考三角畫之源，給菱角畫之本，見黑弧流之兆，以示圓圖之基，連釋圖以顯象肖，謨傳昔聖之告。

今欲顯畫作之告，即宜視瓦面存膏汁施曳之狀為圖。圖字承用，本乎《散氏盤》字。此字顯輪義。輪者，月輪也。其變不徒為月相，亦可為日月交會而見日狀。如此，取此字之象，以及名指為格名，便於跡考最古曆法。此輪狀能擬器口沿平面俯視狀。器口沿又連器身。圓口器或有平底，或無平底，但俱為截丸狀。如此，即得文明生成之階格名，又無憂名界挪移，敗壞指實，失去古人丸天（球體）幾何求索與認知。

第一卷終